U0899667

新时代检察公益诉讼实践探索

以云浮市检察机关办理的公益诉讼为例

孔繁华　王涛　温耀勋 / 主编

北京

图书在版编目(CIP)数据

新时代检察公益诉讼实践探索：以云浮市检察机关办理的公益诉讼为例／孔繁华，王涛，温耀勋主编. --北京：法律出版社，2022

ISBN 978－7－5197－6176－9

Ⅰ.①新… Ⅱ.①孔… ②王… ③温… Ⅲ.①诉讼法－研究－中国 Ⅳ.①D925.04

中国版本图书馆 CIP 数据核字(2021)第 232390 号

新时代检察公益诉讼实践探索
——以云浮市检察机关办理的公益诉讼为例
XINSHIDAI JIANCHA GONGYI SUSONG SHIJIAN TANSUO
—YI YUNFUSHI JIANCHA JIGUAN BANLIDE GONGYI SUSONG WEILI

孔繁华
王　涛 主编
温耀勋

策划编辑 许　睿
责任编辑 许　睿
装帧设计 汪奇峰

出版发行 法律出版社
编辑统筹 司法实务出版分社
责任校对 朱轶佳
责任印制 胡晓雅
经　　销 新华书店

开本 710 毫米×1000 毫米　1/16
印张 12.25　　**字数** 205 千
版本 2022 年 7 月第 1 版
印次 2022 年 7 月第 1 次印刷
印刷 固安华明印业有限公司

地址:北京市丰台区莲花池西里 7 号(100073)
网址:www.lawpress.com.cn
投稿邮箱:info@lawpress.com.cn
举报盗版邮箱:jbwq@lawpress.com.cn

销售电话:010－83938349
客服电话:010－83938350
咨询电话:010－63939796

书号:ISBN 978－7－5197－6176－9
定价:58.00 元

《新时代检察公益诉讼实践探索》编委会名单

主　编

孔繁华　王　涛　温耀勋

编委会成员

曾凡英　郭　榜　黄泳鸿　张　胜
梁红炎　吴林明　黎秋彤

前　言

中国特色社会主义法律体系在当前世界各国、各民族法系中独树一帜，这是中国特色社会主义伟大事业的重要组成部分，也是全面实施依法治国基本方略、建设社会主义法治国家的基础。检察公益诉讼制度是中国特色社会主义法律体系宏大组织中的有机组成部分。检察公益诉讼制度在中国的理论与实践，是国家治理体系现代化建设的重要内容。检察机关以习近平新时代中国特色社会主义思想为指导，贯彻落实习近平法治思想、习近平生态文明思想和习近平总书记对政法工作、检察工作重要讲话和指示精神，围绕中心服务大局，在检察公益诉讼工作方面不断探索。作为法治建设工作的实际承担者，基层检察机关及其工作人员深刻把握新时代对检察工作的新要求，不断增强新的司法理念，强化公益诉讼等法律监督工作，面对全新的实际情况，克服林林总总的困难和障碍，不断积累实际经验，成功办理了各类公益诉讼典型案例，总结可供复制的工作经验。这一番艰苦卓绝的努力展现了基层检察人员以更高水平的检察履职服务保障当地经济社会高质量发展的决心。

本书课题被广东省人民检察院评为2021年度省级检察理论研究重点课题，同时书本内容也是检察机关与教学科研机构合作的结晶。书中所选案例均来自云浮市两级人民检察院实际承办的典型案件，材料更新至2021年。云浮市人民检察院温耀勋同志负责本书的策划、组织分工和书稿统筹，并撰写本书前四章，曾凡英、黎秋彤和曹凤娇同志负责组织调研协调和撰写相关案例，郭榜、黄泳鸿、张胜、梁红炎、吴林明、陆丽心、罗展豪、傅雪勤、冯锦贤、郑茹负责撰写相关案件的基本案情和检察机关督促履职、提起诉讼情况；华南师范大学法学院孔繁华教授、王涛教授、覃慧副研究员负责分工撰写每个案例的要旨、典型意义和案件评析，研究生周家琪、本科生王安龄负责资料的收集整理和书稿校对。

由于时间和能力所限，本书错漏之处在所难免，个案中的观点亦存在争议，敬请读者批评指正。

目　录

第一章　具有中国特色的检察公益诉讼制度　1

一、公益诉讼的指导思想　1

二、公益诉讼的理论基础　4

三、检察公益诉讼制度的“前世今生”　10

四、国家治理体系中的检察公益诉讼　19

第二章　云浮市检察公益诉讼的实践经验　22

一、开展检察公益诉讼专项活动　22

二、检察公益诉讼初步成效　26

三、检察公益诉讼经验总结　28

四、检察公益诉讼反映的行政失职问题　33

第三章　检察公益诉讼中的难点问题及其解决路径　35

一、检察公益诉讼的受案范围及其拓展　35

二、检察机关在公益诉讼中的调查核实权　47

三、检察公益诉讼中诉前程序的价值　57

第四章　公益诉讼生态环境损害计算方法　64

一、“生态环境损害”释义　64

二、生态环境损害的评估方法　68

三、虚拟治理成本法　72

四、公益诉讼中适用评估方法确定生态损害数额存在的问题　76

五、价值替代法　84

第五章 行政公益诉讼典型案例述评 89
一、地方人民政府负有土壤修复的法定职责:郁南县某镇人民政府怠于履行法定职责案 89
二、林业主管部门负有更新造林的法定职责:新兴县林业局怠于履行法定职责案 93
三、监督行政机关整改长期不作为问题:云浮市生态环境局新兴分局怠于履行法定职责案 100
四、行政公益诉讼与刑事检察有效衔接:罗定市畜牧兽医渔业局怠于履行法定职责案 107
五、公益诉讼“回头看”督促行政机关落实整改措施:云浮市生态环境局怠于履行法定职责案 110
六、公益诉讼避免国有财产损失:云浮市云安区国土资源和城乡规划分局违法发放建设工程规划许可证案 113
七、公益诉讼维护人民群众“舌尖上的安全”:新兴县市场监督管理局不充分履行法定职责案 118
八、公益诉讼挽回国有财产损失:云浮市政府国有资产监督管理委员会怠于履行法定职责案 121
九、公益诉讼促进英雄烈士纪念设施保护:云浮市退役军人事务局怠于履行法定职责案 126

第六章 刑事附带民事公益诉讼典型案例述评 132
一、刑事被告人应承担污染环境损失赔偿责任:王某根污染环境案 132
二、刑民并行办理涉黑公益诉讼案件:刘某西等污染环境案 135
三、刑事附带民事公益诉讼与行政公益诉讼联动:朱某文等人污染环境案 141
四、民事损害对象不确定赔偿金额可上缴国库:罗某1等生产、销售有毒、有害食品案 147
五、“价值替代法”在生态环境损害公益诉讼中的适用:聂某彬等非法采砂案 151
六、公益诉讼设立赔偿款专用账户:杨某显等非法处置固体废物案 158
七、生态环境损害赔偿诉讼和环境公益诉讼的衔接:新兴县新景房

地产开发有限公司非法占用农用地案　164
八、保护公民个人信息安全具有公益属性:梁某平等侵犯公民个人信息案　170
九、检察机关与文物保护主管部门联动推动文物和文化遗产保护和利用:梁某某、曾某某破坏文物资源案　176

最高人民法院、最高人民检察院关于检察公益诉讼案件适用法律若干问题的解释　180

参考文献　185

第一章　具有中国特色的检察公益诉讼制度

我国检察机关行使公益诉讼职能是马克思主义理论、党的领导以及社会主义制度优越性在国家治理实践中的彰显。检察机关提起公益诉讼不仅在我国是一项新制度,在全世界亦具有新时代创造性的意义。构建"具有中国特色、符合检察机关职能特点的公益诉讼制度"是国家治理体系和治理能力现代化的重要制度设计。

一、公益诉讼的指导思想

(一)习近平生态文明思想

党的十八大以来,党中央高度重视生态文明建设,将生态文明建设纳入"五位一体"总体布局和"四个全面"战略布局,并提出了绿色发展理念。2013 年 5 月 24 日,习近平总书记在主持十八届中共中央政治局第六次集体学习时指出:"建设生态文明,关系人民福祉,关乎民族未来。党的十八大把生态文明建设纳入中国特色社会主义事业五位一体总体布局,明确提出大力推进生态文明建设,努力建设美丽中国,实现中华民族永续发展。这标志着我们对中国特色社会主义规律认识的进一步深化,表明了我们加强生态文明建设的坚定意志和坚强决心。"[1]2015 年 10 月 26 日,习近平总书记在《关于〈中共中央关于制定国民经济和社会发展第十三个五年规划的建议〉的说明》中指出:"生态环境特别是大气、水、土壤污染严重,已成为全面建成小康社会的突出短板。扭转环境恶化、提高环境质量是广大人民群众的热切期盼,是'十三五'时期必须高度重视

〔1〕《让绿水青山造福人民泽被子孙——习近平总书记关于生态文明建设重要论述综述》,载《人民日报》2021 年 6 月 3 日,第 1 版。

并切实推进的一项重要工作。”〔1〕2017 年 10 月 18 日，习近平总书记在党的十九大报告中指出：“必须树立和践行绿水青山就是金山银山的理念，坚持节约资源和保护环境的基本国策，像对待生命一样对待生态环境，统筹山水林田湖草系统治理，实行最严格的生态环境保护制度，形成绿色发展方式和生活方式，坚定走生产发展、生活富裕、生态良好的文明发展道路，建设美丽中国，为人民创造良好生产生活环境，为全球生态安全作出贡献。”〔2〕2018 年 5 月 4 日，习近平总书记在纪念马克思诞辰 200 周年大会上指出，学习马克思，就要学习和实践马克思主义关于人与自然关系的思想。“自然物构成人类生存的自然条件，人类在同自然的互动中生产、生活、发展，人类善待自然，自然也会馈赠人类，但‘如果说人靠科学和创造性天才征服了自然力，那么自然力也对人进行报复’。自然是生命之母，人与自然是生命共同体，人类必须敬畏自然、尊重自然、顺应自然、保护自然。”〔3〕

“党的十八大以来，我们通过全面深化改革，加快推进生态文明顶层设计和制度体系建设，相继出台《关于加快推进生态文明建设的意见》、《生态文明体制改革总体方案》，制定了 40 多项涉及生态文明建设的改革方案，从总体目标、基本理念、主要原则、重点任务、制度保障等方面对生态文明建设进行全面系统部署安排。”〔4〕在 2018 年 5 月 18 日，习近平总书记在全国生态环境保护大会上指出：“特别是中央环境保护督察制度建得好、用得好，敢于动真格，不怕得罪人，咬住问题不放松，成为推动地方党委和政府及其相关部门落实生态环境保护责任的硬招实招。”〔5〕本次大会确立了“习近平生态文明思想”。习近平生态文明思想深刻回答了为什么建设生态文明、建设什么样的生态文明、怎样建设生态文明等重大理论和实践问题。该思想集中体现了我们党的历史使命、执

〔1〕《让绿水青山造福人民泽被子孙——习近平总书记关于生态文明建设重要论述综述》，载《人民日报》2021 年 6 月 3 日，第 1 版。

〔2〕《让绿水青山造福人民泽被子孙——习近平总书记关于生态文明建设重要论述综述》，载《人民日报》2021 年 6 月 3 日，第 1 版。

〔3〕《让绿水青山造福人民泽被子孙——习近平总书记关于生态文明建设重要论述综述》，载《人民日报》2021 年 6 月 3 日，第 1 版。

〔4〕《让绿水青山造福人民泽被子孙——习近平总书记关于生态文明建设重要论述综述》，载《人民日报》2021 年 6 月 3 日，第 1 版。

〔5〕《让绿水青山造福人民泽被子孙——习近平总书记关于生态文明建设重要论述综述》，载《人民日报》2021 年 6 月 3 日，第 1 版。

政理念、责任担当,有力指导生态文明建设和生态环境保护取得历史性成就、发生历史性变革。习近平生态文明思想集中体现为“八个坚持”:第一,坚持生态兴则文明兴;第二,坚持人与自然和谐共生;第三,坚持绿水青山就是金山银山;第四,坚持良好生态环境是最普惠的民生福祉;第五,坚持山水林田湖草是生命共同体;第六,坚持用最严格制度最严密法治保护生态环境;第七,坚持建设美丽中国全民行动;第八,坚持共谋全球生态文明建设。〔1〕 其中第六点,充分体现了习近平生态文明思想的严密法治观。由检察机关提起环境公益诉讼的制度安排,是党中央的决策部署。各级检察机关以习近平生态文明思想为指导,提高政治站位,强化责任担当,增强推动生态文明建设和建设美丽中国的使命感责任感,不断增强人民群众的安全感、获得感、幸福感。

(二)习近平法治思想

“党的十八大以来,以习近平同志为核心的党中央在领导全面依法治国、建设法治中国的伟大实践中,从历史和现实相贯通、国际和国内相关联、理论和实际相结合上,深刻回答了新时代为什么实行全面依法治国、怎样实行全面依法治国等一系列重大问题,提出了一系列全面依法治国新理念新思想新战略,创立了习近平法治思想。2020 年 11 月召开的中央全面依法治国工作会议正式提出‘习近平法治思想’,明确了习近平法治思想在全面依法治国、建设法治中国中的指导地位。”〔2〕习近平法治思想的核心要义和理论精髓集中体现为习近平在中央全面依法治国工作会议上明确提出并深刻阐释的“十一个坚持”,即坚持党对全面依法治国的领导;坚持以人民为中心;坚持中国特色社会主义法治道路;坚持依宪治国、依宪执政;坚持在法治轨道上推进国家治理体系和治理能力现代化;坚持建设中国特色社会主义法治体系;坚持依法治国、依法执政、依法行政共同推进,法治国家、法治政府、法治社会一体建设;坚持全面推进科学立法、严格执法、公正司法、全民守法;坚持统筹推进国内法治和涉外法治;坚持建

---

〔1〕 曹前发:《“生态兴则文明兴”——从毛泽东到习近平看中国共产党带领人民加强生态建设创造美好生活的百年征程》,载中共中央党史和文献研究院 · 理论研究 · 毛泽东思想研究 http://www.dswxyjy.org.cn/GB/427152/423718/,2022 年 3 月 19 日访问。

〔2〕《习近平法治思想概论》编写组:《习近平法治思想概论》,高等教育出版社 2021 年版,绪论。

设德才兼备的高素质法治工作队伍；坚持抓住领导干部这个“关键少数”。[1]习近平法治思想是我国社会主义法治建设发生历史性变革、取得历史性成就的根本指针，是新时代全面依法治国的根本遵循和行动指南。检察公益诉讼一系列制度安排与规则设计以习近平法治思想为指导，建立健全公益诉讼检察制度是贯彻以人民为中心的发展思想、维护社会公平正义的重要制度设计。

二、公益诉讼的理论基础

公益诉讼作为一种诉讼形式可以追溯至古罗马奴隶制时期。由于保护公益的政权机构不健全，为保护罗马奴隶制社会公共利益，凡罗马市民均可提起公益诉讼，授权市民代表社会集体进行起诉，这是最早的公益诉讼起源。[2] 但这项制度并没有延续下来，通说认为直到近代法国学者莱昂·狄骥创立了客观诉讼和主观诉讼概念与划分，后经德国、日本学者学习借鉴，才开始在大陆法系国家诉讼法学研究中被广泛使用，为大陆法系国家的公益诉讼制度奠定了理论基础。[3]

（一）主观诉讼与客观诉讼的区分

关于主观诉讼与客观诉讼的讨论，大部分国家对两种诉讼类型作为抽象概念进行理解，即对诉讼制度中具有某些机制和特性的同类诉讼进行总结和概括，很少有独立的制度。从实践角度看，客观诉讼主要体现为大陆法系国家的公法诉讼，尤其作为行政诉讼中的一种诉讼机制。

大陆法系国家对于客观诉讼和主观诉讼的讨论较多，不同国家基于各国情况考量采取了不同的诉讼类型划分。作为行政诉讼发源地的法国，对于违反客观的法律规则、法律地位所提起的诉讼属于客观诉讼，对于违反主观的法律规

---

〔1〕《全面依法治国的战略部署：“十一个坚持”》，载澎湃新闻·澎湃号·政务 https://www.thepaper.cn/newsDetail_forward_12390525，2022 年 3 月 19 日访问。

〔2〕参见张雪樵：《检察公益诉讼比较研究》，载《国家检察官学院学报》2019 年第 1 期。

〔3〕参见蔡志方：《欧陆各国行政诉讼制度发展之沿革与现状》，载《行政救济与行政法学（一）》，台北，三民书局 1993 年版，第 3 页；于安：《行政诉讼的公益诉讼和客观诉讼问题》，载《法学》2001 年第 5 期；林莉红、马立群：《作为客观诉讼的行政公益诉讼》，载《行政法学研究》2011 年第 4 期；薛刚凌、杨欣：《论我国行政诉讼构造：“主观诉讼”抑或“客观诉讼”？》，载《行政法学研究》2013 年第 4 期。

则、法律地位提起的诉讼属于主观诉讼。[1] 原告启动的行政诉讼，既有主观诉讼，也有客观诉讼。如果提起行政合同或行政赔偿诉讼，则是主观诉讼；如果提起越权之诉，则是客观诉讼。[2] 主观诉讼侧重于个人权利保护，当事人起诉条件严格，需要律师代理，诉讼费用高；而客观诉讼着眼于秩序公益，当事人资格宽松，不用律师代理，诉讼费用低廉。[3] 德国行政诉讼制度采取主观诉讼模式，保护个人权利是行政诉讼的核心目标。其原告资格判断采用"主观公权利与保护规范理论"，同时也有民事诉讼原告资格的印记，根据德国《行政法院法》第89 条、第 106 条的规定被告可以反诉，当事人之间也可以和解。[4] 根据德国《行政法院法》第 43 条的规定，主观诉讼框架下的行政诉讼分为形成之诉、给付之诉和确认之诉。[5] 行政法院原则上不具有评价公共利益的权力。但德国行政诉讼中的规范审查之诉属于客观诉讼的范畴。[6] 需要强调的是，在德国，关涉机构争议、联邦争议、规范审查等的客观法秩序的维护主要通过宪法诉讼完成。虽然个人基于权利救济也可以提起宪法诉讼，但宪法诉讼设置的目的不是救济个人，而是维护客观法律秩序。[7] 日本则直接移植德制，行政诉讼同样以主观诉讼为主，并以客观诉讼为补充。日本行政诉讼中的抗告诉讼和当事人诉讼都属于主观诉讼，而机关之诉及民众诉讼则归于客观诉讼的范畴；客观诉讼需要法律的特定规定才能提起。[8]

在普通法系国家中，虽然没有司法审查的制度建制，但在历史惯例的作用下，司法实践中主观诉讼和客观诉讼的分界仍非常明显。在英国，普通救济程序中的禁止令和宣告令民事诉讼相似，侧重保护个人权利，特别救济或公法救济则是为了维护公法秩序。在英国的普通救济中，检察长可以出借自己的名字

---

〔1〕 赵宏：《保护规范理论的历史嬗变与司法适用》，载《法学家》2019 年第 2 期。

〔2〕 王名扬：《法国行政法》，北京大学出版社 2016 年版，第 520－521 页。

〔3〕 王名扬：《法国行政法》，北京大学出版社 2016 年版，第 522 页。

〔4〕 参见赵宏：《主观公权利、行政诉权与保护规范理论》，载《行政法学研究》2020 年第 2 期；赵宏：《保护规范理论的历史嬗变与司法适用》，载《法学家》2019 年第 2 期。

〔5〕 参见刘飞：《德国公法权利救济制度》，北京大学出版社 2009 年版，第 45 页。

〔6〕 德国《行政法院法》第 40 条第 1 款规定："在联邦法律没有明确规定有其他法院管辖的情况下，所有非宪法性的公法争议由行政法院管辖。州法律也可以规定州法适用范围内的公法争议由其他法院管辖。"

〔7〕 刘飞：《德国公法权利救济制度》，北京大学出版社 2009 年版，第 45 页。当然德国行政诉讼中除了主观诉讼外，规范审查之诉属于客观诉讼的范畴，它以例外的形式存在。

〔8〕 参见［日］盐野宏：《行政法》，杨建顺译，法律出版社 1999 年版，第 430－431 页。

供私人提起诉讼,实质上保护的是公共利益,把对个人权利的救济延伸到了对公共利益的保护。[1] 公法救济中的调卷令和禁令的基本目标是通过防止越权和滥用权力,维护客观法秩序。行政机关也可以请求公法救济上的强制令,用来命令另一个行政机关做某事。[2] 美国在承袭英制的基础之上,发展出了一套法定司法审查制度,该制度偏向于客观诉讼,主要对行政行为的合法性进行审查。[3]

可见在行政诉讼中,由于诉讼标的及争议具有双重性,因此引发争议的行政行为除了影响具体相对人外,还具有对世的效力,涉及客观法秩序。一类诉讼侧重于对个人公权力的保护,围绕着主观权利和公法争议展开。起诉人的权利是否受到侵害,其权利是否属于法律保护的范畴,权利侵害是否由行政机关行使权力的行为或不作为引起,行政机关的行为或不作为是否违法,行政机关应否承担责任,如何为受害的原告提供救济。另一类诉讼则侧重于确保客观法秩序安定性,强调对客观法秩序的维护。这一类诉讼围绕着行政行为的合法性争议展开。起诉人诉请审查的行政机关的行为或不作为是否违法,是否构成对客观法秩序的破坏,如何恢复被侵害的客观法秩序。有研究者从诉讼目标和诉讼构造来划分主观诉讼与客观诉讼的标准。主张主观诉讼以救济权利为目标,诉讼构造侧重于主观权利和损害争议的审查和裁判;而客观诉讼则以秩序公益为导向,诉讼构造以行政机关行政行为的合法性审查和裁判为宗旨。[4] 还有研究者从诉讼所解决的问题、原告资格与判决的效力出发进行区分。认为主观诉讼解决私人权益问题,客观诉讼解决公共利益问题,以维护社会公共利益或客观法律秩序为目的;主观诉讼要求原告必须与诉讼标的有利害关系,客观诉讼不要求原告与诉讼标的有利害关系,但必须由法律明确规定。一般三大诉讼判决内容的执行只会对当事人产生影响。但是客观诉讼跟多数的、不确定的民众有关系,判决效力不限于诉讼当事人,及于与公共利益相关的任何人。[5]

---

〔1〕 参见[日]盐野宏:《行政法》,杨建顺译,法律出版社1999年版,第257页。

〔2〕 参见[英]威廉·韦德:《行政法》,徐炳等译,中国大百科全书出版社1997年版,第272、390页。

〔3〕 参见王名扬:《美国行政法》,北京大学出版社2016年版,第422-423页。

〔4〕 参见薛刚凌:《行政公益诉讼类型化发展研究——以主观诉讼和客观诉讼划分为视角》,载《国家检察官学院学报》2021年第2期。

〔5〕 参见张雪樵:《检察公益诉讼比较研究》,载《国家检察官学院学报》2019年第1期。

（二）公益保护与主观诉讼和客观诉讼的关系

从前述不同学者对于主观诉讼与客观诉讼的划分标准来看，虽然区分事项、表达上有所不同，但核心观点没有本质区别。公益保护主要通过客观诉讼得以实现。由此可以推导出公益诉讼就是客观诉讼吗？

狄骥作为客观法理论的集大成者，他将公益保护与客观诉讼紧密关联在一起。他从涂尔干的社会学视角出发，认为法律规则来源于社会，通过国家意志形成，体现了公共利益，独立于个人的权利之外。[1] 违反法律的行为就是损害公共利益的行为，而纠正该违法即维护了公共利益。通过当事人起诉违法行政行为，达到维护法律所确立的客观规范体系之目的。这是狄骥客观诉讼理论的核心。构建客观诉讼维护客观法，是国家及政治权力演变的客观产物，受客观法的约束，也必须要维护客观法。因此法国的客观诉讼是一套审查法律规则是否合法的诉讼。[2]

客观诉讼的判决类型以恢复和保护代表公益的客观法秩序为导向。狄骥从公务观念出发，否定了拉菲利埃将行政诉讼案件区分为简单宣布无效案件和涉及完全司法权案件的理论。[3] 狄骥认为起诉“越权行为”的案件已不是辅助性。这种诉讼方式使公民得以更加广泛而又直接地参与到保障公共权力良性运作的事业中，而不必通过选举议员来制定一般性规则这种迂回曲折的方式实现。任何利害关系人，哪怕只是与这种行为之间有一种道德性的、间接的关系，都可以向行政法院提出起诉。[4] 建立客观诉讼的目的不再是保护公民个人的主观法律地位，[5] 而是维护客观法律规则。法律规则中所包含的公益具有普通性和抽象性，更适合用客观诉讼的方式来保护。

就判决来说，法国的客观诉讼以撤销诉讼为主。值得一提的是，法律还明确规定，一般行政审判机关有权向行政主体发出命令以督促其执行，并在必要时可以附带执行罚。具体包括以下两种情况：第一，如果生效裁判本身已经蕴含了行政主体需要执行的确切内容，当原告提出请求时，行政法官可以向行政

---

〔1〕 参见[法]狄骥：《公法的变迁》，郑戈译，商务印书馆2013年版，第68－72页。

〔2〕 参见王名扬：《法国行政法》，北京大学出版社2016年版，第522页。

〔3〕 参见[法]狄骥：《公法的变迁》，郑戈译，商务印书馆2013年版，第138页。

〔4〕 参见[法]狄骥：《公法的变迁》，郑戈译，商务印书馆2013年版，第139页。

〔5〕 参见[法]狄骥：《公法的变迁》，郑戈译，商务印书馆2013年版，第139页。

主体发出命令明确指出其应该如何执行，并可以同时规定执行期限和执行罚；第二，如果在生效裁判中行政主体仍有如何具体执行的选择空间，那么行政法院的裁判中可以规定重新作出行为的期限，并在原告提出请求时，向行政主体发出命令要求其重新作出行为，此时同样可以规定执行罚。这些新增判决类型都旨在增强判决执行客观法律的功效。[1] 从客观诉讼的判决形式与内容上看均具有保护法律所确立的客观秩序的价值。

但需要强调的是，根据狄骥的理论，客观诉讼中原告的个人利益须与公共利益紧密关联。因为如果原告范围过宽可能引发全民诉讼，如果一项已经被直接相关主体接受的单方行政行为被间接相关主体提起争议，从而会使得客观法律秩序永远处于受争议的状态。[2] 法国法依然要求提起客观诉讼的原告须具有诉的利益。法国客观诉讼的原告分为两类：一类是个人利益受到直接损害的相对人；另一类是当某种群体利益受影响时，由旨在维护特定群体利益的社团或机关作为原告。但是，客观诉讼不包括上下级权力机关之间关系的诉讼。[3]

从前述分析可知，法国的客观诉讼更注重维护制度公益，原告的个人利益需与公共利益具有关联性才能获得提起客观诉讼的资格。原告的个人利益或者群体利益只是作为启动维护客观规范秩序的按钮，而绝非客观诉讼追求的目的。相比而言，我国的公益诉讼是否当然属于客观诉讼，学术界存有争议。

一种观点认为我国公益诉讼试点实践已经呈现出诸多客观诉讼的特征，如以违法造成实际损害为起诉条件并以实质合法性为审查标准，诉讼前置程序发挥督促执法功效，受案范围从行政行为扩展到行政活动，主要提起责令履职之诉，确认之诉次之；学者主张分别从受案范围、审理规则、立案程序、审理程序、期限、判决类型等方面着手，建构行政公益诉讼的客观诉讼机制。[4]

另一种观点认为即使是公益诉讼也存有主观与客观之分。因为在我国公益诉讼实践中，行政公益诉讼的提起以公共利益受损害为条件，行政公益诉讼

[1] 转引自刘艺：《构建行政公益诉讼的客观诉讼机制》，载《法学研究》2018 年第 3 期。

[2] 参见刘艺：《构建行政公益诉讼的客观诉讼机制》，载《法学研究》2018 年第 3 期。

[3] 参见[法]古斯塔夫·佩泽尔：《法国行政法》，廖坤明、周洁译，张凝校，国家行政学院出版社 2002 年版，第 297 页。

[4] 参见刘艺：《构建行政公益诉讼的客观诉讼机制》，载《法学研究》2018 年第 3 期。

的起诉条件明显高于行政诉讼。[1] 公益诉讼中许多案件指向的是受损害的公共利益没有得到恢复,而不是公法秩序受到破坏,有必要对这两者在诉讼过程中进行区分。对于恢复被侵害的国家利益或者社会公共利益的诉讼目标,专指特定领域的公共利益,如《行政诉讼法》第25条列举的四类国家利益或者社会公共利益,包括生态环境和资源保护、国有财产保护、食品药品安全、国有土地使用权出让等。围绕权利或利益主张及公法争议展开,属于主观公益诉讼;对于维护客观法秩序的诉讼目标,以行政机关行使权力或不作为的合法性争议为中心开展,属于客观公益诉讼。该学者主张如果行政公益诉讼不区分主观与客观,没有与之匹配相应的诉讼构造与诉讼目标,将会引发实践中的诸多乱象。影响公益诉讼类型构造发展的客观因素须考虑检察机关的职能定位、中国特有的国家治理模式、行政客观法秩序的完整建构等方面。[2]

(三)检察公益诉讼的域外经验

我国的检察公益诉讼作为一项创新制度,在制度基础、运行机理等诸多方面都与国外的公益诉讼制度有重大差异,没有现成的模式可以照搬照抄。检察公益诉讼制度实践在探索发展中遇到的各种问题,需要在实践中寻找答案。同时要注意学习借鉴域外的制度做法,汲取其成功经验。尽管由检察机关提起行政公益诉讼是我国独创的诉讼制度,但是域外制度中由检察机关参与公益诉讼活动并不罕见。

在世界范围内,由检察机关担当公益代表人提起民事诉讼十分常见。比如,法国1804年《拿破仑民法典》、1807年《法国民事诉讼法典》就赋予了检察官提起和参与民事诉讼的权力。检察官可以以主当事人(相当于独立当事人)的身份提起诉讼,也可以以从当事人(联合当事人)的身份参加诉讼。在前者的情形中,诉讼权利义务与普通民事案件当事人并无区别;在后者的情形中,检察官的职责是为法官准确适用法律提供意见。

在日本,检察官作为公益代表人对裁判所适用法律和执行法律,负有监督

[1] 《人民检察院提起公益诉讼试点工作实施办法》(高检发释字〔2015〕6号,已废止)规定无论是提起诉前督促程序还是进入诉讼环节,都必须先固定公共利益受损害的证据材料。

[2] 参见薛刚凌:《行政公益诉讼类型化发展研究——以主观诉讼和客观诉讼划分为视角》,载《国家检察官学院学报》2021年第2期。

的权限。[1]

在美国,检察机关在得到法律授权的情形下也可以提起民事诉讼,1969 年《环境保护法》、1970 年《清洁空气法》、《防止空气污染条例》和《防止水污染条例》等法律就赋予了检察机关提起环境公益诉讼的权力。[2]

在巴西,1985 年颁布的《公共民事诉讼法》、1988 年通过的《巴西联邦宪法》同样授权检察机关在公共利益遭受损失时,具有提起公益诉讼的权力。[3]

在英国,私人享有为公共利益而采取行动的权力,代表国王的总检察长可以在私人没有起诉资格时出借自己的名义帮助私人申请与公益有关的司法审查。[4] 在美国也有类似的"私人检察总检察长"理论,私人基于公共利益的维护而享有法律授权的类似于检察总长的起诉资格。[5]

在德国,联邦与州层面均建立了公益代表人制度。联邦行政法院的检察官原则上有权参与任何在联邦行政法院进行的诉讼。检察官作为独立于诉讼当事人和法院的诉讼参与人,参与适用法律的过程,保护联邦或州的利益以及超越个案的公共利益。[6]

俄罗斯的检察长对行政违法行为所享有的监督权可通过提起诉讼或在诉讼任何阶段介入得以实现,检察长可以直接责令停止行政执行,监督的法律效力已经超越提起行政公益诉讼。[7]

三、检察公益诉讼制度的"前世今生"

与西方国家公益诉讼提起主体多元化不同,我国的公益诉讼制度采取了"国家化"的建构思路,即由检察机关作为公益诉讼主要提起的主体。这一制度安排

[1] 参见张雪樵:《检察公益诉讼比较研究》,载《国家检察官学院学报》2019 年第 1 期。

[2] 参见张辉:《美国公民诉讼之"私人检察总长理论"解析》,载《环球法律评论》2014 年第 1 期。

[3] 参见易小斌:《独具特色的巴西检察公益诉讼》,载《检察日报》2020 年 11 月 5 日,第 7 版;王莉:《巴西公益诉讼检察制度及启示》,载《人民检察》2020 年第 7 期。

[4] 季美君:《聊聊"私人检察总长"》,载最高人民检察院,https://www.spp.gov.cn/spp/llyj/202008/t20200806_475612.shtml。

[5] 参见刘艺:《美国私人检察诉讼演变及其对我国的启示》,载《行政法学研究》2017 年第 5 期。

[6] 德国《行政法院法》第 35 条第 1 款规定:"在联邦行政法院中设有 1 名检察官,为维护公益,该检察官可以参与在联邦行政法院中的任何诉讼。但不包含纪律惩罚审判庭的案件以及军事审判庭的案件。该联邦行政法院检察官听命于政府。"

[7] 参见王圭宇:《俄罗斯行政检察监督的领域与方式》,载《检察日报》2020 年 8 月 20 日,第 3 版。

率先由党的文件与会议进行统领并贯穿始终，后经过全国人民代表大会常务委员会（以下简称全国人大常委会）授权部分地区进行试点，并在试点经验的基础上将这一制度正式确立到立法中，成为一项正式的法律制度，继而全面推行。[1]

（一）检察行政公益诉讼制度的源头

2014 年党的十八届四中全会《中共中央关于全面推进依法治国若干重大问题的决定》中首次提出“探索建立检察机关提起公益诉讼制度”，习近平总书记就该决定的起草情况进行说明时指出：“现在，检察机关对行政违法行为的监督，主要是依法查办行政机关工作人员涉嫌贪污贿赂、渎职侵权等职务犯罪案件，范围相对比较窄。而实际情况是，行政违法行为构成刑事犯罪的毕竟是少数，更多的是乱作为、不作为。如果对这类违法行为置之不理、任其发展，一方面不可能根本扭转一些地方和部门的行政乱象，另一方面可能使一些苗头性问题演变为刑事犯罪。全会决定提出，检察机关在履行职责中发现行政机关违法行使职权或者不行使职权的行为，应该督促其纠正。作出这项规定，目的就是要使检察机关对在执法办案中发现的行政机关及其工作人员的违法行为及时提出建议并督促其纠正。这项改革可以从建立督促起诉制度、完善检察建议工作机制等入手。在现实生活中，对一些行政机关违法行使职权或者不作为造成对国家和社会公共利益侵害或者有侵害危险的案件，如国有资产保护、国有土地使用权转让、生态环境和资源保护等，由于与公民、法人和其他社会组织没有直接利害关系，使其没有也无法提起公益诉讼，导致违法行政行为缺乏有效司法监督，不利于促进依法行政、严格执法，加强对公共利益的保护。由检察机关提起公益诉讼，有利于优化司法职权配置、完善行政诉讼制度，也有利于推进法治政府建设。”[2] 因此，检察机关提起公益诉讼制度时，也要着重把握制度的三项要点：一是注意公益诉讼的监督性质；二是公益诉讼检察当以行政公益诉讼为主；三是诉前程序包含在制度设计的初衷里，并不被诉讼制度排除。[3]

---

〔1〕《最高人民检察院工作报告——2018 年 3 月 9 日在第十三届全国人民代表大会第一次会议上》，载新华网，http://www.xinhuanet.com/politics/2018lh/2018-03/25/c_1122587415.htm，2021 年 5 月 20 日访问。

〔2〕习近平：《关于〈中共中央关于全面推进依法治国若干重大问题的决定〉的说明》，载新华网，2014 年 10 月 28 日。

〔3〕胡卫列：《当前公益诉讼检察工作需要把握的若干重点问题》，载《人民检察》2021 年第 2 期。

随后，检察公益诉讼制度通过2015年5月中央全面深化改革领导小组[1]（以下简称中央深改组）召开的第十二次会议，得到进一步“形塑”。会议涉及检察公益诉讼的内容包括以下四方面：第一，就最高人民检察院贯彻落实十八届四中全会关于探索建立检察机关提起公益诉讼制度的改革要求所提出的《检察机关提起公益诉讼改革试点方案》进行审议并得以通过。该方案明确了改革试点工作的目标和原则、方法、实施步骤、工作要求等；在内容上将公益诉讼分为民事公益诉讼与行政公益诉讼两类，并划定了各自的案件范围、诉讼参加人、基本程序等内容。该方案勾勒了我国检察公益诉讼的制度雏形。第二，会议明确了检察公益诉讼的目的，在于“充分发挥检察机关法律监督职能作用，促进依法行政、严格执法，维护宪法法律权威，维护社会公平正义，维护国家和社会公共利益”[2]。第三，会议还划定了检察公益诉讼的率先突破领域，包括生态环境和资源保护、国有资产保护、国有土地使用权出让、食品药品安全这四大领域，但并未完全排除其他领域的案件受理，通过“等”进行未来的空间拓展。第四，会议就“公共利益”进行界定，包括国家利益与社会公共利益，但未将党的十八届四中全会决定里包含的“侵害危险”纳入试点期间公益保护的范围。时任最高人民检察院第八检察厅的胡卫列厅长将本次会议形象地比喻为“检察公益诉讼制度的‘催生婆’”[3]。

（二）检察公益诉讼的试点情况

为保证检察公益诉讼制度在法治轨道上运行，在党的统领下，全国人大常委会2015年7月1日作出《全国人民代表大会常务委员会关于授权最高人民检察院在部分地区开展公益诉讼试点工作的决定》（以下简称《试点决定》），公益诉讼试点期限为两年，自《试点决定》公布之日起算。《试点决定》授权最高人民检察院在生态环境和资源保护、国有资产保护、国有土地使用权出让、食品药品安全等领域开展提起公益诉讼试点工作。试点地区为北京、内蒙古、吉林、江苏、安徽、福建、山东、湖北、广东、贵州、云南、陕西、甘肃共13个省、自治区、

---

[1] 2018年3月机构改革后为中央全面深化改革委员会。余同。

[2] 习近平：《把握改革大局自觉服从服务改革大局 共同把全面深化改革这篇大文章做好》，载《人民日报》2015年5月6日，第1版。

[3] 胡卫列：《国家治理视野下的公益诉讼检察制度》，载《国家检察官学院学报》2020年第2期。

直辖市的 87 个设区市级的检察院、759 个基层检察院。

随后,最高人民检察院按照授权决定的要求,为规范检察机关提起公益诉讼,于 2015 年 12 月发布了《人民检察院提起公益诉讼试点工作实施办法》(高检发释字〔2015〕6 号,已废止),该办法共 58 条,分别从提起民事公益诉讼与行政公益诉讼的受案条件、管辖、证据、程序等方面细化了试点地区检察机关提起公益诉讼的规范。

此外,最高人民检察院多次通过新闻发布会的形式向社会各界公布了检察公益诉讼试点工作有关情况。其中,就试点实施不到半年的情况来看,这一时期检察机关结合履行法律监督职责收集案件线索作为重中之重;通过做好调查核实,找准切入点,加强对整改情况的跟进监督,确保诉前程序的准确性、针对性与实效性。截至 2015 年 12 月底,试点地区共在履行职责中发现公益诉讼案件线索 501 件。试点地区已经通过检察建议等方式办理公益诉讼诉前程序案件 245 件,其中民事公益诉讼案件 33 件、行政公益诉讼案件 212 件。经过民事公益诉讼诉前程序的 33 件案件中,相关社会组织提起公益诉讼的有 6 件,回复不起诉的有 9 件,辖区内无符合条件社会组织的有 18 件。经过行政公益诉讼诉前程序的 212 件案件中,相关行政机关纠正违法或履行职责的有 118 件,尚未到 1 个月回复期限的有 64 件,逾期未纠正违法或履行职责的有 30 件。针对经过民事公益诉讼诉前程序的案件中无符合条件社会组织或符合条件的社会组织不起诉,经过行政公益诉讼诉前程序的案件中行政机关未纠正违法或履行职责的情形,试点地区检察机关已向人民法院提起公益诉讼 5 件,人民法院均已立案。[1]

2016 年 11 月,全国人大常委会审议了最高人民检察院关于检察机关提起公益诉讼试点情况的中期报告,强调要构建"具有中国特色、符合检察机关职能特点的公益诉讼制度"。就检察公益诉讼中期的情况来看,检察机关提起公益诉讼试点工作取得初步成效。截至 2016 年 9 月,各试点地区检察机关共在履行职责中发现公益案件线索 2982 件,办理公益诉讼案件 1710 件,其中办理诉前程序案件 1668 件、提起诉讼案件 42 件。在试点期间提起诉讼的案件中,行政公益诉讼 28 件、民事公益诉讼 13 件、行政附带民事公益诉讼 1 件;2015 年 12

---

〔1〕《最高检通报检察机关提起公益诉讼试点工作推进情况新闻发布会文字实录》,载最高人民检察院网,https://www.spp.gov.cn/spp/c107929/xwfblist.shtml,2021 年 5 月 6 日访问。

月，山东省庆云县人民检察院提起首例行政公益诉讼案件，江苏省常州市人民检察院提起首例民事公益诉讼案件。人民法院已作出一审判决8件，均支持检察机关的诉讼请求，另有1件民事公益诉讼以调解方式结案，1件民事公益诉讼因其他适格主体参加诉讼、2件行政公益诉讼因行政机关在起诉后纠正了违法行为，检察机关撤回起诉。在这一阶段的工作中，最高人民检察院注重顶层设计，加强督促指导。试点检察机关加强沟通协调，凝聚各方共识；突出工作重点，积极摸排案件线索，为公益诉讼试点工作奠定基础；严格落实诉前程序，促进行政机关和有关社会组织主动履行保护公益职责；依法提起公益诉讼，增强公益保护刚性。与此同时，检察机关提起公益诉讼试点工作还面临着思想认识不够到位，工作开展不平衡；公益诉讼制度理论研究不够深入；素质能力不适应；配套机制不健全；部分行政机关认识偏差等问题。[1] 该报告在2016年11月由全国人大常委会审议，审议意见中提出要构建"具有中国特色、符合检察机关职能特点的公益诉讼制度"。

就试点两年的情况来看，截至2017年6月，各试点地区检察机关在生态环境和资源保护、食品药品安全、国有资产保护、国有土地使用权出让等领域，共办理公益诉讼案件9053件，其中诉前程序案件7903件、提起诉讼案件1150件。起诉案件中，人民法院判决结案437件，全部支持检察机关的诉讼请求。试点地区检察机关通过公益诉讼挽回直接经济损失89亿余元，其中，收回国有土地出让金76亿余元，收回人防易地建设费2.4亿余元，督促违法企业或个人赔偿损失3亿余元。最高人民检察院在新闻发布会上充分肯定了试点工作的成效，认为"试点工作对检察机关提起公益诉讼制度的可行性、合理性进行了充分检验，初步形成了检察机关提起公益诉讼的规范体系。"[2] 另外，针对检察机关提起公益诉讼试点期间的制度实施情况，不少研究者利用官方公布的数据、走访调研获取的数据、其他有关统计数据、公开的案例等对检察公益诉讼的实效展

〔1〕 参见曹建明：《最高人民检察院关于检察机关提起公益诉讼试点工作情况的中期报告——2016年11月5日在第十二届全国人民代表大会常务委员会第二十四次会议上》，载中国人大网，http://www.npc.gov.cn/zgrdw/npc/xinwen/2016-11/05/content_2001150.htm，2021年5月21日访问。

〔2〕《最高检"全面实施检察机关提起公益诉讼制度"的新闻发布会文字实录》，载最高人民检察院网，http://gjwft.jcrb.com/2017/6yue/qmssjcjgtqgyss/，2021年5月21日访问。

开了实证研究。[1] 从评估结论来看，均充分肯定了试点期间检察机关提起公益诉讼的效果。

（三）检察公益诉讼制度的正式确立

2017年5月中央深改组召开第三十五次会议，审议通过了《关于检察机关提起公益诉讼试点情况和下一步工作建议的报告》。中央深改组肯定了检察公益诉讼在试点期间的工作，认为试点工作"积累了丰富的案件样本，制度设计得到充分检验，正式建立检察机关提起公益诉讼制度的时机已经成熟。"提出"要在总结试点工作的基础上，为检察机关提起公益诉讼提供法律保障"[2]。

最高人民检察院随后向全国人大常委会提交"最高人民法院、最高人民检察院"修改的申请与草案，2017年6月全国人大常委会作出修改《民事诉讼法》《行政诉讼法》的决定，其中《民事诉讼法》第55条增加一款，作为第二款，即"人民检察院在履行职责中发现破坏生态环境和资源保护、食品药品安全领域侵害众多消费者合法权益等损害社会公共利益的行为，在没有前款规定的机关和组织或者前款规定的机关和组织不提起诉讼的情况下，可以向人民法院提起诉讼。前款规定的机关或者组织提起诉讼的，人民检察院可以支持起诉。"《行政诉讼法》第25条增加一款，作为第四款，即"人民检察院在履行职责中发现生态环境和资源保护、食品药品安全、国有财产保护、国有土地使用权出让等领域负有监督管理职责的行政机关违法行使职权或者不作为，致使国家利益或者社会公共利益受到侵害的，应当向行政机关提出检察建议，督促其依法履行职责。行政机关不依法履行职责的，人民检察院依法向人民法院提起诉讼。"明确将检察机关提起公益诉讼写入这两部法律，标志着我国检察机关提起公益诉讼制度正式确立。

2018年4月颁布的《英雄烈士保护法》，其中第25条第2款明确规定检察

---

[1] 参见胡卫列、田凯：《检察机关提起行政公益诉讼试点情况研究》，载《行政法学研究》2017年第2期；孔祥稳、王玎、余积明：《检察机关提起行政公益诉讼试点工作调研报告》，载《行政法学研究》2017年第5期；覃慧：《检察机关提起行政公益诉讼的实证考察》，载《行政法学研究》2019年第3期；陈天昊、邵建树、王雪纯：《检察行政公益诉讼制度的效果检验与完善路径——基于双重差分法的实证研究》，载《中外法学》2020年第5期；等等。

[2] 《习近平主持召开中央全面深化改革领导小组第三十五次会议》，载中华人民共和国中央人民政府网，http://www.gov.cn/xinwen/2017-05/23/content_5196189.htm，2021年5月21日访问。

机关可以就侵害英雄烈士的姓名、肖像、名誉、荣誉，损害社会公共利益的行为，在英雄烈士没有近亲属或者近亲属不提起诉讼的情况下，提起民事公益诉讼。这是专门性立法中首次对公益诉讼受案范围进行拓展。

（四）检察公益诉讼制度的发展

2017年检察公益诉讼正式被立法确立以来，进入全面实施阶段。这一阶段高位推动更加有力，十九届四中全会和中央全面依法治国工作会议、全国人大常委会和全国政协都对检察公益诉讼工作提出了新的要求，检察公益诉讼制度得到快速发展。除了办理案件的数量明显增加之外，发展地涵盖了检察公益诉讼内容拓展、法律制度完善、组织制度保障等多方面的内容。[1]

在检察公益诉讼内容拓展方面，党的十九届四中全会《中共中央关于坚持和完善中国特色社会主义制度推进国家治理体系和治理能力现代化若干重大问题的决定》（以下简称《决定》）中提出“拓展公益诉讼案件范围”。《决定》中提出的这一要求体现了党对于公益诉讼制度设计和实践成效的认可，确认了公益诉讼监督法律实施、促进国家治理的职能定位，也表达了对更好地发挥公益诉讼作用的期许。[2]

最高人民检察院积极响应，一方面，最高人民检察院党组为贯彻会议精神，将“等”外探索原则进行调整，从“稳妥、积极”调整为“积极、稳妥”。另一方面，张军检察长在2020年1月召开的全国检察长会议上强调，不仅要把法律明确赋权的“4+1”领域案件办好、办扎实，还要以高度负责的精神，积极办理群众反映强烈的其他领域公益诉讼案件，为健全完善立法提供实践依据。随后最高人民检察院通过单独或联合发布典型案例的形式，探索公益诉讼新领域。这些领域涉及文物和文化遗产保护、铁路安全生产、安全生产和个人信息保护等。[3]

---

〔1〕 张军：《最高人民检察院关于开展公益诉讼检察工作情况的报告》，载全国人大网，http://www.npc.gov.cn/npc/c30834/201910/936842f8649a4f088a1bf6709479580e.shtml，2021年5月21日访问。

〔2〕 参见胡卫列：《国家治理视野下的公益诉讼检察制度》，载《国家检察官学院学报》2020年第2期。

〔3〕 最高人民检察院发布10起检察机关文物和文化遗产保护公益诉讼典型案例（2020年12月2日）；最高人民检察院、国铁集团联合发布10起铁路安全生产领域公益诉讼典型案例（2020年12月24日）；最高人民检察院、应急管理部联合发布9件安全生产领域公益诉讼典型案例（2021年3月23日）；最高人民检察院发布11件检察机关个人信息保护公益诉讼典型案例（2021年4月22日）。

除了继续拓展公益诉讼受案范围之外，在既有的受案领域中通过专项活动的形式推进公益诉讼工作是检察公益诉讼发展的新特征。最高人民检察院先后部署了"携手清四乱、保护母亲河""保障千家万户舌尖上的安全""守护海洋""公益诉讼守护美好生活"等专项监督活动。选取服务国家重大战略和当地的经济社会发展大局、对当地的突出问题和人民群众关切的现实问题、需要突出关注的重点或者需要重点推进的新领域或薄弱环节作为专项活动的主题，批量办理案件扩大了办案成效和社会影响力，起到了极佳的制度宣传效果。

在组织保障方面，习近平总书记于2018年7月主持召开中央全面深化改革委员会第三次会议，会议强调"设立最高人民检察院公益诉讼检察厅，要以强化法律监督、提高办案效果、推进专业化建设为导向，构建配置科学、运行高效的公益诉讼检察机构，为更好履行检察公益诉讼职责提供组织保障"[1]。2018年10月修订的《人民检察院组织法》和2019年4月修订的《检察官法》，均明确规定了公益诉讼检察职权。2019年1月最高人民检察院重组成立十个检察厅，其中第八检察厅专门负责办理公益诉讼类案件，随后各地检察院也相应进行机构调整。

在法律制度方面，为正确适用《民事诉讼法》《行政诉讼法》关于人民检察院提起公益诉讼的规定，最高人民法院与最高人民检察院于2018年联合制定了《关于检察公益诉讼案件适用法律若干问题的解释》（法释〔2018〕6号）。该解释也是正式确立检察机关提起公益诉讼制度后，最高人民法院、最高人民检察院共同出台的首个司法解释。该解释内容细化了单独提起民事公益诉讼、行政公益诉讼的受理、审判、执行程序。此外，解释还在既有的民事公益诉讼和行政公益诉讼基础上，增加了刑事附带民事公益诉讼这一新的案件类型；明确了检察机关在公益诉讼中"公益诉讼起诉人"的诉讼地位；明确诉前与诉讼程序的关系等内容。后随着《民法典》等法律的颁行该解释在2020年再次进行了修正。此次修订的主要内容，根据颁行的《民法典》内容，对检察机关提起民事公益诉讼的案件范围中，增加了"侵害英雄烈士等的姓名、肖像、名誉、荣誉"领域，并针对该领域案件特点，在诉前公告的基础上，增加了征询英雄烈士等的近亲属意见的诉前履职方式。2021年6月15日，中共中央印发了《中共中央关于加

〔1〕《习近平主持召开中央全面深化改革委员会第三次会议》，载中华人民共和国中央人民政府网，http://www.gov.cn/xinwen/2018-07/06/content_5304188.htm，2021年5月21日访问。

强新时代检察机关法律监督工作的意见》,该意见第 11 条明确指出,要积极稳妥推进公益诉讼检察。要建立公益诉讼检察与行政执法信息共享机制,加大生态环境和资源保护、食品药品安全、国有财产保护、未成年人权益保护等重点领域公益诉讼案件办理力度。要积极稳妥拓展公益诉讼案件范围,探索办理安全生产、公共卫生、妇女及残疾人权益保护、个人信息保护、文物和文化遗产保护等领域公益损害案件,总结实践经验,完善相关立法。〔1〕 2021 年 7 月 1 日,《人民检察院公益诉讼办案规则》(以下简称《办案规则》)正式施行。《办案规则》分为总则、一般规定、行政公益诉讼、民事公益诉讼、其他规定、附则等六章,共 112 条。《办案规则》确立了检察公益诉讼案件立案管辖与诉讼管辖分离的原则,明确了行政公益诉讼案件立案管辖与人民法院诉讼管辖级别、地区不对应,需要提起诉讼的应当将案件移送有管辖权法院对应的同级检察院;细化了公益诉讼案件调查方式和保障措施,明确了检察机关调查收集证据的原则、方式、具体程序、保障等内容;完善了检察公益诉讼的诉前程序,规定对于同一行政机关对多个同一性质的违法行为可能存在不依法履行职责情形,应当作为一个案件立案;细化了民事公益诉讼的诉讼请求,规定在破坏生态环境和资源保护以及食品药品安全领域案件中,可以提出惩罚性赔偿诉讼请求,加大违法者的违法成本;规范了检察机关提起公益诉讼案件的程序,对提起公益诉讼的案件,出席一审、二审、再审法庭等程序作了规定,为检察机关办案提供了统一的规范依据。〔2〕

此外,党中央和国务院均针对检察公益诉讼发布了诸多重要文件。据不完全统计,截至 2018 年上半年,以中共中央、国务院名义发布的有:2015 年 4 月《关于加快推进生态文明建设的意见》、2015 年 12 月《法治政府建设实施纲要(2015—2020 年)》、2016 年 12 月《关于推进安全生产领域改革发展的意见》、2018 年 6 月《关于全面加强生态环境保护,坚决打好污染防治攻坚战的意见》。以国务院名义发布的有:2016 年 5 月《土壤污染防治行动计划》、2017 年 9 月《关于完善进出口商品质量安全风险预警和快速反应监管体系,切实保护消费者权益的意见》。以中共中央办公厅、国务院办公厅名义发布的有:2017 年 8 月

〔1〕《中共中央关于加强新时代检察机关法律监督工作的意见》,载中华人民共和国最高人民检察院网,https://www.spp.gov.cn,2021 年 9 月 8 日访问。

〔2〕《办案规则》,载正义网,http://news.jcrb.com/jsxw/2021/202107/t20210715_2298742.html,2021 年 9 月 14 日访问。

《生态环境损害赔偿制度改革方案》、2017年10月《国家生态文明试验区(贵州、江西、福建)建设实施方案》等。[1] 26个省、区、市党委办公厅、政府办公厅或者省人大常委会发布了支持检察公益诉讼的相关文件。[2] 文件要求将检察公益诉讼视为党中央立足党和国家事业发展全局作出的重大决策部署,要求各级机关积极支持检察机关在法律授权范围内充分发挥法律监督作用,为决胜全面建成小康社会提供坚强有力的法治保障。具体举措,包括要求各级党委把加强和支持检察机关提起公益诉讼纳入重要工作日程,及时听取工作情况汇报,解决具体困难和问题,并将公益诉讼纳入法治政府督察和政绩考核的内容等。[3]

四、国家治理体系中的检察公益诉讼

2014年2月17日,习近平总书记在省部级主要领导干部学习贯彻十八届三中全会精神全面深化改革专题研讨班上的讲话指出:"我们思想上必须十分明确,推进国家治理体系和治理能力现代化,绝不是西方化、资本主义化!"[4] 国家治理体系是在党领导下管理国家的制度体系,包括经济、政治、文化、社会、生态文明和党的建设等各领域体制机制、法律法规安排,也就是一整套紧密相连、相互协调的国家制度。[5] 我国国家治理体系现代化具有在党的领导下,以国家为主导且注重制度建设的特征。[6] 检察公益诉讼是国家治理体系现代化

---

[1] 参见胡卫列:《国家治理视野下的公益诉讼检察制度》,载《国家检察官学院学报》2020年第2期。

[2] 张军:《最高人民检察院关于开展公益诉讼检察工作情况的报告》,载全国人大网,http://www.npc.gov.cn/npc/c30834/201910/936842f8649a4f088a1bf6709479580e.shtml,2021年5月21日访问。

[3] 参见2017年8月29日海南省委办公厅、省政府办公厅《关于支持检察机关依法开展公益诉讼工作的通知》;2017年9月2日江西省委办公厅、省政府办公厅《关于支持检察机关提起公益诉讼工作的通知》;2017年9月25日《中共吉林省委关于支持全面开展检察机关提起公益诉讼工作推动法治吉林建设的意见》;2017年11月20日四川省委办公厅、省政府办公厅《关于深入推进公益诉讼工作的实施意见》等。

[4] 中共中央文献研究室编:《习近平关于协调推进"四个全面"战略布局论述摘编》,中央文献出版社2015年版,第83页。

[5] 习近平:《切实把思想统一到党的十八届三中全会精神上来》,载《人民日报》2014年1月1日,第2版。

[6] 杨雨林:《西方治理话语的政治哲学基础与中国国家治理话语体系构建》,载《岭南学刊》2018年第5期。

建设的重要组成部分,“人民检察院办理公益诉讼案件的任务,是通过依法独立行使检察权,督促行政机关依法履行监督管理职责,支持适格主体依法行使公益诉权,维护国家利益和社会公共利益,维护社会公平正义,维护宪法和法律权威,促进国家治理体系和治理能力现代化。”〔1〕

将检察公益诉讼作为国家治理体系的重要组成部分是党的十九届四中全会《决定》对检察公益诉讼地位和制度价值的权威确认。最高人民检察院第八检察厅胡卫列厅长从检察公益诉讼的制度初衷、职能的本质定位、实践探索、制度特点与前景展望五个方面解读了检察公益诉讼在国家治理体系中所发挥的作用:第一,检察公益诉讼的制度初衷定位于以法治思维和法治方式推进国家治理体系和治理能力现代化的重要制度设计。第二,公益诉讼检察职能〔2〕的本质定位在于以监督法律的正确实施来促进国家治理的实现。第三,检察公益诉讼的实践探索体现了助力提升国家治理、社会治理效能的制度价值。第四,党的领导、人民性、专门机关履职、多元主体协同等在内的检察公益诉讼的制度特点彰显了高度契合国家治理要求的独特优势。第五,从检察公益的前景展望来看,以“积极、稳妥”的发展原则推进检察公益诉讼工作,以制度成效更好发挥助推国家治理的职能作用。〔3〕

刘艺教授认为检察公益诉讼是富含治理内涵的司法体制创新。她通过检察公益诉讼所表现的特征、勾勒检察公益诉讼运行的网状治理结构及检察公益诉讼在国家治理体系中发挥的治理功效三方面来阐释检察公益诉讼作为国家治理体系现代化重要举措的深刻内涵。首先,检察公益诉讼表现出执政党作用、以国家为主导、改革与建构并重、富涵社会主义公益特色、具有半开放式的

〔1〕《办案规则》第2条。

〔2〕关于“公益诉讼检察”与“检察公益诉讼”这组概念的理解,这两个概念,目前在检察机关内部均被使用,并未作严格的区别,在公开发表的文献中也未见到对其作概念辨析。在没有特别需要作出区分的场合,两个概念的区别并不大,很多情况下可以混用。要作严格区分的话,主要区别在于:“检察公益诉讼”是“检察机关提起公益诉讼”的简称,在规范性文件中最早见于最高人民法院和最高人民检察院2018年3月1日公布的《关于检察公益诉讼案件适用法律若干问题的解释》中,是在国家制度层面的一种表述,相关的主体包括检察机关,人民法院、行政机关等机构共同参与。“公益诉讼检察”多在检察机关内部的文件材料中使用,是在检察职能层面的一种表述,用于表示一项检察职能、检察业务、检察工作,其主体一般只限于检察机关。

〔3〕参见胡卫列:《国家治理视野下的公益诉讼检察制度》,载《国家检察官学院学报》2020年第2期。

民主性、多方协商的科学性等特征。其次,检察公益诉讼的运行过程已经形成了多维交错的网状治理结构。最后,检察公益诉讼在国家治理体系中发挥了极佳的治理功效。具体表现为:一是治理领域广泛覆盖,二是治理力度全程深入,三是治理主体全面带动,四是治理规范充分法治化,五是治理方式刚柔并济。[1]

---

〔1〕 参见刘艺:《论国家治理体系下的检察公益诉讼》,载《中国法学》2020年第2期。

第二章　云浮市检察公益诉讼的实践经验

2015 年 7 月 1 日，全国人大常委会授权最高人民检察院在北京等 13 个省区市开展公益诉讼试点。2015 年 7 月 2 日，最高人民检察院发布《检察机关提起公益诉讼改革试点方案》。广东检察机关深刻领会中央决策和最高人民检察院的工作部署，积极开展检察公益诉讼的探索与实践。通过办理各类公益诉讼案件，有力维护了国家利益和社会公共利益。

一、开展检察公益诉讼专项活动

（一）“公益诉讼守护美好生活”聚焦生态环境保护

为深入贯彻落实以人民为中心的发展思想，执行好最高人民检察院关于全国检察机关开展“公益诉讼守护美好生活”专项活动的部署要求，广东省人民检察院自 2020 年 7 月至 2023 年 6 月，开展为期三年的“公益诉讼守护美好生活”专项监督活动。云浮市两级检察机关坚持人民至上，“公益诉讼守护美好生活”专项监督活动重点围绕以下违法行为展开：

第一，违法向水体排放污染物。包括排污企业未按规定进行排污申报登记；向水体排放污染物的建设项目不符合国家环境保护管理规定；非法向生活饮用水地表水源一级保护区的水体排放污水；在生活饮用水地表水源一级保护区内从事可能污染生活饮用水水体的活动；违反禁止规定，采用严重污染水环境的落后生产工艺和设备；在生活饮用水源地、风景名胜区、重要渔业水体等保护区内违法新建排污口；向水体排放油类、酸液、碱液或剧毒废液；将含有可溶性剧毒废渣向水体排放、倾倒或直接埋入地下；向水体排放、倾倒工业废渣、城市垃圾和其他废弃物；在江河、湖泊、运河、渠道、水库最高水位线以下的滩地和坡岸堆放、存贮固体废弃物和其他污染物；向水体排放或者倾倒放射性固体废弃物或者含有高放射性和中放射性物质的废水；未经消毒处理，违法排放含病原体的污水；违法向农业灌溉渠道排放工业废水和城市污水；船舶排放含油污水、生活污水不符合排放标准；利用渗井、渗坑、裂缝和溶洞排放、倾倒含有毒污染物的废水和其他废弃物；二次供水设施设备维护不到位，导致水质不达标等。

第二，违法产生、收集、贮存、运输、利用、处置固体废物。包括建设产生固体废物项目和工业固体废物贮存、处置的场所设施不符合国家环境保护标准；收集、贮存、运输、利用、处置固体废物未采取防扬撒、防流失、防渗漏等措施；违法倾倒、堆放、丢弃、遗撒固体废物；未采取回收利用等措施以防止或减少农用薄膜对环境的污染；未按规定收集、贮存、利用或处置养殖过程中产生的畜禽粪便；清扫、收集、运输、处理城市生活垃圾不符合环境保护和环境卫生管理规定；违法从事收集、贮存、利用处置危险废物经营活动；违法进口固体废物进境倾倒、堆放、处置等。

第三，线上线下销售不符合安全标准的食用农产品、食品。包括农贸市场、超市等销售的蔬菜、水果、肉类等含有违禁农药，或者农药残留、兽药残留、重金属残留超标；销售用非食品原料生产的食品或者添加可能危害人体健康物质的食品，或超范围、超限量使用食品添加剂的食品；食用农产品批发市场开办者未在大型农贸市场建立农药残留快速检测室或配置快速检测仪器等；督促建设绿色食品、有机农产品、地理标志农产品质量安全追溯体系，防止伪劣食品。

（二）“保障千家万户舌尖上的安全”促进食品药品安全

检察机关作为法律监督机关，肩负“人民检察为人民”的光荣使命，把“一切为了人民”作为检察履职的出发点和落脚点，及时回应人民群众在民主、法治、公平、正义、安全、环境等方面层次更高、内涵更丰富的需求，用心、用情、用力解决人民群众的操心事、烦心事、揪心事，让人民群众在每一起司法案件中都感受到公平正义。根据广东省检察院“保障千家万户舌尖上的安全”公益诉讼专项监督工作要求，云浮市检察机关重点关注涉食农产品、食品生产销售、网络餐饮以及水源地保护等领域，加大案件办理力度，以农贸市场、超市销售的食用农产品、食品和网络餐饮以及水源地保护为监督重点，积极主动督促行政机关依法履职，依法惩治侵害众多消费者合法权益的违法行为。此次专项活动云浮市检察机关主要针对以下重点难点问题开展监督：

第一，食品药品监督部门存在的普遍性问题。食品药品违法犯罪呈现复杂性、多样性趋势，制售假冒伪劣行为仍时有发生。借助网络、物流、第三方支付平台等工具，违法行为更具有隐蔽性、规模性、查处难、取证难，当时当地的网络餐饮、微商自制食品问题较为严重；食品药品生产经营者主体责任意识、诚信意识和法制意识缺失；食品药品的市场准入条件把控不严，在辖区内依然存在销售劣质食品和药品的情况，虽然都没有造成严重的社会危害性，但是在市场准入和把控上还存在一定缺失。

第二，检察机关办理食品药品案件存在的阻力。主要体现为办案期限长、收集证据工作烦琐。例如，云浮市新兴县人民检察院在办理网络平台餐饮案件时需要在“美团”“饿了么”“百度糯米”这三个平台对入驻的商家一一查询，并把存在问题的商家截图作为证据材料，“饿了么”“美团”等服务平台的经营场地不在本地，导致无法提取登记的全部商家。从立案、审查、诉前程序、后续跟进，办理一个网络餐饮案件的期限较长、调查取证困难。

第三，主动出击网络餐饮不规范问题，对“饿了么”“美团外卖”平台开展监督检查，排查出上述平台超范围经营、未在网上公示食品经营许可证等存在严重食品安全隐患的案件线索 10 条，立案审查 10 件，督促监管部门依法履职，净化网络餐饮服务食品环境，维护百姓“舌尖上的安全”。

第四，重点开展校园周边食品安全治理。云浮市各基层人民检察院联合当地教育局、市场监督管理局等单位共同开展了进校园食堂和周边商店专项联合检查行动，对辖区内几所重点学校进行检查。重点检查学校食堂餐饮许可、食品加工设备等、原材料采购、供货来源、索票索证等情况，并对校园周边食品经营户的证照、过期变质、食品卫生状况进行检查。针对专项检查中发现的问题，要求相关职能部门督导及时整改。

第五，开展饮用水水源地保护工作。对危害饮用水水源及水源保护区案件线索进行排查，对于出现污染饮用水及水源保护区的行为进行监督。云浮市新兴县人民检察院在专项检查中发现一例污染饮用水源地一级保护区行为的线索，经立案调查后，向相关职能部门提出检察建议，督促其依法履职，恢复饮用水源地周边的环境。云浮市检察机关结合《西江流域生态环境和资源保护公益诉讼工作框架协议》，重点关注违反饮用水水源保护区相关规定的违法行为以及职能部门是否履行职责问题。

（三）“公益诉讼回头看”夯实办案质效

云浮市两级检察机关自 2017 年开展公益诉讼“回头看”专项活动，对案件结果进行跟进监督。云浮市人民检察院制定了《2019 年云浮市检察机关公益诉讼案件质量专项评查工作方案》，成立专门的案件质量评查小组，随机抽取已办结行政公益诉讼诉前程序案件的 30% 进行交叉评查。对案件在事实认定、证据收集、程序应用、法律适用、文书规范、行政单位回复、整改落实情况等方面提出明确评查意见。

自 2017 年至 2020 年 12 月，检察机关共发出 168 份检察建议，收到相关部门回复 168 件，其中 168 件案件的检察建议得到有效落实，0 件暂未整改到位。检察建议虽得到有效落实，但从个案具体情况来看，仍存在不同的情形：

第一，公益受损状态已经消失。云浮市云城区人民检察院向云浮市国土资源和城乡规划管理局发出的谢某华等人非法占用农用地诉前检察建议一案，在检察机关发出诉前检察建议后，广东省国土资源厅于 2017 年 9 月下发了《广东省国土资源厅关于云浮市云安区土地利用总体规划（2010—2020 年）调整完善方案的批复》（粤国土资规划调复〔2017〕74 号），涉案土地的土地利用总体规划由农用地调整为村镇建设用地，公益受损状态已经消失，无继续整改的必要性。

第二，整改需分期逐步开展，所需时间较长。云浮市云城区人民检察院向云浮市环境保护局发出的蛇塘坪、黄婆岭堆场两地 10,436.4 平方米长期非法倾倒石材废渣、池泥诉前检察建议一案，在检察机关发出诉前检察建议后，云浮市环境保护局委托生态环境部华南环境科学研究所下属公司广州华科环保工程有限公司编制了《云浮市云城区高峰街蛇塘坪、黄婆岭石材废渣非法堆放点污染隐患整治方案》，方案确定在云浮市 2019 年打好污染防治攻坚战资金中安排 80—90 万元用于首期整治工作费用，报市政府审批后，将按照该方案组织开展前期整治工作。

第三，修复资金未能到位。云浮市云安区人民检察院在办理云浮市浩博建筑材料有限公司（案发前已注销）排放污水污染农用地案时，向当时的云安区环保局、农业局发出诉前检察建议，在检察机关发出诉前检察建议后，云安区农业局向区政府申请专项资金对被污染农用地进行修复，但是由于该区财政困难，修复资金迟迟未到位。该案办理过程中，云浮市浩博建筑材料有限公司部分侵权责任人主动提出愿意出资修复被污染的农用地，为减少行政部门替代修复费用支出，经检察机关与公安（该公司部分人员因涉恶被公安机关立案侦查）、农业、环保等部门共同研讨，决定以刑事案件办理为契机，做其他侵权责任人的工作,力求由他们共同出资修复被污染的农用地。

二、检察公益诉讼初步成效

公益诉讼作为检察院法律监督的重要职能之一,是检察院的“第四大诉讼”,检察机关通过诉前磋商、诉前检察建议以及诉讼等多种方式督促行政机关切实履职或者向损害公益者追偿。自推行检察公益诉讼以来至2020年12月,云浮市两级检察机关公益诉讼案件立案255件,其中行政公益诉讼168件,刑事附带民事公益诉讼87件。全市两级检察机关通过公益诉讼检察,共挽回、督促修复、清理林地、土地、湿地、草原、水域1579亩;督促处理生活垃圾、固体废物4427吨;索赔环境损害赔偿金5090万元,有力地打击了侵害国家利益和公共利益的违法行为。

表2－1　云浮市两级检察机关办理公益诉讼案件诉前程序数量统计表

年度	行政公益诉讼		刑事附带民事公益诉讼诉前程序(件)	合计(件)
	诉前程序(件)	提起诉讼(件)		
2017	12	0	0	12
2018	27	0	0	27
2019	12	0	15	27
2020	117	0	63	180
合计	168	0	78	246

表2－2　云浮市两级检察机关办理公益诉讼案件类型统计表

年度	生态环境和资源保护(件)	国有资产保护(件)	国有土地使用权出让(件)	食品药品安全(件)	其他(件)
2017	11	2	0	0	0
2018	24	6	0	7	0
2019	31	0	0	9	0
2020	70	70	1	42	1
合计	136	78	1	58	1

从云浮市检察公益诉讼的实践情况来看,呈现出以下特点:第一,2017年和2018年是云浮市开展公益诉讼的经验积累时期,案件数量不多,且以行政公益

诉讼案件为主;2019 年进入相对稳定时期,本年度刑事附带民事公益诉讼案件数量上升较快。进入 2020 年,公益诉讼案件数量激增,尤其是行政公益诉讼案件是上一年度的 10 倍;2020 年度案件数量超过以往年度的总和。第二,行政公益诉讼案件均通过诉前检察建议程序得以解决,表明诉前程序的重要作用。第三,云浮市下辖各区县均因地制宜开展公益诉讼工作,紧紧围绕四大重点领域开展检察公益诉讼,案件主要集中于环境污染、生态环境保护和食品安全领域,其中生态环境保护和食品药品安全是重中之重。

经过三年探索,2020 年云浮市检察公益诉讼迈上新的台阶。2020 年度全市共排查公益诉讼案件线索 313 件,立案 184 件,开展诉前程序 180 件;提起刑事附带民事公益诉讼数居全省第五位;督促清理固体废物 7700 吨,占广东省 42%;挽回公益损失约 2993 万元,占广东省 35%;督促整改违法企业 6 家。

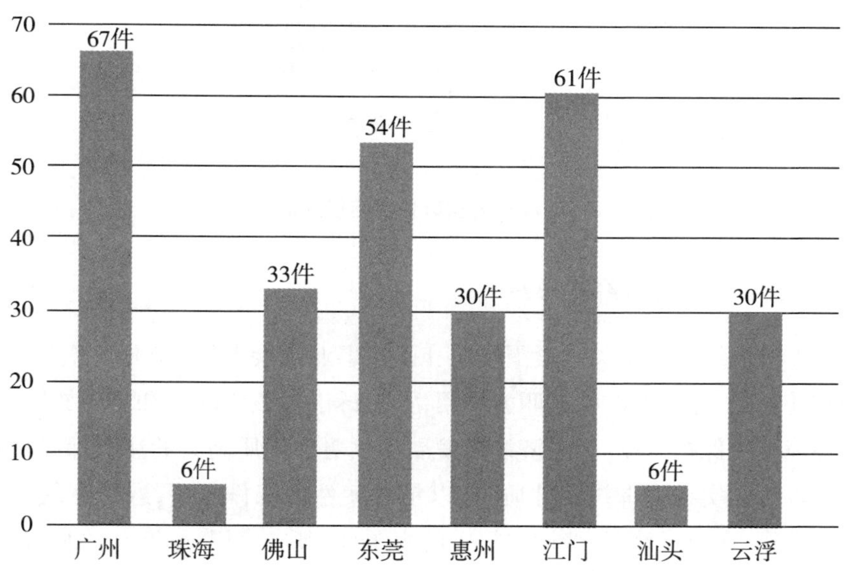

图 2-1 2020 年度广东省主要地市提起刑事附带民事公益诉讼数量

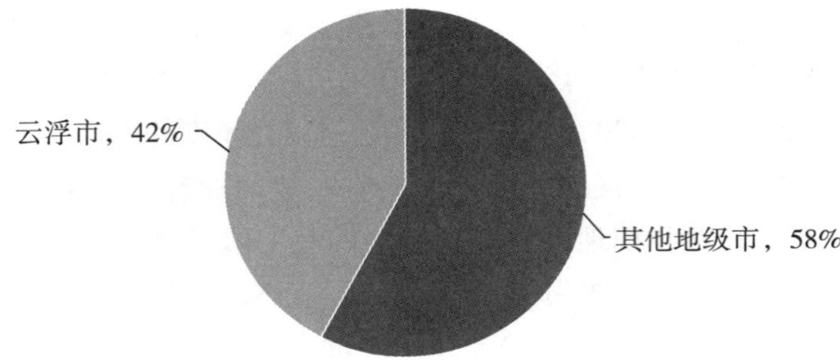

图 2－2 云浮市公益诉讼督促清理固体废物占比图

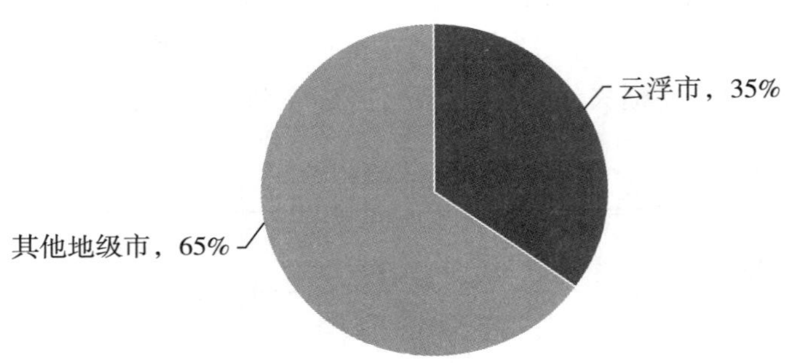

图 2－3 云浮市公益诉讼挽回损失情况占比图

三、检察公益诉讼经验总结

云浮市两级检察机关紧紧围绕党和国家事业发展大局，找准服务发展的切入点和着力点，充分发挥检察职能作用，紧扣诉讼的核心职能和主导作用，加大生态环境司法保护力度，为经济社会发展提供更加优质高效的法治保障。在探索公益诉讼的实践中围绕案件质量，以精品案件为工作抓手，通过开展检察公益诉讼工作，在督促修复、挽回被损害的水源地、基本农田、生态公益林，督促整改违法企业，督促清理固体废物，督促查处、收回假药、走私药品等方面收效显著。公益诉讼是检察机关的新业务，云浮市检察机关灵活运用各种机制，积极探索公益诉讼的发展空间。检察公益诉讼推进五年多以来，取得了一定的成效。

（一）依靠党的领导、人民代表大会及其常务委员会监督和政府支持

云浮市检察机关主动融入、服务和保障党和国家大局，坚持和依靠党委领

导、人大监督和政府支持，紧密结合本地实际开展公益诉讼检察工作。检察机关充分运用政治智慧、法律智慧和检察智慧，争取党委的坚强领导和政府的有力支持，主动接受人民代表大会及其常务委员会（以下简称人大）、政协监督，与人民法院、行政机关在办案中沟通、在协作中监督，实现双赢多赢共赢。具体体现在：

一是自觉落实党对检察工作的全面领导。中国共产党的领导是我国社会法治之魂，是推进全面依法治国的根本保证，是我国法治同西方资本主义国家法治最大的区别。习近平法治思想把坚持党对全面依法治国的领导作为决定全面依法治国政治方向的首要问题，健全党领导全面依法治国的制度和工作机制，推进党的领导制度化、法治化，检察工作中的重大问题、重大改革事项等主动向党委请示报告。二是主动接受人大、政协监督，推动立法完善。三是与人民法院、监察机关、公安机关加强沟通，完善司法协作。四是建立健全与行政机关的协作配合机制，争取理解支持。云浮市两级检察机关主动向行政机关宣讲中央政策和法律规定，阐明各方在保护公益方面的共同目标追求，激活行政执法的主动性和协同性，推动解决很多行政执法机关多年想解决而解决不了的问题。五是加强与相关社会组织、行业协会的合作，不断完善党委领导、政府负责、社会协同、公众参与、法治保障的社会治理体制，推动完善共建共治共享的社会治理格局。

（二）利用科学思维引领公益诉讼办案，探索适用“价值替代法”

在云浮市两级检察机关办理的诸多刑事附带民事和行政公益诉讼案件，非法采砂系列案件尤其具有典型意义。郁南县人民检察院办理的非法采砂公益诉讼系列案就是检察机关通过主动摸查、开展公益诉讼专项行动获取的案件线索。2018 年年初，为破解公益诉讼案件线索少的难题，郁南县人民检察院派员走访全县 15 个乡镇，通过实地摸排发现，本地盗采河砂现象十分严重。进一步对近十年非法盗取河砂刑事案件调阅和研究，发现以下问题：其一，盗取河砂案件量刑轻，基本都是三年以下，甚至缓刑；其二，收集固定证据困难，犯罪分子采砂没有专门记账，认定的采砂量往往是被抓当日的量，而其违法行为实际已经持续相当长一段时间；其三，案件高发，每年都有发案。在高额利润的诱惑下，违法成本如此之低，仅仅依靠追究刑事责任很难遏制盗采河砂的行为。针对这些问题，结合公益诉讼的特点，郁南县人民检察院于 2018 年 4 月开展打击非法盗取河砂公益诉讼专项行动。

盗取河砂类案件是沿西江地区多发、易发的案件类型，在实际办案中一般只以非法采矿罪追究犯罪嫌疑人的刑事责任，而针对其对生态环境造成的损害，往往由于现有的生态环境补偿计算时间过长（需时两三年）、费用过高而与实际办案存在矛盾，尤其是鉴定所需时长与办案期限之间存在较大的矛盾，从而导致在实际办案中无法追究犯罪嫌疑人的生态损害责任。针对既有生态环境损害评估方法在检察实践中暴露的问题，云浮市人民检察院和郁南县人民检察院从盗取河砂类刑事附带民事公益诉讼案件经验出发，探讨如何创新该类案件生态环境损失的计算方法，追讨犯罪嫌疑人的生态环境损害费用，加大犯罪嫌疑人的犯罪成本。经与相关专家多轮沟通，在改良现有评估方法的基础上，创新性地提出了针对非法盗采河砂生态环境损害量化评估的“价值替代法”，以弥补现有科学评估方法之不足。该方法获得了相关专家的认可，并被运用到非法盗采河砂系列案对生态环境损害评估的认定。

最终，云浮市郁南县人民检察院办理的全省非法盗取河砂刑事附带民事公益诉讼第一案历时两年，该系列案办理过程中，遇到了对生态环境损害金额难以确定等技术性难题，郁南县人民检察院借助科研机构专业力量，积极和相关领域的专家进行沟通、研讨，在科学思维的引领下和专家们共同研究了“价值替代法”，用来确定生态环境修复数额，解决了办案难点问题，成功向行为人追偿将近1300余万元的生态环境修复费用。

针对生态损害赔偿难以评估和计算的问题，结合案件实际总结出“价值替代法”，是全省首宗运用“价值替代法”成功办理的检察公益诉讼案件。该系列案被广东省高级人民法院评为广东省2019年度环境资源保护典型案例，通过该案产生的“价值替代法”在同类型其他案件中具有推广和应用价值，突破性地解决了生态损害赔偿案件中的“瓶颈”问题。

（三）通过公益诉讼向涉黑组织亮剑

云浮市云安区检察院办理的“4·01”涉黑团伙污染环境刑事附带民事公益诉讼案是本市在扫黑除恶斗争中破获的特大案件。云安区人民检察院在办理刑事案件过程中保持敏锐的触角，对犯罪嫌疑人“刘氏兄弟”污染环境的行为及时进行附带民事公益诉讼立案，通过提前引导侦查、充分调查取证、逐个击破犯罪嫌疑人口供等方式固定证据，最终通过刑事附带民事公益诉讼向“刘氏兄弟”

索偿生态资源损失费用近2000万元。

（四）主动出击与依靠人民群众举报，合力挖掘公益诉讼线索

公益诉讼个案的范围与线索来源密切相关，云浮市人民检察院通过实践不断积累经验，扩展公益诉讼案件线索范围。公益诉讼全面实施以来，线索单一是公益诉讼面临的问题之一。为了解决这一难题，检察机关主动出击、积极作为。根据《广东省贯彻落实中央第四环境保护督察组督察反馈意见整改措施清单》，新兴县人民检察院梳理了相关公益诉讼线索及摸排方向，分别到县水务局、县环保局、县国土资源局、县城乡建设局等相关部门走访摸排。就该清单所述的水源保护区违法项目清理、水污染防治、镇级垃圾填埋场整改、禁养区内畜禽养殖场清理、自然保护区违规审批采矿权、探矿权等问题，根据实际情况进行核实调查。督促相关行政机关贯彻落实中央环保督察组整改措施，及时查处违法情况。

由于人民群众不了解可以主动向检察机关反映违法行政执法活动的线索，因此真正通过群众主动向检察机关反映监督线索的案件几乎没有。为了解决这一问题，除加强宣传外，新兴县人民检察院建立公益诉讼案件线索举报奖励制度，拓宽案源线索，引导鼓励社会公众积极向检察机关举报公益诉讼案件线索，该院制定了《新兴县人民检察院公益诉讼案件线索举报奖励办法（试行）》，办法施行后对某陶瓷有限公司非法堆填固体废物一案线索的举报有功人员奖励人民币3000元。奖励办法的出台助推新兴县检察公益诉讼工作顺利开展。2020年7月3日，云浮市云安区人民检察院出台《公益诉讼案件线索举报奖励办法（试行）》，对群众提供公益诉讼线索的，如经核实给予一定奖励，以鼓励群众积极参与公益诉讼案件。

（五）服务大局、助力疫情源头防控

野生动物保护是检察公益诉讼在生态环境和资源保护领域的重要内容，也是新冠疫情源头防控的重要手段。云浮市检察机关及时响应群众关切，2020年以来共针对非法狩猎、杀害珍贵、濒危野生动物犯罪行为提起刑事附带民事公益诉讼案16件，共向行为人追讨生态环境损失约164万元。通过办理该类案件向同类行为人发出警示，向社会释放“保护野生动物是共同的责任，对野生动物进行猎杀需承担相应经济后果”的信号，以营造齐心协力保护野生动物的社

会氛围。

(六)护住国家“钱袋子”,切实加强对国有财产的保护

云浮市人民检察院在办理案件中发现云浮市某资产经营有限责任公司(国有公司)在转让云浮市水泥厂债权资产包时存在公司负责人与他人恶意串通问题,造成8000多万元国有资产流失。发现线索后,云浮市人民检察院公益诉讼部门主动出击,一方面与刑事检察部门沟通联系了解案件细节,另一方面多次外出调查夯实案件证据。在调查核实案件情况后,云浮市人民检察院向该公司的主管单位云浮市国有资产监督管理委员会发出了行政诉讼诉前检察建议,建议其及时督促、帮助该公司通过法律途径确认转让协议无效,挽回国家损失。同时,云浮市人民检察院办案过程中注重对案件进行持续跟进监督。了解到该案同时存在其他生效民事判决可能影响追回国有财产,法院对此可能存在不同意见时,检察机关民事检察部门即时对相关民事生效判决发出再审检察建议,督促人民法院依法对相关案件进行再审。

(七)加强内外协同、创新检察办案联动工作机制

首先,加强检察机关内部业务部门之间的沟通与协调。探索“主办检察官一脚踢”的办案方法,即检察机关内部多部门、多环节、多角度共同开展公益诉讼检察工作,通过加强内部协调配合,由公益诉讼检察部门指派专人对办理的案件进行跟进摸排,挖掘公益诉讼案件线索,形成以公益诉讼检察部门为主导、相关部门协作配合的工作格局,形成整体作战、协同发力的工作机制。《新兴县人民检察院公益诉讼工作内部协调机制》中规定,加强公益诉讼检察部门与其他业务部门之间公益诉讼工作的信息移送、线索梳理。罗定市人民检察院注重从刑事检察部门办理的案件中挖掘涉及公益诉讼的线索,实现案件信息资源共享;同时加强与检察院内部刑检、控申、案管等部门的沟通协调,深入排查公益诉讼案件线索。

其次,建立检察机关与行政机关之间的配合、联动机制。检察机关通过诉前程序和其他手段与行政机关、其他机关进行合作、协调与交流,是司法机关参与国家治理,完善和发展多主体、多中心的国家治理能力和治理体系现代化的要求与表现方式。新兴县人民检察院在办理案件过程中主动与环保、林业、食药监、质监、国土、住建等部门加强联系沟通,实现案件信息和线索及时移送。

2018 年 1 月 16 日，云浮市人民检察院与云浮市财政局、市国土资源和城乡规划管理局、市环境保护局、市住房和城乡建设局、市水务局、市农业局、市审计局、市质量技术监督局、市林业局、市食品药品监督管理局联合制定了《关于在检察机关办理公益诉讼案件工作中加强协作的实施办法（试行）》。该办法要求检察机关与行政机关分工合作、紧密联系，建立联动机制。

最后，建立检察公益诉讼跨区域协作机制。2019 年云浮市新兴县人民检察院与肇庆市高要区、开平市检察机关跨区域公益诉讼工作的协作机制。就新兴江流域、大沙河水库饮水水源地跨界流域加强跨区域配合协作联动，共同保护饮用水水源地水质安全，顺应广大群众的生活需求，助力打好污染防治攻坚战。2020 年 8 月 10 日，肇庆、云浮、梧州、贵港四地检察院联合签订《肇庆、云浮、梧州、贵港四地检察机关固体废物破坏生态环境类公益诉讼案件统一办案尺度和个案协助机制（试行）》，共同构筑生态环境保护屏障，充分发挥公益诉讼区域优势。

四、检察公益诉讼反映的行政失职问题

从云浮市检察公益诉讼实施以来的办案情况看，发现行政机关在履职过程中主要存在以下问题：

（一）部分行政机关不履行法定职责

行政机关对应当作出的处罚怠于行使职权。例如，某林业局在办理擅自改变林地用途的案件中，对绝大部分案件作出的行政处罚存在只罚不执现象；根据法律规定，对于该类案件应按规定恢复原状，林业局在作出行政处罚时也依法作出了责令限期恢复原状的命令，但仅以当事人是否交纳罚款作为结案依据，忽略了“责令限期恢复原状”的执行情况，致使行政行为没有得到实际执行，被破坏的森林资源没有恢复，且削弱了行政机关的法定权威和公信力。

（二）个别行政机关怠于履行职责

行政机关在执法中未遵守法定程序、怠于履行职责。例如，某环境保护局在办理某加工厂环境违法案件时，根据法律规定，对环境违法行为应当在 7 个工作日内决定是否立案，该案从 2016 年 7 月至 12 月被群众反复投诉，但该局均未及时查处。直至 12 月 6 日该案被列入中央环境保护督察组交办案件。

(三)行政机关对法律条文理解、适用和援引不规范

包括法律适用标准不统一、法律条文理解错误和法律条文援引不严谨。例如,某林业局从2015年7月13日至2016年4月15日所作出的《行政处罚决定书》,应适用修正后的《行政诉讼法》规定的6个月起诉期限。但有的决定书中告知当事人的起诉期限为3个月,告知起诉期限短于法定起诉期限,属于告知起诉期限错误、应当适用新法却适用旧法的问题。

(四)行政执法适用法律错误

《行政处罚法》中明确规定对违反行政管理秩序的行为,应当给予行政处罚,行政机关在作出行政行为时应引用全部相关的法律规范,不能部分引用法律规范。例如,某林业局在办理擅自改变林地用途系列案件中,所作出的行政处罚决定书均存在只引用罚则条款、没有引用违法行为所涉条款的问题,属于适用法律错误。

(五)行政管理仍存在漏洞

行政机关对法律规定的监管职责疏于履行。例如,某城市管理局对生活垃圾处置负有监督管理职责,某固体废物处理中心属于其下属事业单位。该中心违反规定接收外地生活垃圾进行处置,该城市管理局未尽到监督管理职责,存在监督管理不到位的情形。

第三章　检察公益诉讼中的难点问题及其解决路径

检察公益诉讼自试点至全面实施以来,检察机关在实践中摸索前进,围绕维护国家和社会公共利益的核心目标,结合本地实际情况,针对公益诉讼的重点领域、检察机关在公益诉讼中是否应享有强制性的调查取证权,以及公益诉讼的诉前程序等问题,不断积累经验,为促进公益诉讼的制度化和规范化提供有益的地方经验。

一、检察公益诉讼的受案范围及其拓展

(一)检察公益诉讼的四大重点领域

1. 检察公益诉讼围绕重点领域展开

检察公益诉讼主要集中于生态环境和资源保护、国有资产保护、国有土地使用权出让、食品药品安全四大领域。2015 年 7 月《全国人民代表大会常务委员会关于授权最高人民检察院在部分地区开展公益诉讼试点工作的决定》(2015 年 7 月 1 日第十二届全国人民代表大会常务委员会第十五次会议通过)中规定,授权最高人民检察院在生态环境和资源保护、国有资产保护、国有土地使用权出让、食品药品安全等领域开展提起公益诉讼试点。《人民检察院提起公益诉讼试点工作实施办法》(高检发释字〔2015〕6 号,已废止)第 1 条规定:"人民检察院履行职责中发现污染环境、食品药品安全领域侵害众多消费者合法权益等损害社会公共利益的行为,在没有适格主体或者适格主体不提起诉讼的情况下,可以向人民法院提起民事公益诉讼。人民检察院履行职责包括履行职务犯罪侦查、批准或者决定逮捕、审查起诉、控告检察、诉讼监督等职责。"第 28 条规定:"人民检察院履行职责中发现生态环境和资源保护、国有资产保护、国有土地使用权出让等领域负有监督管理职责的行政机关违法行使职权或者

不作为,造成国家和社会公共利益受到侵害,公民、法人和其他社会组织由于没有直接利害关系,没有也无法提起诉讼的,可以向人民法院提起行政公益诉讼。人民检察院履行职责包括履行职务犯罪侦查、批准或者决定逮捕、审查起诉、控告检察、诉讼监督等职责。”虽然公益诉讼主要集中于四大领域,但在民事和行政公益诉讼中聚焦领域又有差别。根据该实施办法的规定,民事检察公益诉讼聚焦于污染环境和食品药品安全领域,行政检察公益诉讼聚焦于生态环境和资源保护、国有资产保护、国有土地使用权出让领域。

2. 民事公益诉讼聚焦生态环境和资源保护、食品药品安全领域

《民事诉讼法》(2021 年修改)第 58 条第 2 款规定:“人民检察院在履行职责中发现破坏生态环境和资源保护、食品药品安全领域侵害众多消费者合法权益等损害社会公共利益的行为,在没有前款规定的机关和组织或者前款规定的机关和组织不提起诉讼的情况下,可以向人民法院提起诉讼。前款规定的机关或者组织提起诉讼的,人民检察院可以支持起诉。”

根据最高人民检察院发布的《民事公益诉讼案件办案指南(试行)》相关规定,民事公益诉讼办理的重点领域集中在:第一,生态环境和资源保护领域民事公益诉讼案件,案件范围主要包括因侵权人实施的污染环境、破坏资源等行为造成的生态遭受损害或者其他社会公共利益遭受损害或者有重大损害危险行为的案件,其中污染环境类主要包括大气污染、水污染、土壤污染、固体废物污染等类型;破坏资源类主要指通过破坏土地资源、矿产资源、林业资源、草原资源等致使生态遭受破坏的案件类型。由于民事公益诉讼保护的客体是社会公共利益,破坏资源类民事公益诉讼案件实际上是指侵权人通过破坏资源的方式使得生态遭受破坏,损害社会公共利益的案件。单纯的破坏资源,如未损害社会公共利益,不属于民事公益诉讼的案件范围。第二,食品药品安全领域的民事公益诉讼案件,主要是食品药品安全领域侵害众多消费者合法权益等损害社会公共利益的案件。案件范围主要包括:其一,食品、药品存在缺陷,侵害众多不特定消费者合法权益的。其二,食品、药品可能危及消费者人身、财产安全,未作出真实的说明和明确的警示,未标明正确使用的方法以及防止危害发生方法的;对提供的食品、药品质量、性能、用途、有效期限等信息作虚假或引人误解宣传的。其三,以格式条款、通知、声明、店堂告示等方式,在食品药品安全方面作出排除或者限制消费者权利、减轻或者免除经营者责任、加重消费者责任等对消费者不公平、不合理规定的。其四,其他侵害食品药品安全领域众多不特

定消费者合法权益或者具有危及消费者人身、财产安全危险等损害社会公共利益的行为。其五，其他侵害众多不特定消费者合法权益或者具有危及消费者人身、财产安全危险等损害社会公共利益的行为的。

3. 行政公益诉讼聚焦生态环境和资源保护、食品药品安全、国有资产保护、国有土地使用权出让领域

《行政诉讼法》第25条第4款规定："人民检察院在履行职责中发现生态环境和资源保护、食品药品安全、国有财产保护、国有土地使用权出让等领域负有监督管理职责的行政机关违法行使职权或者不作为，致使国家利益或者社会公共利益受到侵害的，应当向行政机关提出检察建议，督促其依法履行职责。行政机关不依法履行职责的，人民检察院依法向人民法院提起诉讼。"

根据《检察机关行政公益诉讼案件办案指南（试行）》，行政检察公益诉讼办理的重点领域包括：第一，生态环境领域的行政公益诉讼案件，主要指对生态环境负有监管职责的行政机关对污染环境的事实违法行使职权或者不作为，致使国家利益或者社会公共利益受到侵害的案件。由于生态与环境在实务中无区分的必要，生态环境领域行政公益诉讼案件主要包括因自然因素和人为因素造成的污染环境案件类型，包括大气污染、水污染、土壤污染、固体废物污染等。第二，资源保护领域的行政公益诉讼案件，主要指对资源保护负有监督管理职责的行政机关对破坏资源的事实违法行使职权或者不作为，致使国家利益或者社会公共利益受到侵害的案件。第三，食品药品安全领域的行政公益诉讼案件，主要是对食品药品安全负有监督管理职责的行政机关在对食品、药品的研制、生产、流通、使用等进行监督管理的过程中违法行使职权或者不作为，致使国家利益或者社会公共利益受到侵害的案件。第四，国有财产保护领域的行政公益诉讼案件，主要指对国有财产负有监督管理职责的行政机关违法行使职权或者不作为，致使国家利益受到侵害的案件。国有财产包括国家所有的各种财产、物资、债权和其他权益。第五，国有土地使用权出让领域行政公益诉讼案件，主要是指在国有土地供应、土地使用权出让收入征收、出让土地使用监管等环节负有监督管理职责的行政机关违法履行职权或者不作为，造成国家利益或者社会公共利益受到侵害的案件。

2020年7月1日是检察公益诉讼制度全面实施三周年，检察公益诉讼三年的实践状况主要围绕四大重点领域展开，"检察机关办理生态环境与资源保护领域案件17万余件，占办案总数的54.9%，督促恢复被毁损的耕地、林地、湿

地、草原427万余亩;办理食品药品安全领域案件8万余件,占办案总数的28%,督促查处、回收假冒伪劣食品100万余千克,督促查处、回收假药和走私药品5万余千克;办理国有土地使用权出让领域案件5000余件,占办案总数的1.85%,督促收回国有土地出让金268亿余元;办理国有财产保护领域案件2.9万余件,占办案总数的9.51%,督促保护、收回各类国有财产价值70亿余元;办理英雄烈士名誉荣誉保护领域案件70余件。”〔1〕

(二)扩展检察公益诉讼领域的探索

1.拓展检察公益诉讼范围的基本遵循

最高人民检察院倡导“4+1”的公益诉讼范围模式,即重点围绕公益诉讼四大重点领域,结合各地实际不断探索公益诉讼“等”外等的范围。

首先,检察公益诉讼范围的延展具有立法依据。《民事诉讼法》和《行政诉讼法》在列举检察机关公益诉讼的典型范围外,均用“等”字概括公益诉讼的范围,地方人大围绕上位法的规定,在扩展公益诉讼领域做了很好的实践和探索,为未来修改上位法提供了地方经验。“《民事诉讼法》第58条第2款、《行政诉讼法》第25条第4款关于受案范围后的‘等’应作‘等外等’解释……原则上,‘等外等’该如何扩展的问题仍需谨慎。可由省级人大常委会专门授权或者在立法机关、审判机关、司法行政部门与检察机关达成共识的基础上,通过修改法律或者作出授权法案或者制定新司法解释予以明确。”〔2〕

其次,检察公益诉讼的范围必须围绕“公益目标”。“拓展‘等外等’的公益保护领域应该首先符合《行政诉讼法》第25条第4款和最高人民法院、最高人民检察院公益诉讼司法解释限定的起诉条件。而拓展的标准应该坚持管制领域优先、司法治理有优势的领域优先、分散性利益保护优先、专业化程度高的特定领域优先等标准。”〔3〕就民事公益诉讼而言,公益诉讼针对损害“社会公共利益”的行为;就行政公益诉讼而言,应是损害“国家利益和社会公共利益”的行为。

---

〔1〕《检察公益诉讼全面实施三年办理案件31万余件》,载最高人民检察院网,https://www.spp.gov.cn/spp/xwfbh/wsfbh/202007/t20200708_472509.shtml,2021年2月16日访问。

〔2〕刘艺:《论国家治理体系下的检察公益诉讼》,载《中国法学》2020年第2期。

〔3〕刘艺:《我国检察公益诉讼制度的发展态势与制度完善——基于2017—2019年数据的实证分析》,载《重庆大学学报(社会科学版)》2020年第4期。

最后，积极回应人民群众新期待，探索拓展公益诉讼办案范围。所谓公益，即与公众相关之利益，公共利益涉及问题范围广、损害面大，检察机关在扩展公益诉讼范围时应逐步探索，从人民群众最关心、社会关注度最高的领域入手，“对人民群众反映强烈的安全生产、互联网、妇女儿童权益保护、扶贫以及国防、军事等领域公益损害问题，积极以对党和人民高度负责的态度慎重履职、担当作为。”[1]

2. 单行法规定的公益诉讼

《英雄烈士保护法》(2018)第25条规定检察民事公益诉讼的范围扩大到侵害英雄烈士的姓名、肖像、名誉、荣誉等损害社会公共利益领域，“对侵害英雄烈士的姓名、肖像、名誉、荣誉的行为，英雄烈士的近亲属可以依法向人民法院提起诉讼。英雄烈士没有近亲属或者近亲属不提起诉讼的，检察机关依法对侵害英雄烈士的姓名、肖像、名誉、荣誉，损害社会公共利益的行为向人民法院提起诉讼。负责英雄烈士保护工作的部门和其他有关部门在履行职责过程中发现第一款规定的行为，需要检察机关提起诉讼的，应当向检察机关报告。”最高人民检察院指出：“侵害英雄烈士名誉荣誉案件的公益诉讼制度，是践行‘检察官作为公共利益代表’、‘检察机关是保护国家利益和社会公共利益的一支重要力量’重大论断的重要举措，是检察公益诉讼理论和中国特色检察制度的重要创新。”[2]“董存瑞、黄继光英雄烈士名誉权纠纷公益诉讼案”(杭州市西湖区人民检察院诉瞿某某侵害烈士名誉权公益诉讼案)和“淮安谢勇烈士名誉权纠纷公益诉讼案”(淮安市人民检察院诉曾某侵害烈士名誉权公益诉讼案)成为最高人民法院发布的人民法院大力弘扬社会主义核心价值观十大典型民事案例。

《未成年人保护法》(2020年修订)第106条规定：“未成年人合法权益受到侵犯，相关组织和个人未代为提起诉讼的，人民检察院可以督促、支持其提起诉讼；涉及公共利益的，人民检察院有权提起公益诉讼。”《最高人民检察院关于加强新时代未成年人检察工作的意见》(高检发办字〔2020〕31号)提出：“进一步加强对留守儿童等特殊群体民事行政权益保护工作的监督。对食品药品安全、

〔1〕 张军：《最高人民检察院关于开展公益诉讼检察工作情况的报告》，载全国人大网，http://www.npc.gov.cn/npc/c30834/201910/936842f8649a4f088a1bf6709479580e.shtml，2021年5月21日访问。

〔2〕《最高人民检察院民事行政检察厅关于贯彻〈中华人民共和国英雄烈士保护法〉捍卫英雄烈士荣誉与尊严的通知》，2018年5月2日发布。

产品质量、烟酒销售、文化宣传、网络信息传播以及其他领域侵害众多未成年人合法权益的，结合实际需要，积极、稳妥开展公益诉讼工作。”实践中涌现了通过公益诉讼督促网络管理部门及时履行行政管理职责，督促网络平台整改，消除不特定多数未成年人面临的网络风险〔1〕，以及浙江省消保委提起的全国首例涉及未成年人保护消费民事公益诉讼案〔2〕等典型案件。

此外，2021 年 6 月 10 日第十三届全国人民代表大会常务委员会第二十九次会议《关于修改〈中华人民共和国安全生产法〉的决定》，修正后的《安全生产法》第 74 条第 2 款规定：“因安全生产违法行为造成重大事故隐患或者导致重大事故，致使国家利益或者社会公共利益受到侵害的，人民检察院可以根据民事诉讼法、行政诉讼法的相关规定提起公益诉讼。”2021 年《个人信息保护法》实施，该法第 70 条规定：“个人信息处理者违反本法规定处理个人信息，侵害众多个人的权益的，人民检察院、法律规定的消费者组织和由国家网信部门确定的组织可以依法向人民法院提起诉讼。”《军人地位和权益保障法》第 62 条规定：“侵害军人荣誉、名誉和其他相关合法权益，严重影响军人有效履行职责使命，致使社会公共利益受到损害的，人民检察院可以根据民事诉讼法、行政诉讼法的相关规定提起公益诉讼。”上述规定授权检察机关可以提起安全生产、个人信息保护以及军人地位和权益保障领域依法提起民事或行政公益诉讼，正式以法律授权的形式对检察公益诉讼予以明确，充分肯定和彰显了检察公益诉讼的职能作用及制度价值，也为公益诉讼案件范围的拓展、制度机制的创新发展提供了新的契机，对于拓展公益诉讼范围，构建具有中国特色的检察公益诉讼制度体系具有积极意义。

3. 最高人民检察院倡导的公益诉讼范围

《最高人民检察院关于开展公益诉讼检察工作情况的报告》指出：“积极回应人民群众新期待，探索拓展公益诉讼办案范围。”除前述四个重点领域和单行法所规定的公益诉讼领域外之外，检察机关先后倡导在安全生产、进出口商品、证券、历史建筑保护、国防军事、扶贫、电信互联网涉及众多公民个人信息保护

---

〔1〕 王广聪：《以公益诉讼促进实现未成年人保护国家责任》，载《检察日报》2020 年 11 月 16 日，第 3 版。

〔2〕 《浙江省消保委提起的首例未成年人保护公益诉讼达成调解协议》，载《中国质量报》2020 年 12 月 3 日，第 6 版。

等领域探索建立民事、行政公益诉讼制度。

2020 年 4 月 22 日最高人民检察院、中央军委政法委员会印发《关于加强军地检察机关公益诉讼协作工作的意见》(高检发〔2020〕8 号),该意见指出:“军地检察机关在依法办理生态环境和资源保护、食品药品安全、国有财产保护、国有土地使用权出让、英雄烈士保护等领域涉军公益诉讼案件中加强协作配合。认真贯彻党的十九届四中全会关于拓展公益诉讼案件范围的决策部署,加大对破坏军事设施、侵占军用土地等涉军公益诉讼案件的办理力度,积极稳妥探索办理在国防动员、国防教育、国防资产、军事行动、军队形象声誉、军人地位和权益保护等方面的公益诉讼案件,着力维护国防和军事利益。”2020 年 5 月 11 日最高人民检察院发布的 7 件军地协作公益诉讼典型案例涉及英烈纪念设施保护、国有财产保护—军粮差价补贴、军事安全与军用设施保护、军用土地与生态环境保护和军人地位和权益保护等领域。

4. 地方人大践行的公益诉讼领域

检察公益诉讼落地过程中,受到地方人大的高度重视,各地纷纷出台加强检察公益诉讼的决定,一方面结合本地的实际情况,将法律规定的公益诉讼重点领域在本地实施范围加以细化,例如,《陕西省人民代表大会常务委员会关于加强检察公益诉讼工作的决定》将生态环境保护领域的公益诉讼范围具体细化为“秦岭生态环境保护、黄河流域生态环境保护、汾渭平原大气污染防治”等;另一方面对《民事诉讼法》《行政诉讼法》所规定的公益诉讼“等”的领域进行积极探索,拓展公益诉讼的范围。

表 3-1 地方人大决定涉及的公益诉讼范围

规范名称	规范内容	探索领域
《广东省人民代表大会常务委员会关于加强检察公益诉讼工作的决定》(2020)	依法办理生态环境和资源保护、食品药品安全、国有财产保护、国有土地使用权出让、英雄烈士保护以及法律法规规定的其他领域的公益诉讼案件,在安全生产、公共卫生安全、特殊群体合法权益保护、互联网个人信息保护、文物和文化遗产保护等领域探索拓展民事公益诉讼和行政公益诉讼案件范围。	安全生产、公共卫生安全、特殊群体合法权益保护、互联网个人信息保护、文物和文化遗产保护等。

续表

规范名称	规范内容	探索领域
《安徽省人民代表大会常务委员会关于加强检察公益诉讼工作的决定》(2020)	全省各级人民检察院应当强化生态环境和资源保护、食品药品安全、国有财产保护、国有土地使用权出让、英雄烈士名誉荣誉保护、未成年人保护领域的公益诉讼工作,在安全生产、公共卫生安全、文物和文化遗产保护、个人信息保护等领域积极探索开展公益诉讼工作。	安全生产、公共卫生安全、文物和文化遗产保护、个人信息保护等。
《甘肃省人民代表大会常务委员会关于加强检察公益诉讼工作的决定》(2020)	检察机关应当依法办理生态环境和资源保护领域涉及大气、水体、土壤、固体废物、放射性、噪音、农业面源等生态环境污染案件;破坏自然保护区、风景名胜区、饮用水水源地、湿地及其他土地资源、矿产资源、林业资源、草原资源、水资源等案件;食品药品安全领域涉及生产、加工、流通、销售等环节的食品药品安全等案件;国有财产保护领域涉及经营性、行政事业性、税收类、费用类、财政补贴类、社会保障等案件;国有土地使用权出让领域涉及国有土地供应、出让、监管等案件;英烈保护领域涉及侵害英雄烈士的姓名、肖像、名誉、荣誉,侵占、破坏、污损英雄烈士纪念设施等案件。 检察机关应当积极稳妥拓展检察公益诉讼范围,可以探索办理安全生产、消防安全、交通安全、公共设施安全、公共卫生安全、个人信息安全,残疾人、老年人、未成年人、妇女权益保护,网络侵害、乡村振兴、扶贫攻坚,文物和文化遗产保护、红色文化资源保护以及其他依法应当由检察机关办理的公益诉讼案件。	安全生产、消防安全、交通安全、公共设施安全、公共卫生安全、个人信息安全,残疾人、老年人、未成年人、妇女权益保护,网络侵害、乡村振兴、扶贫攻坚,文物和文化遗产保护、红色文化资源保护等领域。
《海南省人民代表大会常务委员会关于加强检察公益诉讼工作的决定》(2020)	二、检察机关依法办理生态环境和资源保护、食品药品安全、国有财产保护、国有土地使用权出让、英雄烈士合法权益保护等领域公益诉讼案件,可以围绕海南自由贸易港建设和经济社会发展,积极稳妥拓展办案领域,开展旅游消费、公共卫生安全、金融安全、反不正当竞争、网络侵害、未成年人权益保护、妇女权益保护、知识产权保护、文物和文化遗产保护、扶贫、安全生产等领域的公益诉讼工作。	旅游消费、公共卫生安全、金融安全、反不正当竞争、网络侵害、未成年人权益保护、妇女权益保护、知识产权保护、文物和文化遗产保护、扶贫、安全生产等领域。

续表

规范名称	规范内容	探索领域
《上海市人民代表大会常务委员会关于加强检察公益诉讼工作的决定》(2020)	二、检察机关应当依法加强生态环境和资源保护、食品药品安全、国有财产保护、国有土地使用权出让、英雄烈士保护以及法律规定的其他领域的公益诉讼工作。 检察机关遵循积极、稳妥、审慎的原则,可以围绕上海"五个中心"建设和经济社会发展,依法探索开展城市公共安全、金融秩序、知识产权、个人信息安全、历史风貌区和优秀历史建筑保护等领域的公益诉讼工作。	城市公共安全、金融秩序、知识产权、个人信息安全、历史风貌区和优秀历史建筑保护等领域。
《宁夏回族自治区人民代表大会常务委员会关于加强检察机关公益诉讼工作的决定》	三、检察机关应当切实担负起提起公益诉讼的法定责任,以《民事诉讼法》和《行政诉讼法》为基本法律依据,全面准确把握工作要求,坚持保护社会公益与促进经济发展并重、加大办案力度与确保办案质量并重,严格按照法律规定的提起公益诉讼案件范围、条件、权限、程序等,依法办理生态环境和资源保护、食品药品安全、国有财产保护、国有土地使用权出让等领域的行政公益诉讼案件,生态环境和资源保护、食品药品安全领域的民事公益诉讼案件及英雄烈士保护领域的公益诉讼案件。探索办理违反《国旗法》《国徽法》《国歌法》的公益诉讼案件。积极稳妥拓展检察公益诉讼案件范围,探索办理安全生产、公共卫生、生物安全、残疾人、老年人、未成年人及妇女权益保护、文物和文化遗产保护、扶贫、个人信息安全、互联网等领域的公益诉讼案件。	违反《国旗法》《国徽法》《国歌法》的公益诉讼案件;办理安全生产、公共卫生、生物安全、残疾人、老年人、未成年人及妇女权益保护、文物和文化遗产保护、扶贫、个人信息安全、互联网等领域。
《新疆维吾尔自治区人民代表大会常务委员会关于加强检察公益诉讼工作的决定》	二、检察机关应当依法履行公益诉讼检察职责,充分运用诉前检察建议、提起诉讼、支持起诉等方式,全面深入开展公益诉讼工作。紧紧围绕社会稳定和长治久安总目标,持续聚焦丝绸之路经济带核心区建设、生态环境保护、经济高质量发展和人民群众关注的切身利益问题,服务自治区发展大局,依法办理雪山冰川、戈壁沙漠、绿洲草原、野生动植物等生态环境和资源保护,食品药品安全,国有财产保护,国有土地使用权出让,英雄烈士权益保护等领域公益诉讼案件。 检察机关依照法律、法规规定,办理安全生产、卫生健康、公共安全、产品质量、农产品质量、互联网公益、文物和文化遗产、未成年人保护、妇女儿童和老年人权益保护、扶贫开发等领域公益诉讼案件。	安全生产、卫生健康、公共安全、产品质量、农产品质量、互联网公益、文物和文化遗产、未成年人保护、妇女儿童和老年人权益保护、扶贫开发等领域。

续表

规范名称	规范内容	探索领域
《重庆市人民代表大会常务委员会关于加强检察机关公益诉讼工作的决定》	二、检察机关应当围绕全市工作大局，严格依法履行公益诉讼检察职能，充分运用公告督促、诉前检察建议、支持起诉、提起诉讼等方式，积极开展民事公益诉讼和行政公益诉讼工作，重点办理生态环境和资源保护、食品药品安全、国有财产保护、国有土地使用权出让、英雄烈士权益保护等领域的案件。在上级检察机关的领导下，对上述领域之外的案件，可以依照法律规定，依法、审慎、稳妥开展探索。	可以依照法律规定，依法、审慎、稳妥开展探索。
《陕西省人民代表大会常务委员会关于加强检察公益诉讼工作的决定》	三、检察机关应当积极稳妥拓展公益诉讼案件范围。结合我省实际，加强秦岭生态环境保护、黄河流域生态环境保护、汾渭平原大气污染防治以及人民群众关注的切身利益等领域公益诉讼。将防灾减灾和应急救援，公共卫生安全，历史文化古迹和文物保护，危化品管理，个人信息安全，英烈纪念设施，野生动物保护等领域侵害国家利益和社会公共利益的案件纳入公益诉讼。	防灾减灾和应急救援，公共卫生安全，历史文化古迹和文物保护，危化品管理，个人信息安全，英烈纪念设施，野生动物保护等领域。
《河北省人民代表大会常务委员会关于加强检察公益诉讼工作的决定》	第三条　检察机关依法办理生态环境和资源保护、食品药品安全、国有土地使用权出让、国有财产保护、英雄烈士保护等领域公益诉讼案件；办理安全生产、防灾减灾、应急救援、文物和文化遗产保护、个人信息保护、大数据安全、互联网侵害公益、弘扬社会主义核心价值观等领域公益诉讼案件；办理法律规定的其他公益诉讼案件。	安全生产、防灾减灾、应急救援、文物和文化遗产保护、个人信息保护、大数据安全、互联网侵害公益、弘扬社会主义核心价值观等领域。
《云南省人民代表大会常务委员会关于加强检察机关公益诉讼工作的决定》	三、检察机关要围绕全省工作中心和大局，依法办理下列领域公益诉讼案件： （一）大气、水体、土壤、固体废物、放射性、噪音、农业面源等污染；破坏自然保护区、风景名胜区、饮用水水源地、湿地及其他土地资源、矿产资源、林业资源、草原资源、水资源等生态环境和资源保护领域的公益诉讼案件； （二）生产、加工、流通、销售等环节的食品药品安全领域的公益诉讼案件； （三）经营性、行政事业性、税收类、费用类、财政补贴类、社会保障类等国有财产保护领域的公益诉讼案件；	安全生产、旅游消费、文物和文化遗产保护、公民个人信息保护、未成年人保护、老年人权益保护以及互联网等领域中侵害国家利益和社会公共利益的公益诉讼案件；农业农村领

续表

规范名称	规范内容	探索领域
	(四)国有土地供应、出让、监管等国有土地使用权出让领域的公益诉讼案件; (五)侵害英雄烈士的姓名、肖像、名誉、荣誉,侵占、破坏、污损英雄烈士纪念设施等英雄烈士名誉荣誉保护领域的公益诉讼案件; (六)安全生产、旅游消费、文物和文化遗产保护、公民个人信息保护、未成年人保护、老年人权益保护以及互联网等领域中侵害国家利益和社会公共利益的公益诉讼案件; (七)农业农村领域中侵害国家利益和社会公共利益的公益诉讼案件; (八)其他依法应当由检察机关办理的公益诉讼案件。	域中侵害国家利益和社会公共利益的公益诉讼案件;等等。
《内蒙古自治区人民代表大会常务委员会关于加强检察公益诉讼工作的决定》	二、全区检察机关要准确把握宪法定位,以习近平新时代中国特色社会主义思想为指导,持续聚焦党和国家工作大局,立足实际,充分运用诉前检察建议、提起诉讼、支持诉讼、督促起诉等方式,依法全面深入开展公益诉讼工作。重点办理下列领域的公益诉讼案件: (一)破坏林业资源、草原资源、土地资源、矿产资源及自然保护地、饮用水水源地、湿地、土壤、大气、水、固体废物污染等生态环境和资源保护领域的公益诉讼案件; (二)生产、销售的食品药品存在缺陷,虚假宣传等食品药品安全领域侵害众多消费者合法权益的公益诉讼案件; (三)经营性、行政事业性、税收类、费用类、财政补贴类、社会保障类等国有财产保护领域的公益诉讼案件; (四)国有土地使用权出让收入流失、违法使用土地、违法许可等国有土地使用权出让领域的公益诉讼案件; (五)侵害英雄烈士的姓名、肖像、名誉、荣誉,侵占、破坏、污损英雄烈士纪念设施等英雄烈士权益保护领域的公益诉讼案件; (六)安全生产、进出口商品质量安全、铁路交通安全、互联网侵害公益和文物保护领域的公益诉讼案件; (七)违反《国旗法》《国徽法》《国歌法》的公益诉讼案件; (八)其他应当由检察机关提起公益诉讼的案件。	安全生产、进出口商品质量安全、铁路交通安全、互联网侵害公益和文物保护领域的公益诉讼案件;违反《国旗法》《国徽法》《国歌法》的公益诉讼案件;等等。

(三)以维护公益为核心拓展公益诉讼范围

最高人民检察院党组为贯彻十九届四中全会精神,将“等”外探索原则从“稳妥、积极”调整为“积极、稳妥”。张军检察长在2020年1月召开的全国检察长会议上强调,不仅要把法律明确赋权的“4+1”领域案件办好、办扎实,还要以高度负责的精神,积极办理群众反映强烈的其他领域公益诉讼案件,为健全完善立法提供实践依据。结合云浮市的实际情况,总结公益诉讼全面开展三年来的工作经验和最高人民检察院的要求,未来云浮市公益诉讼重点将在以下领域发力:

其一,继续推进办理生态环境保护、环境污染领域公益诉讼案件。通过开展林业专项整治行动,抓好森林资源管护,办理一批高质量的公益诉讼诉前程序案件,督促林业部门加强森林管护,保护森林资源;加大介入新兴江整治工作的力度,积极参与到新兴江整治工作中,督促整治工作相关责任单位履行法定职责,共同维护新兴江环境,促进水质提升。

其二,重点治理校园周边环境,对校园周边食品安全问题、共享自行车停放问题等展开专项行动,保障未成年人的人身安全。

其三,国有资产保护和国有土地使用权出让类的公益诉讼案件仍有进一步扩展的空间。未来着力加强国有财产保护和国有土地出让金类案件线索的排查和调查,加大国有财产保护力度。

其四,结合社会实际需要和群众重点关注问题,通过公益诉讼手段回应公众需求,集中力量办理个人信息保护、大数据安全、互联网侵害公益的案件。近年来,侵犯公民个人信息案件呈上升趋势,这类案件轻则骚扰电话不断,重则引发电信诈骗、网络诈骗以及滋扰型“软暴力”等犯罪行为,让公民的人格权益和财产权益置于巨大危险之中,损害了社会公共利益。司法实践中,个体受害人力量有限,单独维权的成本较高,诉讼动力不足,而检察机关作为公共利益的守护者,对该类案件提起刑事附带民事公益诉讼,既维护了社会公共利益,还回应了人民群众的社会关切,实现了法律效果和社会效果的统一。

新兴县人民检察院在公益诉讼“等”外领域进行了有益探索,依法办理了梁某平等人侵犯公民个人信息刑事附带民事公益诉讼案。2019年4月至2020年6月,梁某平为牟利向上家购买了大量身份证和营业执照的照片并保存至电脑,后将上述资料高价卖给陈某光(另案处理),通过支付宝、微信转账的方式收取陈某光56,035元。2020年5月,王某、刘某娜经蒋某明介绍,将自己电脑内留存的1000多套身份证照片和营业执照照片,贩卖给微信号为"给我一个美好的五月"的人,其中王某、刘某娜共获利10,000元,蒋某明获利10,000元。经审查,梁某平等人违反国家规定,非法获取大量公民个人信息并向他人出售,严重损害了社会公共利益,检察院依法对梁某平等人追究刑事责任的同时,一并提起附带民事公益诉讼,诉请4名被告人按照获利金额赔偿损失,并在省级以上电视台或全国发行的报纸公开道歉。新兴县人民法院支持了检察机关的刑事附带民事公益诉讼请求,判处梁某平等4名被告人八个月至四年不等的有期徒刑,并处罚金,以及支付赔偿款人民币76,035元并上缴国库,同时在省级以上电视台或全国发行的报纸公开道歉。

二、检察机关在公益诉讼中的调查核实权

(一)检察机关调查核实权的规范解读

检察公益诉讼中的调查核实权,是指检察机关为查明案件事实、核实有关情况,通过法定方式调查和收集证据的权力,包括调查权和核实权两种具体权力。"立法尽管将调查、核实放在一起,但侧重点不同:核实主要侧重于对已知的事实或证据,采取相应措施鉴别真伪;调查主要针对未知事实展开,需要收集相关证据,作为处理决定的事实基础。"[1]在诉讼过程中,人民法院、诉讼代理人有权调查和收集证据;对证据的核实权由人民法院专享,《民事诉讼法》(2021年修改)第67条第3款规定:"人民法院应当按照法定程序,全面地、客观地审查核实证据。"《行政诉讼法》(2017年修正)第43条第2款规定:"人民法院应当按照法定程序,全面、客观地审查核实证据。对未采纳的证据应当在裁判文书中说明理由。"普通的民事诉讼和行政诉讼中,人民检察院因履行法律监督职责提出检察建议或者抗诉的需要,可以向当事人或者案外人调查核实有关情况。[2] 无论是民事公益诉讼还是行政公益诉讼,人民检察院都享有"调查核实权",其中核实权是根本,调查的目的是核查事实。检察机关在公益诉讼中享有的调查核实权具有以下特征:

第一,检察机关在公益诉讼中的调查核实权不同于刑事诉讼中的调查核实

[1] 张雪妲、李强、常海蓉:《民事检察调查核实权的理论探析》,载《人民检察》2017年第13期。

[2] 《民事诉讼法》(2017修正)第210条。

权,更接近法律监督职责中的调查核实权。《刑事诉讼法》第66条规定:"人民法院、人民检察院和公安机关根据案件情况,对犯罪嫌疑人、被告人可以拘传、取保候审或者监视居住。"为了保证犯罪嫌疑人、被告人在传讯、审判的时候及时到案,防止其毁灭、伪造证据,干扰证人作证或者打击报复被害人、举报人、控告人,保证刑事诉讼的正常进行,需要对符合条件的犯罪嫌疑人采取一定的强制措施。与人民检察院在刑事诉讼中享有的权利不同,公益诉讼中的调查核实权与检察监督职责中的调查核实权接近。《人民检察院民事诉讼监督规则》(高检发释字〔2021〕1号)第63条规定:"人民检察院可以采取以下调查核实措施:(一)查询、调取、复制相关证据材料;(二)询问当事人或者案外人;(三)咨询专业人员、相关部门或者行业协会等对专门问题的意见;(四)委托鉴定、评估、审计;(五)勘验物证、现场;(六)查明案件事实所需要采取的其他措施。人民检察院调查核实,不得采取限制人身自由和查封、扣押、冻结财产等强制性措施。"

第二,调查方式的多样性。人民检察院在公益诉讼中调查权的具体实现方式包括调阅、复制、询问、收集、咨询、委托、勘验等。《人民检察院提起公益诉讼试点工作实施办法》(高检发释字〔2015〕6号,已废止)第6条第1款规定:"人民检察院可以采取以下方式调查核实污染环境、侵害众多消费者合法权益等违法行为、损害后果涉及的相关证据及有关情况:(一)调阅、复制有关行政执法卷宗材料;(二)询问违法行为人、证人等;(三)收集书证、物证、视听资料等证据;(四)咨询专业人员、相关部门或者行业协会等对专门问题的意见;(五)委托鉴定、评估、审计;(六)勘验物证、现场;(七)其他必要的调查方式。"第33条第1款规定:"人民检察院可以采取以下方式调查核实有关行政机关违法行使职权或者不作为的相关证据及有关情况:(一)调阅、复制行政执法卷宗材料;(二)询问行政机关相关人员以及行政相对人、利害关系人、证人等;(三)收集书证、物证、视听资料等证据;(四)咨询专业人员、相关部门或者行业协会等对专门问题的意见;(五)委托鉴定、评估、审计;(六)勘验物证、现场;(七)其他必要的调查方式。"

第三,调查手段的非强制性。公益诉讼中人民检察院行使调查核实权的方法仅限于询问、查询、鉴定、勘验等措施,具有明显的非强制性。《人民检察院提起公益诉讼试点工作实施办法》(高检发释字〔2015〕6号,已废止)第6条第2款规定:"调查核实不得采取限制人身自由以及查封、扣押、冻结财产等强制性措施。"《最高人民法院、最高人民检察院关于检察公益诉讼案件适用法律若干问题的解释》(法释〔2018〕6号)第6条规定:"人民检察院办理公益诉讼案件,可以向有关行政机关以及其他组织、公民调查收集证据材料;有关行政机关以及其他组织、公民应当配合;需要采取证据保全措施的,依照民事诉讼法、行政诉讼法相关规定办理。"《办案规则》第35条规定:"人民检察院办理公益诉讼案件,可以采取以下方式开展调查和收集证据:(一)查阅、调取、复制有关执法、诉讼卷宗材料等;(二)询问行政机关工作人员、违法行为人以及行政相对人、利害关系人、证人等;(三)向有关单位和个人收集书证、物证、视听资料、电子数据等证据;(四)咨询专业人员、相关部门或者行业协会等对专门问题的意见;(五)委托鉴定、评估、审计、检验、检测、翻译;(六)勘验物证、现场;(七)其他必要的调查方式。人民检察院开展调查和收集证据不得采取限制人身自由或者查封、扣押、冻结财产等强制性措施。"

(二)调查核实权行使的地方经验

从检察公益诉讼的实践情况来看,检察院办案人员普遍认为检察机关享有的调查核实权从规范层面存在手段不足、强制性不够的缺憾,虽然《人民检察院提起公益诉讼试点工作实施办法》(高检发释字〔2015〕6号,已废止)和《最高人民法院、最高人民检察院关于检察公益诉讼案件适用法律若干问题的解释》(法释〔2018〕6号)都规定了行政机关以及其他组织、公民的配合义务,但是对于不予配合的情形,法律和司法解释并未赋予检察院相应的保障手段,调查核实权不具有刚性的强制力,调查工作是否能顺利开展,很大程度上依赖其他主体的配合程度;在有关主体不配合的情况下,调查核实举步维艰。因此,诉前调查存在缺乏强制力保障、调查能力不足、调查的程度或证据标准模糊等问题。

《人民检察院提起公益诉讼试点工作实施办法》(高检发释字〔2015〕6号,已废止)采用列举加概括的方式规定检察机关的调查方式,除办法所明确列举的调查措施外,检察机关为了调查核实案件情况还可以采取"其他必要的调查方式"。自2019年起,一些地方人大陆续出台加强检察公益诉讼的决定,针对实践反映突出的调查核实权问题,地方人大出台的决定给予了积极回应。除《人民检察院提起公益诉讼试点工作实施办法》(高检发释字〔2015〕6号,已废止)所规定的调查措施外,地方人大有关公益诉讼的决定细化规定了其他调查措施。

表3－2　地方人大决定列举的公益诉讼“其他调查方式”

规范名称	具体条文	细化调查措施
《深圳经济特区生态环境公益诉讼规定》	第十四条　人民检察院可以采取下列方式调查核实案件相关情况，有关组织和个人应当予以配合： …… （三）约谈行政机关、企业事业单位、社会组织和其他组织负责人；	约谈
《广东省人民代表大会常务委员会关于加强检察公益诉讼工作的决定》	三、加强检察机关公益诉讼能力建设和职能发挥 查询有关单位和个人的存款、汇款、债券、股票、基金份额、不动产等财产；	查询
《浙江省人民代表大会常务委员会关于加强检察公益诉讼工作的决定》	五、检察机关办理公益诉讼案件，可以要求行政机关提供涉案证据材料，也可以自行调查核实。检察机关自行调查核实的，可以依法行使下列职权： （一）查阅、调取、复制有关执法、司法卷宗材料； （二）约谈行政机关、企事业单位、社会团体和其他组织负责人； …… （五）进入涉案单位、场所进行现场检查、取样、检测等； 调查核实时，检察机关可以请行政机关依法办理必要的证据保全措施，行政机关应当予以协助。	查阅、调取、复制司法卷宗；约谈；进入涉案单位、场所。
《河北省人民代表大会常务委员会关于加强检察公益诉讼工作的决定》	第四条　检察机关办理公益诉讼案件，可以通过以下方式收集证据、核实情况： …… （二）约见行政执法部门负责人；	约见
《云南省人民代表大会常务委员会关于加强检察机关公益诉讼工作的决定》	四、检察机关在办理公益诉讼案件中应全面、客观收集证据。依法行使调查权时，可以采取下列方式收集证据、核实有关情况。 …… （七）听取相关单位意见；	听取意见

由表3－2可见，各地人大加强公益诉讼的规定增设了两类调查手段：一类是不具有强制性的约谈、约见和听取意见；另一类是具有一定强制性地查询财产状况、进入涉案单位、场所进行现场检查、取样、检测等。地方人大相关决定所设置调查手段应属于“其他调查方式”，这些方式的实施以“必要性”为限。

针对检察机关调查方式的非强制性及其存在的问题，各地人大总结实践经验，依据相关法律规定对公益诉讼中拒绝配合调查的情况，规定了一些处置措施。

表3－3　地方人大决定针对公益诉讼中不协助配合调查的处置措施

规范名称	具体条文	主要措施
《深圳经济特区生态环境公益诉讼规定》	第十五条　人民检察院调查核实案件相关情况，可以由司法警察协助调查。对以暴力、威胁或者其他方法阻碍检察人员执行职务的，司法警察可以依法予以制止、强行带离现场或者采取法律规定的其他措施。 有义务协助调查的组织和个人拒绝、无故推拖或者妨碍检察人员执行职务的，由人民检察院责令其履行协助义务；构成违反治安管理行为的，由公安机关依法处罚；构成犯罪的，依法追究刑事责任。	司法警察协助；依法制止、强行带离现场或法定其他措施。
《上海市人民代表大会常务委员会关于加强检察公益诉讼工作的决定》	五、检察机关办理公益诉讼案件，应当依法行使调查核实权，全面、客观收集证据材料。检察机关调查核实案件事实、调取证据材料，委托公证或者证据保全，以及开展其他必要的调查取证工作，有关单位和个人应当积极配合。对拒不履行协助调查义务或者阻扰检察机关调查核实的，检察机关可以约谈相关人员，依照本决定第七条、第十一条、第十二条、第十八条的规定，建议有关机关或者部门处理。 根据调查核实工作需要，检察机关可以指派司法警察、检察技术人员协助检察官履行调查核实职责，也可以委托、聘请其他专业机构、人员参与调查核实工作。	约谈；建议有关机关或者部门处理；司法警察协助。
《海南省人民代表大会常务委员会关于加强检察公益诉讼工作的决定》	五、行政机关、企事业单位、社会组织以及公民应当支持和配合检察机关依法开展调查取证工作，不得以任何理由拒绝、推诿和阻挠。妨碍检察机关依法调查取证的，依照下列方式处理： （一）行政机关及其工作人员不配合调查核实的，检察机关可以将相关情况报告同级党委、人大常委会，通报人民政府，或者建议监察机关、被调查单位的上级部门依法处理； （二）企事业单位、社会团体、其他组织及其工作人员拒不履行协助义务或者阻挠检察机关调查核实的，检察机关可以建议其主管部门或者所在单位作出处理； （三）对以暴力、威胁、聚众围攻等手段干扰、阻碍检察人员调查核实的，检察机关司法警察可以依法采取相应的处置措施。	报告、通报有关部门；建议相关部门处理；依法采取处置措施。

续表

规范名称	具体条文	主要措施
《浙江省人民代表大会常务委员会关于加强检察公益诉讼工作的决定》	六、行政机关、企事业单位、社会团体、其他组织以及个人应当配合检察机关依法开展调查核实工作，不得以任何理由推诿、拒绝和阻挠。妨碍调查核实的，依照下列方式进行处理： （一）行政机关及其工作人员不配合调查的，检察机关可以将相关情况报告同级党委、人大常委会，通报人民政府，或者建议监察机关、被调查单位上级部门依法处理； （二）企事业单位、社会团体、其他组织及其工作人员不配合调查的，检察机关可以建议其主管部门或者所在单位作出处理，有关部门和单位应当将处理结果及时通报检察机关； （三）被调查单位或者个人以暴力、威胁等手段阻碍调查的，检察机关司法警察可以依照《人民检察院司法警察条例》的规定，采取相应措施进行处置，涉嫌违法犯罪的，移送公安机关依法处理。	报告或通过有关部门；建议有关部门处理；司法警察依法处理。
《重庆市人民代表大会常务委员会关于加强检察机关公益诉讼工作的决定》	三、在办理公益诉讼案件过程中，检察机关应当依法进行调查核实。有关单位和个人应当配合，不得以任何非法定理由拒绝、推诿和阻挠。对拒不履行协助调查义务或者阻扰检察机关调查核实的，检察机关可以建议有关机关或者部门追究相关单位和人员的责任。	建议有关机关依法处理。
《陕西省人民代表大会常务委员会关于加强检察公益诉讼工作的决定》	六、检察机关办理公益诉讼案件，应当遵照法律规定的方式调查收集证据，核实有关情况。有关单位和个人应当配合检察机关调查核实，不得以任何理由拒绝、推诿或者阻挠、妨碍。 对拒绝、推诿或者阻挠、妨碍检察机关调查核实的有关单位和个人，按照下列方式依法作出处理：以限制人身自由、聚众围攻、抢夺破坏调查设备等暴力、威胁或者其他方式干扰、阻碍调查的，检察机关可以采取法律规定的处置措施予以处置；需要公安机关配合的，公安机关应当及时依法处理；相关单位和个人拒不配合或者拒不提供证据的，检察机关可视行为性质和程度约谈相关单位负责人，建议更换承办人或者予以责任追究，对约谈后仍不配合的，建议有关机关对其主要负责人或相关人员予以处理。	

续表

规范名称	具体条文	主要措施
《河北省人民代表大会常务委员会关于加强检察公益诉讼工作的决定》	第五条　行政机关、其他组织和公民应当配合检察机关依法开展工作。妨碍调查核实的,依照下列方式作出处理: (一)对不履行或者消极履行协助调查义务的,检察机关可以建议有关机关和单位给予处分,有关机关和单位应当在两个月内将处理结果及时反馈; (二)被调查单位或者个人以暴力、威胁或者其他方法干扰、阻碍检察人员调查的,检察机关应当及时采取制止、控制、强行带离现场等处置措施; (三)对以暴力、威胁、限制人身自由、抢夺破坏调查设备、聚众围攻等方式干扰、阻碍检察人员依法办理公益诉讼案件的违法犯罪行为,公安机关接警后,应当依法及时处理。构成犯罪的,依法追究刑事责任。	建议有关单位处理;采取制止、控制、强行带离现场等处置措施;公安机关依法处理。
《新疆维吾尔自治区人民代表大会常务委员会关于加强检察公益诉讼工作的决定》	四、检察机关依法行使公益诉讼调查权,行政机关、其他组织和公民应当配合检察机关开展查阅、利用行政执法卷宗材料以及收集证据等调查核实工作。对不履行或者消极履行调查义务的,检察机关可以建议有关机关和单位依规依纪予以处理;对妨碍检察人员依法办理公益诉讼案件的违法行为,公安机关应当依法及时处理,构成犯罪的,依法追究刑事责任。	建议有关机关依法处理;公安机关依法处理。
《云南省人民代表大会常务委员会关于加强检察机关公益诉讼工作的决定》	五、行政机关、企事业单位、社会组织应当积极配合检察机关调查取证工作。需要有关单位、社会组织做出检验、鉴定、评估、勘验以及提供有关证据、资料等协助的,应当予以协助,不得拒绝、推诿、干扰、抗拒、阻挠。对妨碍调查取证、核实情况的行政机关、企事业单位、社会组织,检察机关可以约谈、通报其上级主管部门。	约谈;通报主管部门。
《内蒙古自治区人民代表大会常务委员会关于加强检察公益诉讼工作的决定》	三、有关单位和个人应当配合检察机关履行调查核实义务,不得以任何理由拒绝、推诿和阻挠。行政机关负责人及其工作人员不配合检察机关调查的,检察机关可以建议其上级部门或者监察机关依法依规予以问责;社会团体、企业事业组织和其他组织及其工作人员不配合检察机关调查的,检察机关可以向其主管部门或者所在单位监察部门提出给予问责的检察建议;被调查单位或者个人以暴力、威胁或者其他方法干扰阻碍检察人员调查的,检察机关司法警察应当及时采取制止、控制、强行带离现场等处置措施。构成犯罪的,依法追究刑事责任。	建议有关部门问责;提出给予问责的检察建议;司法警察依法采取处置措施。

上述措施的主要特征是借助公安、主管部门、上级部门等其他主体依法采取处置措施。从检察机关办理公益诉讼案件的实践来看，这些手段“不能及时满足公益诉讼取证的迫切性要求，等到问题解决，证据可能早已灭失或被转移。若被调查人为普通公民、法人或其他组织，检察机关更是‘束手无策’，因为报警只能解决‘暴力阻挠’问题，不能解决拒不配合调查取证问题。”[1]

（三）增设检察机关强制调查手段的理论争议

针对检察机关调查核实权行使中存在的困境，学界存在不同的主张：一种观点认为，应通过修改立法赋予检察机关罚款、拘留、查封、扣押等直接的强制性手段。理由在于，检察机关以公益诉讼人的身份提起诉讼，应享有在一定范围内有限必要的强制性调查权，从而破解调查取证难的困境，促进公益诉讼顺利进行，使国家利益和社会公共利益得到充分保护。因此，应推进检察调查权的立法完善，制定统一的检察调查取证规则，建立健全调查监督案件办理机制，以保障和规范检察调查权的行使。具体而言，有学者主张公益取证模式应成为检察院在公益诉讼中取证的未来常态，“根据这一模式，检察机关为了保护社会公共利益，有权采取强制性手段和措施调查取证，若有妨碍者，检察机关可以采取诸如罚款、拘留等措施对妨碍取证者实施司法制裁，排除妨碍。”[2]有学者以检察公益诉讼调查核实权和法院取证权都具有保障诉讼程序顺利进行、保护公共利益、实现司法公正的目的且行使方式具有相似性为理由，建议参照法院取证权的保障方式赋予检察院对拒不配合的单位和个人采取罚款、拘留等强制性措施的权力。[3] 也有学者提出，既然我国《行政强制法》赋予行政机关实施暂时性限制人身自由或暂时性控制财物的强制权，作为监督行政机关的主体，检察院在公益诉讼中也可以享有同样的强制权，对人身的强制可以由法院为之。[4] 另一种观点认为，检察公益诉讼调查核实权宜借助其他主体实现间接性强制。持此种观点的学者认为前述修法主张将导致“公益诉讼两造对抗的形式平等性在诉前程序中可能就会遭到严重减损”，且造成“民事侵权人或行政机关

---

〔1〕 王新建：《检察公益诉讼调查取证可采取检警协作模式》，载《人民检察》2019年第9期。

〔2〕 汤维建：《公益诉讼的四大取证模式》，载《检察日报》2019年1月21日，第3版。

〔3〕 熊文钊、赵莹莹：《检察机关公益诉讼调查核实制度的优化》，载《人民检察》2019年第8期。

〔4〕 关保英：《检察机关在行政公益诉讼中应享有取证权》，载《法学》2020年第1期。

配合检察院调查核实的，则构成背离其本意的‘自证其错’；拒绝配合检察院调查核实的，将受到强制措施的制裁。”“诉前程序中被调查人拒绝配合检察院调查核实的行为性质属于妨害诉讼的行为，检察院可提请法院采取强制措施。”“检察公益诉讼调查核实权经由法院实现间接强制，应以证据保全程序作为载体。”[1]“检察公益调查核实权不应具有直接强制性”“检察机关可以借助法院的诉前证据保全以及行政执法机关的职权协助，以手段型的间接强制调查实现直接强制的最终目的与效果。后果型间接强制调查也可以行政处罚、刑事责任、妨碍民事诉讼的强制措施、社会信用制裁的方式，保障检察公益调查核实活动的有序进行。”[2]我们认为，第二种观点在理论上更具有说服力。理由如下：

首先，检察机关在公益诉讼中的调查核实权更接近于履行法律监督职责时的调查核实权。理论界对检察机关履行法律监督职责中调查核实权设置的正当性存在着“否定说”、“肯定说”与“限制说”的观点。[3] 至于检察机关在履行法律监督职责时是否应当拥有强制性调查措施，理论界基本持反对的观点。从规范层面来看，《人民检察院民事诉讼监督规则》（高检发释字〔2021〕1号）对有关主体拒绝调查核实的情形规定了具体的处置措施，第71条规定：“人民检察院调查核实，有关单位和个人应当配合。拒绝或者妨碍人民检察院调查核实的，人民检察院可以向有关单位或者其上级主管部门提出检察建议，责令纠正；涉嫌违纪违法犯罪的，依照规定移送有关机关处理。”其次，检察机关以公益诉讼人的身份提起诉讼，公益诉讼人应是民事和行政公益诉讼中的一方当事人，当事人败诉是诉讼的常态。检察机关因其国家公权力机关的身份，为了维护公共利益的需要，享有法定的调查取证权和手段，已比对方当事人处于更强势的地位。如果赋予检察机关直接的强制性手段，可能会导致双方当事人地位失衡，甚至公益诉讼案件中检察机关全部胜诉的不正常现象。最后，检察机关在提起公益诉讼时负有初步证明责任，不应像审判一样过于苛求其证明标准。《人民检察院提起公益诉讼试点工作实施办法》（高检发释字〔2015〕6号，已废止）第17条第2项规定：“人民检察院提起民事公益诉讼应当提交下列材料：（二）被告的行为已经损害社会公共利益的初步证明材料。”第19条规定：“人民

〔1〕刘加良：《检察公益诉讼调查核实权的规则优化》，载《政治与法律》2020年第10期。

〔2〕曹建军：《论检察公益调查核实权的强制性》，载《国家检察官学院学报》2020年第2期。

〔3〕范卫国：《民事检察调查核实权运行机制研究》，载《北方法学》2015年第5期。

检察院提起民事公益诉讼,对提出的诉讼请求所依据的事实或者反驳对方意见所依据的事实,以及履行诉前程序的事实,应当提供证据加以证明,法律另有规定的除外。"第22条第2、3项规定:"检察人员出席法庭的任务是:(二)对人民检察院调查核实的证据予以出示和说明,对相关证据进行质证;(三)参加法庭调查,进行辩论并发表出庭意见;"第44条第2项规定:"人民检察院提起行政公益诉讼应当提交下列材料:(二)国家和社会公共利益受到侵害的初步证明材料。"第47条第2、3项规定:"检察人员出席法庭的任务是:(二)对人民检察院调查核实的证据予以出示和说明,对相关证据进行质证;(三)参加法庭调查,进行辩论并发表出庭意见;"根据上述规定,无论在提起诉讼时还是诉讼过程中,人民检察院作为公益诉讼起诉人只要完成初步证明责任即可,不需要享有像法院一样的调查核实权。

(四)完善检察机关调查取证权的具体路径

面对检察公益诉讼中调查取证难的问题,实务界普遍主张增设强制性调查措施,并得到了理论界的积极回应。在这一主张被立法采纳之前,检察机关应在现行法律、司法解释等规范框架内行使权力。理论界与实务界有关检察机关在公益诉讼中调查核实权强制性不足的问题及其争议,实际上主要集中在直接强制性不足方面,并不否定检察机关具有职务上的调查核实权与间接强制性。"检察公益调查核实权既不能类比或沿用刑事诉讼的强制侦查权,也不能比同或模仿法院在审理公益诉讼案件的强制调查权限,而应是在既有法定授权基础上获得国家审判机关在诉前证据保全上的职权协助。"〔1〕克服检察机关在公益诉讼中调查取证的难题,应从以下两方面着手:

其一,刑事附带民事公益诉讼中检察院对刑事案件享有强制调查权,刑事证据同时可以作为民事公益诉讼的证据,《最高人民法院、最高人民检察院关于检察公益诉讼案件适用法律若干问题的解释》(法释〔2018〕6号)第20条中规定:"人民检察院对破坏生态环境和资源保护、食品药品安全领域侵害众多消费者合法权益,侵害英雄烈士等的姓名、肖像、名誉、荣誉等损害社会公共利益的犯罪行为提起刑事公诉时,可以向人民法院一并提起附带民事公益诉讼,由人民法院同一审判组织审理。"

---

〔1〕 曹建军:《论检察公益调查核实权的强制性》,载《国家检察官学院学报》2020年第2期。

其二,民事和行政公益诉讼中借助法院力量通过证据保全实现查清事实的目的。《最高人民法院、最高人民检察院关于检察公益诉讼案件适用法律若干问题的解释》(法释〔2018〕6号)第6条规定:“人民检察院办理公益诉讼案件,可以向有关行政机关以及其他组织、公民调查收集证据材料;有关行政机关以及其他组织、公民应当配合;需要采取证据保全措施的,依照民事诉讼法、行政诉讼法相关规定办理。”《民事诉讼法》(2021年修改)第84条规定:“在证据可能灭失或者以后难以取得的情况下,当事人可以在诉讼过程中向人民法院申请保全证据,人民法院也可以主动采取保全措施。因情况紧急,在证据可能灭失或者以后难以取得的情况下,利害关系人可以在提起诉讼或者申请仲裁前向证据所在地、被申请人住所地或者对案件有管辖权的人民法院申请保全证据。”《行政诉讼法》(2017年修正)第42条规定:“在证据可能灭失或者以后难以取得的情况下,诉讼参加人可以向人民法院申请保全证据,人民法院也可以主动采取保全措施。”根据上述规定,人民检察院对于有关行政机关以及其他组织、公民拒绝配合调查收集证据的,可以依法在诉讼中和诉讼前申请证据保全,通过法院采取证据保全措施以固定证据,查清案件事实。

三、检察公益诉讼中诉前程序的价值

(一)诉前程序是检察公益诉讼的重要组成部分

检察公益诉讼的诉前程序是指人民检察院在正式向法院提起诉讼之前,经过调查、核实认定公共利益确实受损的,通过公告、发出督促起诉意见书或者检察建议书的方式,督促有权主体依法起诉、纠正违法行为或依法履行职责的程序。诉前程序具有独立的价值,民事公益诉讼中检察机关以公益代表人的身份提起诉讼具有补充性,只有在有权主体不起诉的情况下检察机关才起到代位作用;行政公益诉讼中的诉前程序发挥督促行政机关依法履行的积极作用。从实践情况来看,检察机关发现行政违法线索后,通过诉前程序发出检察建议,绝大多数行政机关能听取其建议,改正违法行为或积极作为,案件在诉前程序得以终结。

《最高人民检察院关于做好全面开展公益诉讼有关准备工作的通知》(高检发民字〔2017〕5号)指出:“检察机关作为国家专门的法律监督机关,立足法律监督职能,通过检察建议、提起公益诉讼等多种履职方式,与各类主体衔接配合,发挥法律监督的核心保障作用。”《最高人民检察院、国土资源部关于加强协作推进行政公益诉讼促进法治国土建设的意见》(高检会〔2017〕4 号)指出:“检察机关充分发挥诉前程序作用,及时有效保护国家利益和社会公共利益。诉前程序是检察机关提起公益诉讼制度的重要内容,也是检察机关保护公益的法定手段。检察机关提起行政公益诉讼的根本目的是督促行政机关依法履行职责,有效保护国家利益和社会公共利益。各级检察机关要把诉前程序和提起诉讼两个阶段、两种方式放到同等重要的位置,积极通过诉前程序推动国土资源主管部门主动履职纠错,主动保护公益,形成严格执法和公正司法良性互动,共同促进公益损害问题及时有效解决。”诉前程序在民事公益诉讼和行政公益诉讼中表现不同,以下分述之。

(二)民事公益诉讼中的公告程序

民事公益诉讼的诉前程序主要是指公告程序,人民检察院在损害社会公共利益的基本事实已查清、基本证据已收集到位的情况下,在提起民事公益诉讼之前应在全国范围的媒体上发布公告,告知法律规定的机关和社会组织提起民事公益诉讼。公告的目的是告知和督促有关机关、组织依法提起诉讼,检察院在上述主体享有诉权但不行使权利的情况下,才以公益代表人的身份提起诉讼。公告程序是人民检察院提起民事公益诉讼必经的程序,人民检察院提起民事公益诉讼时应提供已经履行公告程序的证明材料。在民事检察公益诉讼探索阶段,诉前程序集中于督促和建议法定机关或有关组织提起诉讼,《人民检察院提起公益诉讼试点工作实施办法》(高检发释字〔2015〕6 号,已废止)第 13 条规定:“人民检察院在提起民事公益诉讼之前,应当履行以下诉前程序:(一)依法督促法律规定的机关提起民事公益诉讼;(二)建议辖区内符合法律规定条件的有关组织提起民事公益诉讼。有关组织提出需要人民检察院支持起诉的,可以依照相关法律规定支持其提起民事公益诉讼。法律规定的机关和有关组织应当在收到督促起诉意见书或者检察建议书后一个月内依法办理,并将办理情况及时书面回复人民检察院。”

督促和建议程序要求检察院必须充分了解个案中哪些社会组织享有诉权,由于这一程序是检察院提起公益诉讼的必经阶段,一旦检察院没有完全查明社会组织的具体情况,遗漏告知其起诉的步骤,那么检察院提起的公益诉讼就面临起诉条件不合法的问题。经过实践检验,最高人民法院、最高人民检察院的司法解释将民事公益诉讼中的诉前程序固定为“公告程序”。《最高人民法院、最高人民检察院关于检察公益诉讼案件适用法律若干问题的解释》(法释〔2018〕6号)第13条中规定:“人民检察院在履行职责中发现破坏生态环境和资源保护、食品药品安全领域侵害众多消费者合法权益,侵害英雄烈士等的姓名、肖像、名誉、荣誉等损害社会公共利益的行为,拟提起公益诉讼的,应当依法公告,公告期间为三十日。公告期满,法律规定的机关和有关组织、英雄烈士等的近亲属不提起诉讼的,人民检察院可以向人民法院提起诉讼。”人民检察院提起刑事附带民事公益诉讼,同样应履行诉前公告程序。[1]

公告必须依法进行,公告的对象包括两类法定主体:第一,法律规定的机关。目前,法律规定的机关中有明确规定的是行使海洋环境监督管理权的部门。根据《海洋环境保护法》(2017年修正)第89条第2款规定,“对破坏海洋生态、海洋水产资源、海洋保护区,给国家造成重大损失的,由依照本法规定行使海洋环境监督管理权的部门代表国家对责任者提出损害赔偿要求”。根据生态环境损害赔偿制度改革的相关规定,国务院授权的省级人民政府或者市级人民政府及其指定的相关职能部门,可作为赔偿权利人提起生态环境损害赔偿诉讼。第二,社会组织。一是环境保护组织。根据《环境保护法》第58条的规定,环保组织是依法在设区的市级以上人民政府民政部门登记、专门从事环境保护公益活动且连续五年以上无违法记录的社会组织。二是消费者协会。根据《消费者权益保护法》第47条的规定,消费者协会包括中国消费者协会以及在省、自治区、直辖市设立的消费者协会。公告一般包括以下内容:(1)检察机关在履行职责中发现的行为人在破坏生态环境和资源保护、食品药品安全领域损害社会公共利益或者有重大损害危险的基本事实;(2)建议法律规定的机关和有权提起诉讼的有关组织在公告期内向有管辖权的人民法院提起诉讼;(3)公告期;(4)联系人、联系地址、联系电话、公告单位、日期等。公告的期限是30日。经过公告后上述主体不提起诉讼的,人民检察院可以公益诉讼人的身份提起诉讼。

(三)行政公益诉讼中的检察建议程序

行政公益诉讼的诉前程序是指人民检察院在履行职责中发现行政机关违

---

〔1〕《最高人民法院、最高人民检察院关于人民检察院提起刑事附带民事公益诉讼应否履行诉前公告程序问题的批复》(法释〔2019〕18号)。

法行使职权或者不作为,致使国家利益或者社会公共利益受到侵害的,向行政机关提出检察建议,督促其依法履行职责的程序。诉前程序是行政公益诉讼必经的前置程序,人民检察院提起行政公益诉讼应当提交已经履行诉前程序、行政机关仍不依法履行职责或者纠正违法行为的证明材料。人民检察院经过调查,发现生态环境和资源保护、食品药品安全、国有财产保护、国有土地使用权出让等领域负有监督管理职责的行政机关违法行使职权或者不作为,致使国家利益或者社会公共利益受到侵害的,应当向行政机关提出检察建议,督促其纠正违法行为或者依法履行职责。行政公益诉讼中检察建议的对象是负有法定职责的行政机关,包括生态环境和资源保护、食品药品安全、国有财产保护、国有土地使用权出让等领域负有监督管理职责的行政机关和法律、法规、规章授权的组织;对于同一侵害国家利益或者社会公共利益的损害后果,数个行政机关均存在未依法履行职责情形的,可以分别发出检察建议。同一行政机关对同类多个违法事实存在未依法履行职责情形的,可以合并为一案发出检察建议。行政公益诉讼的诉前程序具有重要价值,从理论上看,“诉前程序是公共利益的救济手段、是行政系统内自我监督的要求、是违法行政责任的纠错形式”〔1〕;从实践效果上看,“诉前实现保护公益目的是最佳司法状态,诉前程序具有统筹协调、督促多个职能部门综合治理的独特优势,保护公益效果十分明显,以最小司法投入获得最佳社会效果,彰显了中国特色社会主义司法制度的优越性。”〔2〕

公益诉讼检察建议是检察建议的类型之一,“检察建议是人民检察院依法履行法律监督职责,参与社会治理,维护司法公正,促进依法行政,预防和减少违法犯罪,保护国家利益和社会公共利益,维护个人和组织合法权益,保障法律统一正确实施的重要方式。”〔3〕检察建议的规范形式是检察建议书,一般应当包括以下内容:被监督对象的名称;案件来源及监督目的;检察机关调查查明的案件基本情况,检察机关认定的被监督行政机关违法行使职权或者不作为的事实;被监督行政机关行政行为构成违法行使职权或者不作为的理由和法律依

〔1〕 沈开举、邢昕:《检察机关提起行政公益诉讼诉前程序实证研究》,载《行政法学研究》2017 年第 5 期。

〔2〕 张军:《最高人民检察院关于开展公益诉讼检察工作情况的报告》,载全国人大网,http://www.npc.gov.cn/npc/c30834/201910/936842f8649a4f088a1bf6709479580e.shtml,2021 年 5 月 21 日访问。

〔3〕《人民检察院检察建议工作规定》(高检发释字〔2019〕1 号)。

据;检察机关提出检察建议的法律依据;建议的具体内容;告知被监督行政机关在收到检察建议书后两个月内依法履行职责并书面回复办理情况,但出现国家利益或者社会公共利益损害继续扩大等紧急情形时,人民检察院可以要求行政机关在15日内依法履行职责;其他需要说明的情形。

行政公益诉讼诉前程序的核心是检察建议。一般情况下,被建议单位应当自收到检察建议书之日起两个月内作出相应处理,并书面回复人民检察院。如果被建议单位无正当理由不予整改或者整改不到位的,人民检察院可以采取以下措施:经检察长决定,可以将相关情况报告上级人民检察院,通报被建议单位的上级机关、行政主管部门或者行业自律组织等,必要时可以报告同级党委、人大,通报同级政府、纪检监察机关。符合提起公益诉讼条件的,依法提起公益诉讼。正因为检察建议存在事实上的约束力,如果其建议内容错误或失之偏颇,将使被建议单位陷入两难的境地。因此,一方面,检察机关应当遵守审慎原则,检察建议书要阐明相关的事实和依据,提出的建议应当符合法律、法规及其他有关规定,内容明确具体、说理充分、论证严谨、语言简洁、建议具有可操作性。另一方面,被建议单位对检察建议可以提出异议,检察官应当立即进行复核。如果异议成立的,应当报经检察长或者检察委员会讨论决定后,及时对检察建议书作出修改或者撤回检察建议书。

(四)增强检察建议的实效性

检察建议对于督促行政机关依法履职、维护国家和社会公共利益具有重要作用,但检察建议不具有强制性,如果行政机关收到检察建议后,明确表示不进行整改的,检察院可以依法提起公益诉讼,不过此种情况一般不会出现。实践中经常出现的是行政机关"不充分履职"或"无法充分履职"的问题,行政机关虽回复采纳检察建议并采取整改措施,但实际上行动迟缓、敷衍应付、没有作为,或者行政机关仅部分纠正行政违法行为,或者行政机关虽采取了履职措施,但履职仍不完全、不充分,无法达到监管目的,且没有进一步行使其他监管职权等情形。对于行政机关部分履行或者拖延履行法定职责的,检察院应加强检察建议落实情况的跟进调查和处理。

首先,结合客观情况科学判断行政机关是否依法履职。检察机关收到行政机关书面回复的,应当及时对行政机关纠正违法行为或者依法履行职责情况,以及国家利益或者社会公共利益受到侵害的情况跟进调查。提出检察建议后,人民检察院应当对行政机关履行职责的情况和国家利益或者社会公共利益受到侵害的情况跟进调查，收集相关证据材料。根据案件需要，检察机关可以及时就有关情况与行政机关进行沟通，听取意见。回复期满后，行政机关没有回复的，检察机关应重点围绕检察建议的内容，对行政机关是否依法全面履行职责，国家利益或社会公共利益是否得到有效保护进行调查，及时发现虚假整改、纠正违法不实等问题，并区分情况予以处理：第一，对于行政机关已经依法启动行政处罚的立案、调查等程序，尚处于作出行政处罚的法定期限内，则应看其是否在法定期限内作出行政处罚决定，是否存在客观障碍，不能一概认定为未依法履行职责。第二，行政机关分阶段采取整改措施的，应当将每一阶段整改情况及时书面回复。对于一些特殊情形，如恢复植被、修复土壤、治理污染等，行政机关主观上有整改意愿，但由于受季节气候条件、施工条件、工期等客观原因限制，行政机关无法在检察建议回复期内整改完毕的，应当继续跟进调查。行政机关回复将采取明确可行的措施，制定有详细的计划和目标，并积极准备前期工作的，检察机关应对方案的可行性进行审查，必要时可以咨询专业人员的意见，认为方案切实可行的，暂不提起行政公益诉讼；如在合理期限内仍未整改到位，国家利益或者社会公共利益持续处于受侵害状态的，应当提起行政公益诉讼。第三，对于行政机关回复本案已经过刑事处罚，不应再进行行政处理的，办案人员应继续查找法律、行政法规等规定，如查实行政机关还可以通过继续履行行政监管职责有效保护国家利益或者社会公共利益的，应当提起行政公益诉讼。

其次，依法向有关机关报告检察建议落实情况。《人民检察院检察建议工作规定》（高检发释字〔2019〕1 号）第 25 条规定："被建议单位在规定期限内经督促无正当理由不予整改或者整改不到位的，经检察长决定，可以将相关情况报告上级人民检察院，通报被建议单位的上级机关、行政主管部门或者行业自律组织等，必要时可以报告同级党委、人大，通报同级政府、纪检监察机关。符合提起公益诉讼条件的，依法提起公益诉讼。"所谓"必要时"，一般是指涉及重大公共利益、社会高度关注或者可能引发群体性事件的公益诉讼案件，检察机关在向有关行政机关发出检察建议的同时，向同级人民代表大会常务委员会报备。

最后，促进检察建议的公开。检察建议是法定文书之一，其内容涉及行政相对人的违法行为、行政机关的法定职责及其履行情况、检察院的法律监督职责及其履行情况。根据现有规定,人民检察院向有关机关抄送检察建议意味着检察建议可以在一定范围内公开,《人民检察院检察建议工作规定》(高检发释字〔2019〕1 号)第 20 条规定:“涉及事项社会影响大、群众关注度高、违法情形具有典型性、所涉问题应当引起有关部门重视的检察建议书,可以抄送同级党委、人大、政府、纪检监察机关或者被建议单位的上级机关、行政主管部门以及行业自律组织等。”司法公开主要是指人民法院立案、庭审、执行、听证、文书和审务等全流程的公开,并不涉及人民检察院的业务公开内容。从检察公益诉讼的实践来看,办案人员普遍认为检察建议公开具有积极效果,可以进一步促进行政机关依法履职,保障人民群众对人民检察院工作的知情权、参与权、表达权和监督权,提高检察工作民主水平,除了涉及国家秘密、商业秘密和个人隐私等内容外,未来可以探索检察建议向社会公开。促进检察建议公开,既需要实践的不断探索和积累,更需要立法作出回应。

第四章　公益诉讼生态环境损害计算方法

一、"生态环境损害"释义

从语词表达来看,检察公益诉讼中的"生态环境损害"与中共中央办公厅、国务院办公厅(以下简称两办)文件中所确认的"生态环境损害赔偿"具有高度相似性。就制度设立初衷而言,都在于解决"损害担责"问题与弥补环境行政执法的不足。[1] 但两者却是彼此独立的制度设计,制度之间存在衔接。本章以两办文件所确认的"生态环境损害赔偿"制度作为参照,对检察公益诉讼中的"生态环境损害"进行界定。

(一)两办文件所确认的"生态环境损害赔偿"

党的十八届三中全会明确提出对造成生态环境损害的责任者严格实行赔偿制度。随后两办在2015年印发《生态环境损害赔偿制度改革试点方案》(中办发〔2015〕57号),部署在吉林等7个省市开展改革试点,取得明显成效。两办在总结各地区改革试点实践经验的基础上,为进一步在全国范围内加快构建生态环境损害赔偿制度,于2017年印发《生态环境损害赔偿制度改革方案》(以下简称《方案》),要求逐步建立生态环境损害的修复和赔偿制度,加快推进生态文明建设。《方案》主要内容包括:

首先,《方案》对何谓生态环境损害进行明确界定,即"本方案所称生态环境损害,是指因污染环境、破坏生态造成大气、地表水、地下水、土壤、森林等环境要素和植物、动物、微生物等生物要素的不利改变,以及上述要素构成的生态系统功能退化。"

其次,《方案》对适用生态损害赔偿责任的情形有严格限定。一方面,《方

〔1〕 参见王明远:《论我国环境公益诉讼的发展方向:基于行政权与司法权关系理论的分析》,载《中国法学》2016年第1期。

案》从正面规定了生态损害赔偿应当承担责任的情形，包括：发生较大及以上突发环境事件，在国家和省级主体功能区规划中划定的重点生态功能区、禁止开发区发生环境污染、生态破坏事件，发生其他严重影响生态环境后果三种情形。各地区应根据实际情况，综合考虑造成的环境污染、生态破坏程度以及社会影响等因素，明确具体情形。这三种情形必须追究生态环境损害赔偿责任。另一方面，《方案》从否定方面排除了涉及人身伤害、个人和集体财产损失要求赔偿，以及涉及海洋生态环境损害赔偿的情形。

再次，《方案》还框定了生态损害赔偿范围，包括清除污染费用、生态环境修复费用、生态环境修复期间服务功能损失、生态环境功能永久性损害造成的损失以及生态环境损害赔偿调查、鉴定评估等合理费用。除了明确列举的赔偿范围外，方案还允许各地区根据生态环境损害赔偿工作进展情况和需要，提出细化赔偿范围的建议。

从次，《方案》所确立的赔偿权利人原则上由国务院授权省级、市地级政府（包括直辖市所辖的区县级政府）担任。省级、市地级政府可指定相关部门或机构负责生态环境损害赔偿具体工作。

最后，磋商程序是提起生态环境损害赔偿民事诉讼的前置程序。赔偿权利人根据生态环境损害鉴定评估报告，统筹考虑修复方案技术可行性、成本效益最优化、赔偿义务人赔偿能力、第三方治理可行性等情况，与生态环境损害方达成赔偿协议。磋商未达成一致的，赔偿权利人及其指定的部门或机构应当及时提起生态环境损害赔偿民事诉讼。

（二）《环境损害鉴定评估推荐方法》（第Ⅱ版）对“生态环境损害”的界定

生态环境部（原环境保护部）为推动和规范环境污染损害的鉴定评估工作，定量化环境污染造成的损害，为公民、法人和其他组织的合法权益与国家生态环境资源在环境污染事故和事件中遭受损害的赔偿与司法判决提供技术支持，依据《宪法》《环境保护法》等法律法规于2011年发布了《关于开展环境污染损害鉴定评估工作的若干意见》（环发〔2011〕60号），并制定了第Ⅰ版《环境污染损害数额计算推荐方法》（以下简称《计算推荐方法》）。

2014年在两办试点推动环境损害赔偿制度建设的背景下，为适应环境损害鉴定评估工作的需要，针对《计算推荐方法》（第Ⅰ版）中存在的问题与不足，在借鉴国内外环境损害鉴定评估方法并总结国内外环境损害鉴定评估实践经验的基础上，重新修订生态环境损害鉴定评估方法，并更名为《环境损害鉴定评估推荐方法》（第Ⅱ版）（以下简称《推荐方法》）。

1. "生态环境损害"的定义

在最新版的《推荐方法》中，生态环境损害被定义为"由于污染环境或破坏生态行为直接或间接地导致生态环境的物理、化学或生物特性的可观察的或可测量的不利改变，以及提供生态系统服务能力的破坏或损伤。"[1]

2. 构成生态环境损害的条件

凡是评估区域内环境介质（地表水、地下水、空气、土壤等）中污染物浓度超过基线水平或国家及地方环境质量标准，且造成的影响在一年内难以恢复；死亡率增加；种群数量的减少；生物物种组成发生变化；身体变形等情形的，均构成生态环境损害。[2]

3. "生态环境损害"的确定

环境损害达到何种程度应由有资质的机构进行环境损害鉴定评估。生态环境损害的鉴定评估工作内容包括了生态环境基线的确定、生态环境损害的确认、污染环境或破坏生态行为与生态环境损害间的因果关系判定、生态环境损害修复或恢复目标的确定、生态环境损害评估方法的选择、环境修复或生态恢复方案的筛选、环境修复或生态恢复费用的评估等内容。[3]

（三）《生态环境损害鉴定评估技术指南》对"生态环境损害"的界定

按照《方案》关于国家建立健全统一的生态环境损害鉴定评估技术标准体系的工作部署，2020 年 9 月生态环境部组织编制了《生态环境损害鉴定评估技术指南　总纲和关键环节　第 1 部分：总纲》（征求意见稿）（以下简称《总纲》）等在内的七项国家标准，并向社会公开征求意见。

《总纲》对"生态环境损害"的定义完全按照两办《方案》的界定，即"因污染环境、破坏生态造成大气、地表水、地下水、土壤等环境要素和植物、动物、微生

[1]　《推荐方法》（第Ⅱ版）第 4.5 条。

[2]　《推荐方法》（第Ⅱ版）第 6.4 条。

[3]　《推荐方法》（第Ⅱ版）第 5.2.3 条。

物等生物要素的不利改变，及上述要素构成的生态系统功能的退化。”[1]

与此同时，这一国家标准还明确了生态环境损害鉴定评估的范围与事项。就其范围而言，包括时间范围与空间范围两部分。时间范围以污染环境或破坏生态行为发生为起点，以受损生态环境及其服务恢复至基线为终点；空间范围应根据污染物迁移扩散范围或破坏生态行为的影响范围确定。就其事项而言，包括调查污染环境、破坏生态行为，以及生态环境损害的发生情况；鉴定污染物性质；分析污染环境或破坏生态行为与生态环境损害之间的因果关系；确定生态环境损害的性质、类型、范围和程度；确定生态环境损害实物量，筛选并确定生态环境恢复方案，计算生态环境损害价值量；开展生态环境恢复效果评估。[2]

（四）检察公益诉讼中“生态环境损害”的范围

从《最高人民法院关于审理生态环境损害赔偿案件的若干规定（试行）》（法释〔2020〕17号）与生态环境部等多部委、最高人民法院、最高人民检察院联合发布《关于推进生态环境损害赔偿制度改革若干具体问题的意见》（环法规〔2020〕44号）来看，前者第16条与第17条规定，政府的生态环境损害赔偿诉讼相对于环境公益诉讼具有一定的优先性，同时第18条又规定了两者之间互为补充的关系；[3]

〔1〕《总纲》第3.2条。

〔2〕《总纲》第4.2条。

〔3〕《最高人民法院关于审理生态环境损害赔偿案件的若干规定（试行）》第16条规定：“在生态环境损害赔偿诉讼案件审理过程中，同一损害生态环境行为又被提起民事公益诉讼，符合起诉条件的，应当由受理生态环境损害赔偿诉讼案件的人民法院受理并由同一审判组织审理。”第17条规定：“人民法院受理因同一损害生态环境行为提起的生态环境损害赔偿诉讼案件和民事公益诉讼案件，应先中止民事公益诉讼案件的审理，待生态环境损害赔偿诉讼案件审理完毕后，就民事公益诉讼案件未被涵盖的诉讼请求依法作出裁判。”第18条第1款规定：“生态环境损害赔偿诉讼案件的裁判生效后，有权提起民事公益诉讼的国家规定的机关或者法律规定的组织就同一损害生态环境行为有证据证明存在前案审理时未发现的损害，并提起民事公益诉讼的，人民法院应予受理。民事公益诉讼案件的裁判生效后，有权提起生态环境损害赔偿诉讼的主体就同一损害生态环境行为有证据证明存在前案审理时未发现的损害，并提起生态环境损害赔偿诉讼的，人民法院应予受理。”

后者也就该制度如何与公益诉讼衔接进行了规范。[1] 从前述文件的表述来看，针对“生态环境损害”，可通过提起检察公益诉讼或由政府提起民事诉讼获得赔偿。对于“生态环境损害”的理解应当可以参照两办文件、《推荐办法》及国家标准中对于“生态环境损害”的界定与范围。

二、生态环境损害的评估方法

生态环境损害数额的确定是生态环境损害鉴定评估工作中的重要一环，也称为生态环境损害价值量化。损害数额的计算与损害调查的确认、因果关系分析、损害实物量化等有关联。

生态环境损害价值量化内容分为基于生态环境恢复费用的量化与基于生态环境价值评估的量化两部分。基于生态环境恢复费用的量化根据将受损生态环境恢复至基线并补偿期间损害而需要开展的生态环境恢复工程措施的费用进行计算。生态环境恢复工程措施的费用按照国家工程投资估算的规定列出，采用概算定额法、类比工程预算法编制。在进行生态环境损害评估时，如果既无法将受损的生态环境恢复至基线，也没有可行的补偿性恢复方案弥补期间损害，或只能恢复部分受损的生态环境，则应采用环境价值评估方法对生态环境的永久性损害进行价值评估，计算生态环境损害数额。

《推荐方法》《生态环境损害鉴定评估技术指南》给出了生态环境损害价值量化的科学评估方法。生态环境损害评估方法包括替代等值分析方法和环境价值评估方法两大类，各自旗下又有若干细类方法的划分。替代等值分析方法又可细分为资源等值分析方法、服务等值分析方法和价值等值分析方法。环境价值评估方法包括直接市场价值法、揭示偏好法、效益转移法和陈述偏好法等。

---

〔1〕 2020年8月31日生态环境部、司法部、财政部、自然资源部、住房城乡建设部、水利部、农业农村部、卫生健康委、林草局、最高人民法院、最高人民检察院联合发布的《关于推进生态环境损害赔偿制度改革若干具体问题的意见》规定：“九、关于与公益诉讼的衔接　赔偿权利人指定的部门或机构，在启动生态环境损害赔偿调查后可以同时告知相关人民法院和检察机关。检察机关可以对生态环境损害赔偿磋商和诉讼提供法律支持，生态环境、自然资源、住房和城乡建设、农业农村、水利、林业和草原等部门可以对检察机关提起环境民事公益诉讼提供证据材料和技术方面的支持。人民法院受理环境民事公益诉讼案件后，应当在10日内告知对被告行为负有环境资源监督管理职责的部门，有关部门接到告知后，应当及时与人民法院沟通对接相关工作。”

表 4－1　生态环境损害的常见计算方法[1]

替代等值分析方法	资源等值分析方法	
	服务等值分析方法	
	价值等值分析方法	
环境价值评估方法	直接市场价值法	生产率变动法
		剂量—反应法
		人力资本和疾病成本法
	揭示偏好法	内涵资产定价法
		避免损害成本法
		治理成本法
	效益转移法	
	陈述偏好法	条件价值法
		选择试验模型法

（一）替代等值分析方法

替代等值分析方法在量化生态环境损害时具有优先性，替代等值分析方法具体包括资源等值分析方法、服务等值分析方法和价值等值分析方法。

资源等值分析方法是将环境的损益以资源量为单位来表征，通过建立环境污染或生态破坏所致资源损失的折现量和恢复行动所恢复资源的折现量之间的等量关系来确定生态恢复的规模。资源等值分析方法的常用单位包括鱼或鸟的种群数量、水资源量等。

服务等值分析方法是将环境的损益以生态系统服务为单位来表征，通过建立环境污染或生态破坏所致生态系统服务损失的折现量与恢复行动所恢复生态系统服务的折现量之间的等量关系来确定生态恢复的规模。服务等值分析方法的常用单位包括生境面积、服务恢复的百分比等。

价值等值分析方法分为价值—价值法和价值—成本法。价值—价值法是将恢复行动所产生的环境价值贴现与受损环境的价值贴现建立等量关系，此方法需要将恢复行动所产生的效益与受损环境的价值进行货币化。衡量恢复行

[1] 《推荐方法》（第Ⅱ版）。

动所产生的效益与受损环境的价值需要采用环境价值评估方法。价值—成本法首先估算受损环境的货币价值，进而确定恢复行动的最优规模，恢复行动的总预算为受损环境的货币价值量。

资源等值分析方法和服务等值分析方法在使用时具有优先性。如果受损的生态环境以提供资源为主，采用资源等值分析方法；如果受损的生态环境以提供服务为主，或兼具资源与服务，采用服务等值分析方法。

如果不能满足资源等值分析方法和服务等值分析方法的基本条件，可考虑采用价值等值分析方法。如果恢复行动产生的单位效益可以货币化，考虑采用价值—价值法；如果恢复行动产生的单位效益的货币化不可行（耗时过长或成本过高），则考虑采用价值—成本法。同等条件下，优先采用价值—价值法。

（二）环境价值评估方法

当替代等值分析方法不可行时，则采用环境价值评估方法量化生态环境损害。环境价值评估方法有直接市场价值法、揭示偏好法、效益转移法和陈述偏好法。就其使用的优先顺序而言，依次为直接市场价值法 > 揭示偏好法 > 陈述偏好法 > 效益转移法。《推荐方法》中建议遇到以下情形，采用环境价值评估方法：

情形一：当评估生物资源时，如果选择生物体内污染物浓度或对照区的发病率作为基线水平评价指标，由于在生态恢复过程中难以对其进行衡量，推荐采用环境价值评估方法；

情形二：由于某些限制原因，环境不能通过修复或恢复工程完全恢复，采用环境价值评估方法评估环境的永久性损害；

情形三：如果修复或恢复工程的成本大于预期收益，推荐采用环境价值评估方法。

表 4-2　常用的环境价值评估方法[1]

评估方法		定义	适用条件
直接市场价值法	生产率变动法	生产率变动法也称作观察市场价值法。 该方法是利用生产率的变动来评价环境状况变动的方法。	适用于衡量在市场上交易的资源使用价值,用资源的市场价格和数量信息来估算消费者剩余和生产者剩余。
	剂量—反应法	剂量—反应法也称为生产率法或生产要素收入法。 将产出与生产要素(如土地、劳动力、资本、原材料)的不同投入水平联系起来。	①环境变化直接导致销售的某种商品(或服务)的产量增加或减少,同时影响明确且能够观察或根据经验测试; ②市场功能完好,价格是经济价值的有效指标。
	人力资本和疾病成本法	人力资本和疾病成本法通过环境属性对劳动力数量和质量的影响来评估环境属性的价值。	通常用因疾病引起的收入损失或治疗费用表示。
揭示偏好法	内涵资产定价法	内涵资产定价法又称作享乐价格法,是根据人们为优质环境的享受所支付的价格来推算环境质量价值的一种估价方法。	该方法越来越多地被应用于空气质量恶化对财产价值的影响。
	避免损害成本法	避免损害成本法指个人为减轻损害或防止环境退化引起的效用损失而需要为市场商品或服务支付的金额。	可用于评估净化的空气和水等非市场商品的价值。
	虚拟治理成本法	虚拟治理成本是按照现行的治理技术和水平治理排放到环境中的污染物所需要的支出。	虚拟治理成本法适用于环境污染所致生态环境损害无法通过恢复工程完全恢复、恢复成本远远大于其收益或缺乏生态环境损害恢复评价指标的情形。
效益转移法		效益转移法基于消费者剩余理论,是一种非市场资源价值评价方法。	若非市场资源价值受时间、空间和费用等条件限制,可适用此方法。

[1] 参见国家标准《总纲》。

续表

评估方法		定义	适用条件
陈述偏好法	条件价值法	条件价值法也叫作权变评价法或或然估计法，条件价值评估法用调查技术直接询问人们的环境偏好。	当缺乏真实的市场数据，甚至也无法通过间接的观察市场行为来赋予环境资源价值时，通常采用条件价值评估（CVM）技术。该技术特别适用于选择价值占有较大比重的独特景观、文物古迹等服务价值评估。
	选择试验模型法	选择试验模型法基于效用最大化理论，采用问卷为被调查者提供由资源或环境物品的不同属性状态组合而成的选择集。	让被调查者从每个选择集中选出自己最偏好的一种方案，研究者可以根据被调查者的偏好运用经济计量学模型分析出不同属性的价值以及由不同属性状态组合而成的各种方案的相对价值。

三、虚拟治理成本法

虚拟治理成本法是基于源头治理所提出的方法，它属于环境价值评估方法之一。该方法目前在环境损害鉴定评估实践中得到较广泛应用。大量的公益诉讼案件中对于生态环境修复费用的计算均是在虚拟治理成本法计算出来的数额上乘以相应的系数所得。[1]

现有关于虚拟治理成本法的内容规定在生态环境部的《计算推荐方法》《突发环境事件应急处置阶段环境损害评估推荐方法》（环办〔2014〕118 号）、《推荐方法》（环办〔2014〕90 号）、《关于虚拟治理成本法适用情形与计算方法的说明》（环办政法函〔2017〕1488 号）之中。另外，生态环境部还组织编制了针对大

---

〔1〕 例如，最高人民检察院第八批指导性案例（检例第 28 号）江苏省常州市人民检察院诉许建惠、许玉仙民事公益诉讼案中，裁判要旨指出："环境污染导致生态环境损害无法通过恢复工程完全恢复的，恢复成本远远大于其收益的或者缺乏生态环境损害恢复评价指标的，可以参考虚拟治理成本法计算修复费用。"人民法院发布的典型案例也将这一方法写入裁判要旨之中，如泰州市环保联合会诉泰兴锦汇化工有限公司等环境污染侵权赔偿纠纷公益诉讼、中华环保联合会诉江苏顺驰拉链有限公司等环境民事公益诉讼案。

气污染治理与水污染治理这两个领域使用虚拟成本法的国家标准。[1]

根据上述内容,虚拟治理成本是按照现行的治理技术和水平治理排放到环境中的污染物所需要的支出。该方法适用于环境污染所致生态环境损害无法通过恢复工程完全恢复、恢复成本远远大于其收益或缺乏生态环境损害恢复评价指标的情形。虚拟治理成本为治理所有已排放的污染物应该花费的成本,即污染物排放量与单位污染物虚拟治理成本的乘积。

(一)虚拟治理成本法的基本原理

虚拟治理成本法具有计算思路清晰、使用参数少、数据需求简单的特点,鉴定结果更容易被损害赔偿权利人、责任方及公检法机关采用,因此这一方法也在一些特定领域得到广泛应用。

1. 适用范围

具体而言,虚拟治理成本法可以适用的情形有:第一,排放污染物的事实存在,由于生态环境损害观测或应急监测不及时等原因导致损害事实不明确或生态环境已自然恢复;第二,不能通过恢复工程完全恢复的生态环境损害;第三,实施恢复工程的成本远远大于其收益的情形。

如果实际发生的应急处置费用或治理、修复、恢复费用明确,通过调查和生态环境损害评估可以获得的;突发环境事件或排污行为造成的生态环境直接经济损失评估,均不适用虚拟治理成本法来进行计算。[2]

2. 虚拟治理成本法计算中涉及的参数

采用虚拟治理成本法计算生态环境损害的数额,根据污染物数量、单位治理成本、调整系数要素,适用到计算公式之中($D = E \times C \times \gamma$)[3]($D = C \times E \times \alpha$

---

〔1〕《关于征求〈生态环境损害鉴定评估技术指南　总纲和关键环节　第1部分:总纲〉等七项国家环境保护标准意见的函》(征求意见稿,环办标征函〔2020〕51号)。

〔2〕参见《关于生态环境损害鉴定评估虚拟治理成本法运用有关问题的复函》(环办政法函〔2017〕1488号)。

〔3〕D指代大气污染生态环境损害,元;E指代大气污染物数量,t;C指代大气污染物单位治理成本,元/t;γ指代生态环境损害调整系数。

γ调整系数在不同的污染类型中,计算方法有所不同。比如,在大气污染中,$\gamma = (\alpha \times \beta + \omega) \times \tau$,α指代大气污染危害系数;β指代受体敏感系数;ω指代环境功能系数;τ指代持续时间系数。

$\times K \times \omega + V)$[1]，最终确定生态环境损害数额。

（1）污染物数量

对于废物或废液倾倒和违法排污类事件，污染物排放量一般通过现场排放量核定、犯罪嫌疑人询问、生产或运输记录获取；对于突发环境事件，通常通过实际监测量与物料衡算相互验证的方法进行测算。

（2）单位治理成本

单位治理成本是工业生产企业或专业污染治理企业治理单位体积或质量的废水、废气或固体废物所产生的费用。一般包括能源消耗、设备维修、人员工资、管理费、药剂费等处理设施运行费用、固定资产折旧费用及治理过程中产生的废物处置等有关费用，但不包括固体废物综合利用产生的效益。[2]

单位治理成本的确定方法优先选择实际调查法。当实际调查的样本量足够大时或有可利用的污染源普查、环境统计等数据库，可采用成本函数法。通过调查数据建立典型行业的大气污染物、废水或固体废物的治理成本函数，以达到排放标准的单位污染治理成本平均值作为单位治理成本。

（3）调整系数

调整系数是用于调整某类污染治理成本与环境污染造成的损害价值间的差距而确定的系数。具体根据环境损害的程度和持续时间确定。比如，在大气污染领域的调整系数反映大气污染物对于周边人群健康和空气质量的综合影响，它的数值与大气污染物的危害性、周边环境敏感点、污染持续时间、影响区域环境功能类别相关。水污染领域的调整系数则反映废水或固体废物对水环境造成的不利影响和不同功能水体的敏感程度，它的数值由污染物的危害性以及水体敏感程度决定。

遇到特殊情况时，可以对环境功能区敏感系数酌情进行调整。比如，当危险废物临时贮存、堆放或排放，没有对环境介质造成实际损害或造成损害程度较小的，鉴于危险废物的单位治理成本比一般废物高，可参考危险废物特性。

---

〔1〕 D 指代地表水生态环境损害数额；C 指代废水（或废水中的特征污染物）或固体废物的单位治理成本；E 指代排放数量（根据实际选择超标排放量或排放总量，可采用体积或质量单位）；α 指代危害系数；K 指代超标系数；ω 指代敏感系数；V 指代野生动物死亡损害数额。

〔2〕 《生态环境损害鉴定评估技术指南　基础方法　第 1 部分：大气污染治理虚拟成本法》（征求意见稿）第 3.1 条和《生态环境损害鉴定评估技术指南　基础方法　第 2 部分：水污染治理虚拟成本法》（征求意见稿）第 3.1 条。

具有感染性、毒性的危险废物，敏感系数可取原值的1/2；具有反应性、腐蚀性的危险废物，敏感系数可取原值的1/3；具有易燃性的危险废物，敏感系数可取原值的1/4。涉及有毒有害气体，如氯气、光气、硫化氢、一氧化碳等，当其未造成实际健康和财产损害时，鉴于其单位治理成本较低，可参考《化学品分类、警示标签和警示性说明安全规范急性毒性》(GB 20592－2006)分类，属于类别1、类别2和类别3的气体，敏感系数可分别取原值的4倍、3倍和2倍。

另外，对于空气、地表水、土壤和地下水多种环境介质污染的情况，环境功能敏感系数选取由受主要影响的环境介质的敏感系数确定；当不同环境介质受影响的程度相同时，环境敏感系数取高值。

表4－3　环境功能敏感系数推荐值〔1〕

环境介质	环境功能区类别	环境功能区敏感系数
地表水	Ⅰ类	9
	Ⅱ类	7
	Ⅲ类	5
	Ⅳ类	4
	Ⅴ类	2
环境空气	Ⅰ类	5
	Ⅱ类	3
土壤	Ⅰ类	9
	Ⅱ类	7
	Ⅲ类	5
	Ⅳ类	3
地下水	Ⅰ类	11
	Ⅱ类	9
	Ⅲ类	7
	Ⅳ类	5
	Ⅴ类	3

〔1〕参见《关于生态环境损害鉴定评估虚拟治理成本法运用有关问题的复函》(环办政法函〔2017〕1488号)，附件：《关于虚拟治理成本法适用情形与计算方法的说明》。

续表

环境介质	环境功能区类别	环境功能区敏感系数
近岸海洋和海岸带	Ⅰ类	7
	Ⅱ类	5
	Ⅲ类	4
	Ⅳ类	2

（二）虚拟治理成本法在个案中的运用

针对多人实施的违法行为共同导致的生态环境损害，如何进行个人损害事实与责任的认定与划分，云浮市云安区人民检察院在办理杨某显等人环境污染刑事附带民事公益诉讼系列案中便面临这样的问题。该系列案中，多人非法倾倒石渣废料造成土地硬化板结，倾倒的土地使用性质包括果园、水田、旱地、林地、坑塘水面、铁路与公路用地等。但损害后果由多人多次倾倒所致，难以明确到个人。无论是刑事责任的确定，还是民事公益诉讼赔偿责任追究，都需要明确个人倾倒行为对环境损害所造成的影响。如何确定个人废物倾倒行为所造成的生态环境损害问题，云安区人民检察院在处理该系列案中，鉴定机构与检察院创新性地提出可适用虚拟治理成本法来进行计算，拓展虚拟治理成本法的适用空间。

具体而言，生态环境损害价值（元）$= Q \times A \times K$。

其中，Q 为查明的犯罪嫌疑人污染物倾倒量（单位为立方米或吨）；A 为污染物送当地有资质处理的公司处理单价（单位为元/立方米或元/吨，与 Q 对应）；K 为所倾倒地的环境敏感系数，系数选择应结合国土、生态环境等部门确定的倾倒地的土壤环境功能区类别，并参考《关于生态环境损害鉴定评估虚拟治理成本法运用有关问题的复函》（环办政法函〔2017〕1488 号）中的有关说明确定。

四、公益诉讼中适用评估方法确定生态损害数额存在的问题

《计算推荐方法》《推荐方法》《生态环境损害鉴定评估技术指南》等文件与国家标准提供了生态环境损害的多种评估方法，并就其中高频使用的虚拟治理成本法的适用提供了较为详尽的方法。尽管如此，司法实践中适用具体的评估

方法确定生态损害数额仍遭遇各种各样的问题。

(一)评估方法的选定

在江苏省人民政府诉安徽海德化工科技有限公司(以下简称海德公司)生态环境损害赔偿案[1]中,争议焦点之一就是生态环境损害修复费用评估方法选择是否适当。采用不同的评估方法,得出的结论和数额相差甚远。

上述案中,被告海德公司明知李某生等人没有危险废物处置资质,仍将其生产过程中产生的废碱液,以每吨 1300 元处置费的价格交给李某生等人进行处置。李某生明知孙某才、丁某东等人无废碱液处置资质,又将上述废碱液交给孙某才、丁某东等人处置。后孙某才、丁某东等人将上述废碱液分别排入长江及新通扬运河,造成靖江市城区集中式饮用水源于 5 月 9 日 9 时 20 分至 11 日 2 时被迫中断取水 40 多个小时及兴化市城区集中式饮用水源中断取水超过 14 小时。

上述环境污染事件发生后,经江苏省环境科学学会采用资源等值分析法进行评估,共造成靖江市生态环境损害费用 1786.26 万元。被告在答辩意见中对评估方法给予质疑。认为生态环境损害费用系类比所得,类比本身不具有证据效力,评估没有采用最高人民法院公布案例中所用的虚拟治理成本法。

针对评估机构采用资源等值分析法评估本案生态环境损害费用是否适当、合法的问题,法院认为原环境保护部《推荐方法》第 8.3.1 条载明,生态环境损害评估方法包括替代等值分析方法和环境价值评估方法。替代等值分析方法又包括资源等值分析方法、服务等值分析方法和价值等值分析方法。资源等值分析方法是将环境的损益以资源量为单位来表征,通过建立环境污染或生态破坏所致资源损失的折现量和恢复行动所恢复资源的折现量之间的等量关系来确定生态恢复的规模。等值分析方法的常用单位包括鱼或鸟的种群、数量、水资源量等。第 8.3.1.1 条载明,生态环境损害评估方法的选择原则为优先选择替代等值分析方法中的资源等值分析方法和服务等值分析方法。如果受损的环境以提供资源为主,采用资源等值分析方法。本案受污染的是长江水体,众所周知,长江虽有众多功能,但为流域人民生产、生活提供水资源和鱼类等水产资源应是其最主要的功能。另外,据本案的专家评估人、专业辅助人陈述,本案

---

[1] 《江苏省高级人民法院公报》2018 年第 6 辑,第 49-60 页。

污染事件因发现及时,实际也对被污染水体实施了投放活性炭、调用备用水源等应急处置措施,并产生了费用,应当优先选择资源等值分析法。

同时,《推荐方法》附录A《常用的环境价值评估方法》A.2.3也指出,虚拟治理成本,是按照现行的治理技术和水平治理排放到环境中的污染物所需要的支出。虚拟治理成本法,适用于环境污染所致生态环境损害无法通过恢复工程完全恢复、恢复成本远远大于其收益或缺乏生态环境损害恢复评价指标的情形。本案被告所致长江水体受到污染损害的情形不适用该评估办法。据此,被告关于本案应适用虚拟治理成本法进行评估,而不适用资源等值分析方法评估生态环境损害费用的理由不能成立。

在泰州市环保联合会诉泰兴锦汇化工有限公司等环境污染侵权赔偿纠纷公益诉讼案[1]中,也涉及评估方法选定问题。本案被告常隆公司、锦汇公司(锦江化工有限公司,下同。)、施美康公司、申龙公司、富安公司、臻庆公司在2012年1月至2013年2月,违反国家环境保护法律和危险废物管理规定,将其生产过程中所产生的废盐酸、废硫酸等危险废物总计25,934.795吨,以支付每吨20—100元不等的价格,交给无危险废物处理资质的主体偷排进泰兴市如泰运河、泰州市高港区古马干河,导致水体严重污染,造成重大环境损害,需要进行污染修复。

江苏省环境科学学会作出《泰兴市12.19废酸倾倒事件环境污染损害评估技术报告》[(2014)苏环学鉴字第140401号]中采用了虚拟治理成本法计算常隆公司等6家公司在该污染事件中违法处置的危险废物在合法处置时应花费的成本,合计36,620,644元。其中常隆公司18,939,279元,锦汇公司9,470,108元,施美康公司1,880,676元,申龙公司5,878,957元,富安公司378,931元,臻庆公司72,693元。另外,根据《关于开展环境污染损害鉴定评估工作的若干意见》[环发(2011)60号]的附件《计算推荐方法》第4.5条的规定,应当以虚拟治理成本为基数,按照4.5倍计算污染修复费用。虚拟治理成本按4.5倍计算后的污染修复费用分别为:常隆公司85,226,755.5元,锦汇公司42,615,486元,施美康公司8,463,042元,申龙公司26,455,306.5元,富安公司1,705,189.5元,臻庆公司327,118.5元。

被告在诉讼中提出本案的污染修复费用应当适用试验值法计算数额,而非

---

〔1〕《最高人民法院公报》2016年第5期。

虚拟治理成本法。理由在于,被告认为根据《计算推荐办法》,水体修复是在采取应急措施后污染依然无法消除情况下采取的人工干预措施。由于长江的流量、流速、自净能力,倾倒行为造成的损害属于期间损害,水体已经恢复到以往的水质标准,客观上已不再需要进行人工干预,判决各上诉人承担环境修复费用不符合规定。长江流域属于国家自然资源,《计算推荐方法》3.2 条规定[1],生态环境资源的损害评估不适用《计算推荐方法》,财产损害也不包括国家和集体所有的自然资源,一审法院将被污染河流的环境修复与地区生态环境修复错误混同。被告认为本案即使需要承担赔偿责任,也应以《评估技术报告》推荐的试验值法即 2,541.205 万元作为依据。

本案经过二审、再审,再审判决认为水环境具有流动性,污染行为瞬间发生,损害现场无法复原,属于《计算推荐方法》规定的环境修复费用难以计算的情形,可以采用虚拟治理成本法来计算环境修复费用。《推荐方法》与《计算推荐方法》关于虚拟治理成本法的规定并无本质区别,二审判决以《评估技术报告》确定的锦汇公司被江中公司倾倒的副产酸治理成本、被倾倒的数量再乘以Ⅲ类地表水环境功能敏感程度推荐倍数 4.5—6 倍的下限 4.5 倍计算环境修复费用,并无不当。

(二)虚拟治理成本法中的参数选用

虚拟治理成本法在公益诉讼认定生态损害修复费中得到广泛应用。随之也产生了一系列的问题,如对于单位治理成本如何确定、相关调整系数应当如何确定等在司法实践中产生争议。

在中华环保联合会诉江苏顺驰拉链有限公司(以下简称顺驰公司)等环境民事公益诉讼案[2]中,单位治理成本确定方法的选用成为本案的争议焦点。本案中,被告顺驰公司在 2011 年至 2014 年 9 月 1 日,未经环保部门审批,非法从事拉链电镀加工,并私设暗管,超标排放含铬、镍等重金属及含氰化物等污染物的电镀废水,严重污染环境。江苏省环境科学学会对涉案环境违法行为造成

---

〔1〕《计算推荐方法》第 3.2 条:全面完整的环境污染损害评估范围包括:人身损害、财产损害、生态环境资源损害、应急处置费用、调查评估费用、污染修复费用、事故影响损害和其他应当纳入评估范围内的损害。近期可操作的环境污染损害评估范围包括:人身损害、财产损害、应急处置费用、调查评估费用和污染修复费用,此五类损害的评估适用本《方法》。

〔2〕《江苏省高级人民法院公报》2018 年第 5 辑,第 64－69 页。

的环境污染损害采用虚拟治理成本法进行评估，并出具(2015)苏环学鉴字第151101号评估技术报告。

采用虚拟治理成本法来评估生态损害费用，评估中所涉及的核心参数之一是单位治理成本的确定。按照《推荐方法》的规定，对于单位治理成本的确定，应当优先使用收费标准法，通过市场来确定合理的收费标准。没有收费标准的，可以通过实际调查，获得相同或邻近地区、相同或相近生产工艺、产品类型、处理工艺的企业，治理相同或相近污染物，能够实现稳定达标排放的平均单位污染治理成本。上述因素中，相同产品类型、能够实现稳定达标排放为首要考虑因素，相同或邻近地区为次要考虑因素，其次为生产工艺和处理工艺。在本案中，由于常熟当地没有具有委托处置废水资质的单位，鉴定机构采用当地另一家电镀企业《江苏福兴拉链有限公司废水处理托管(试)运行合同》作为参考。该合同由江苏福兴拉链有限公司与苏州天瑞环境科技有限公司签订，合同中约定江苏福兴拉链有限公司将生产过程中产生的电镀废水委托给苏州天瑞环境科技有限公司处理，委托处理每个月的总托管费用为固定费用5万元+13元/吨×污水处理排放量。根据苏州天瑞环境科技有限公司营业执照显示，该公司可以从事环保工程的设计、施工及运营管理，而江苏福兴拉链有限公司的电镀污水处理工程通过了环保验收，其具有合法有效的处理电镀废水的能力，因此，江苏福兴拉链有限公司委托苏州天瑞环境科技有限公司处理电镀废水所需要的费用，可以作为本案中评估生态环境损害费用的基准；涉案地表水环境功能区类型为Ⅳ类，生态环境损害应以虚拟治理成本的3— 4.5倍计算。按照保守原则，本案生态环境损害以虚拟成本的3倍计算。综上，电镀废水的非法排放对环境产生的生态环境损害费用为(5万元/月×31月+41,433.52吨×13元/吨)×3倍，即6,265,907.28元。

经一审法院实地调查，江苏福兴拉链有限公司与顺驰公司生产产品类型相同，江苏福兴拉链有限公司能够实现稳定达标排放，且两家公司产品的生产工艺和处理工艺类似，故对鉴定报告采用的单位治理成本的科学性、合理性予以认定。

另外，在湖州市病死害动物处置中心有限公司、施某、浙江悟能环保科技发展有限公司等污染环境罪刑事附带民事公益诉讼案[1]中，类似地，也涉及单位

[1] 浙江省湖州市中级人民法院(2019)浙05刑终120号刑事判决书。

治理成本确定、相关系数选择的争议。本案中，被告单位病死害动物处置中心系湖州市工业和医疗废物处置中心有限公司的全资子公司，具有病死害动物无害化处理资质，但在实际经营中，两公司共用一套人员。2013 年 6 月至 2014 年 4 月，因焚烧炭化设备产能不足，无法及时处理病死猪尸体，造成病死猪尸体积压冷库，时任病死害动物处置中心法定代表人的被告人施某与被告人许某、俞某、傅某娟违反国家对于病死害动物无害化处理的相关规定，擅自将病死猪尸体运至湖州市开发区大银山山腰空地、山顶平台掩埋处理，对周边生态环境造成损害。

经湖州市环境保护监测中心站监测、江苏康达检测技术股份有限公司调查、绍兴市环保科技服务中心采用虚拟治理成本法评估鉴定，掩埋的病死害动物尸体产生的渗滤液中化学需氧量、粪大肠菌群、总磷浓度、总氮浓度等指标严重超标，对周围地表水、地下水及土壤生态系统造成严重损害。为及时清理掩埋的病死害动物尸体，防止污染进一步扩大，政府组织对掩埋地点进行应急处理，其间产生应急处置费用人民币 1,497,200.8 元，后经鉴定，生态环境遭受损害价值量（期间生态服务功能损失）为人民币 2,969,644.28 元。

被告认为鉴定评估意见在采用虚拟治理成本法核算单位治理成本时对象选择错误，且未提供认定水环境功能类别的相应依据。因为鉴定评估意见认为对环境产生损害的原因在于病死害动物腐烂产生的渗滤液，所以根据原环境保护部办公厅发布的《关于生态环境损害鉴定评估虚拟治理成本法运用有关问题的复函》之附件《关于虚拟治理成本法适用情形与计算方法的说明》，本案应采用废水的单位治理成本确定，而不应以病死猪的处置费进行计算。再者，鉴定评估意见直接将本案的地表水水环境功能类别定位Ⅲ类，而根据《关于虚拟治理成本法适用情形与计算方法的说明》的规定，Ⅲ类为集中式生活饮用水地表水源地二级保护区、鱼虾类越冬场等渔业水域及游泳区，该表述与上诉人施某在庭审中对于填埋场地的描述有较大出入。

法院判决认为，第一，虚拟治理成本法系基于源头治理提出的环境价值评估方法。本案中污染的源头是被掩埋的病死害动物，而非腐败、分解产物渗滤液，故本案采用对病死害动物的处置费为核算对象符合相关规定及客观实际情况。第二，根据当时的湖州市环保局湖州经济技术开发区分局出具的《关于三天门大银山地表水及地下水环境质量标准的说明》认定了对地表水、地下水环境功能类别表述为Ⅲ类，法院据此认可了鉴定中对系数的选定。

在徐州市鸿顺造纸有限公司（以下简称鸿顺公司）与江苏省徐州市人民检察院环境污染侵权赔偿纠纷上诉案[1]中，鸿顺公司在2013—2015年多次使用暗排口直接排放废水，仅2014年4月5日至6日和2015年2月24日至25日两次偷排废水即达2600吨。鉴定机构用虚拟治理成本法确定了本案的生态环境修复费的基数，生态环境修复费用基数乘以相应的倍数所得。本案的争议焦点之一是选用何种倍数。

被告认可按照虚拟治理成本法确定本案生态环境修复费用，也同意在虚拟治理成本的1.5—3倍确定生态环境修复费用。被告认为本公司生产瓦楞纸采用全废纸造纸工艺，造纸废水主要为废纸的碎浆、筛选、浮选及抄纸过程中产生的废水。因无脱墨、漂白等工艺，与脱墨废纸浆生产工艺相比，排出的废水污染负荷少，生态修复容易。排放废水的污染物成分以有机物为主，重金属等有毒有害物质极少，生态环境受到的损害较小，恢复较为容易，应当以1.5倍作为计算系数确定生态环境修复费用。此外，该公司2014年排放的600吨废水，未对生产废水水质进行分析，考虑当时物价较低，计算系数应当低于2015年的计算系数。而公益诉讼人则要求鸿顺公司以26.91万元为基数以其3—5倍确定生态环境修复费用。

法院最终综合考虑本次污染行为的污染物成分、被破坏的生态环境状况等因素，决定取双方申请的技术专家意见关于倍数取值的平均值，即2.035倍作为生态环境损害数额的倍数取值。另外，针对被告提出2014年与2015年的计算采用不同系数的要求，法院认为由于2014年鸿顺公司违法排放生产废水时的生产工艺以及受污染环境情况与2015年基本相同，鸿顺公司也未能举证证明两次排污有实质区别，对2014年所排放的600吨生产废水的生态环境损害赔偿数额理应与2015年排放的生产废水以相同的方法予以计算。鸿顺公司2014年及2015年两次共计违法排放2600吨废水，按照虚拟治理成本法计算生态环境修复费用为2600（吨）×50（元/吨）×2.035（倍），共计264,550元。

（三）生态环境损害范围的界定

在泰州市环保联合会诉泰兴锦汇化工有限公司等环境污染侵权赔偿纠纷

---

〔1〕 江苏省高级人民法院（2016）苏民终1357号民事判决书。

公益诉讼案[1]中,除前述关于评估方法的争议外,另一个争议焦点是生态环境损害范围划定问题。被告认为案涉河流无须修复及赔偿,因为河流具有自净能力,如泰运河和古马干河被污染前水质为Ⅲ类,经过自我净化之后,2013 年的河流水质仍为Ⅲ类。

本案的专家辅助人对鉴定意见以及本案所涉及的专业问题提出意见。专家辅助人认为,向水体倾倒危险废物的行为直接造成了区域生态环境功能和自然资源的破坏,无论是对长江内河水生态环境资源造成的损害进行修复,还是将污染引发的风险降至可接受水平的人工干预措施所需费用,均将远远超过污染物直接处理的费用;由于河水的流动和自我净化,即使倾倒点水质得到恢复,也不能因此否认对水生态环境曾经造成的损害。

法院最终认为,虽然河流具有一定的自净能力,但是环境容量是有限的,向水体大量倾倒副产酸,必然对河流的水质、水体动植物、河床、河岸以及河流下游的生态环境造成严重破坏。如不及时修复,污染的累积必然会超出环境承载能力,最终造成不可逆转的环境损害。因此,不能以部分水域的水质得到恢复为由免除污染者应当承担的环境修复责任。

(四)现有评估方法的局限性

大气污染、水污染、土壤污染[2]三类比较典型的环境污染所造成的损害已经有相对成熟的损害评估方法。但实践中,环境污染行为层出不穷,非法采盗河砂便是其中之一。非法采盗河砂造成的生态环境损害经过专家论证可能包括如下方面:

第一,河床下切,易造成河堤坍塌。乱采滥挖河砂,使得河道局部越挖越深,河床下切,水位持续下降,引起河岸、堤防出现吊脚现象,边坡不稳,最终导致崩塌、坍塌,影响防洪安全。

---

[1] 《最高人民法院公报》2016 年第 5 期。

[2] 针对废物倾倒造成的生态环境损害问题,在广东省云浮市云安区检察院诉杨某显等人污染环境罪刑事附带民事公益诉讼系列案中,关于倾倒废弃石渣导致的土地板结等生态损害问题,评估机构采用了虚拟治理成本法进行计算。生态环境的损害价值(元)$=Q\times A\times K$。其中,Q 为查明的犯罪嫌疑人污染倾倒量(单位:立方米或吨);A 为污染物送当地有资质处理的公司的处理单价(单位:元/立方米或元/吨,与 Q 对应);K 为所倾倒地块环境敏感系数(系数选择应结合国土、环保等部门确定的倾倒的土壤环境功能区类比,并参照《关于生态环境损害鉴定评估虚拟治理成办法运用有关问题的复函》中有关说明问题确定)。

第二,河道输水能力下降,改变边界条件。由于无序挖沙活动影响,使河床下切,输水过程中加大了河床渗水量,使得河道输水能力严重下降。由于流速改变,在河网区各河段分流比随之改变,因此原沿河建设的水文观测设施边界发生改变,其观测结果受人为破坏影响,使得多年积累的水文系列资料不能自然连续,影响洪水预报的准确性,影响防洪工作。

第三,恶化水质,影响水生态环境。河砂在机械化作业过程中,部分油污被排到河水中,造成水质污染,恶化水质,破坏生态环境。并且由于采砂过程中未采取任何生态环境防护措施,采砂河段的生态平衡受到破坏,河道内水生植物、浮游生物、鱼类等动植物均可能受到较大程度的影响。

因此,对于这一类损害生态环境的行为,同样也应当追究其生态环境损害赔偿责任。但是这一类案件在办理过程中,面临的最大难题是生态环境修复费用难以确定。

采用既有的方法评估生态环境损害修复费用,需要建立非常复杂的模型,评估鉴定时间耗费时日,但诉讼时效有限;另外,采用既有评估方法鉴定费用高昂,诉讼获取的生态损害环境赔偿费用远不足以覆盖鉴定费用,采用既有方法不符合收益成本比。现有评估方法的局限性也容易导致案件办理陷入僵局。

五、价值替代法

(一)“价值替代法”的基本原理

价值替代法是一套用于评估非法盗采河砂破坏生态环境的评价模型。这一方法将模型中难以用价值评价的方面转化成可以用具体金额表达,使得追偿数额得以具体化。

按照《总纲》中对“生态环境损害鉴定评估”的定义,鉴定评估工作要评估污染环境或破坏生态行为所致生态环境损害的范围和程度,确定生态环境恢复至基线并补偿期间损害的恢复措施,量化生态环境损害数额。按照恢复目标和阶段不同,生态环境恢复可分为基本恢复、补偿性恢复和补充性恢复。价值替代法计算的是采取必要、合理的措施将非法盗采河砂破坏生态环境恢复至基线时所需的费用。

非法盗采河砂这类行为引起河床下切、加大河床渗水量,影响河道输水能力,改变河流流速和河网分布,导致河岸、堤防出现吊脚现象,造成边坡不稳,影响防洪安全，并对相应河段的河床底质和水质造成严重破坏，从而遭致生物多样性的下降，破坏相应河段的生态平衡。非法盗采河砂破坏生态环境恢复至基线理想状态下应当包括对河堤受损、生物多样性下降、河床下沉等一系列损害类型的恢复，通过逐一对这些损害进行评价，综合出一个可表达的数额。

但基于现实条件和现阶段科学技术水平的限制，如非法盗采河砂前、案发时、检察院办理案件时等时间节点有关水文情况，水生动植物种类、数量等统计数据的缺失，暂时无法量化所有损失。为了顺利推进案件办理，率先考虑将受损河道实施实质基础性修复的评估计算。按照"抽多少砂，填回多少砂"作为基本思路，用抽出的河砂进行回填的方式进行基础性修复。暂时搁置对抽取河砂后对生物多样性等难以评价的损害情况的评估。

尽管非法盗采的河砂可以通过自然河流修复来恢复至基线水平，但一般时间较长，在此期间生物多样性损害将长期存在。用被开采河砂回填至原处的方式进行价值评价，并将之作为非法采集河砂导致生态环境最基本损害的价值，是科学性与可操作性的集合。在郁南县人民检察院办理的非法盗采河砂系列案中，该评估方法得以推广适用。经实践检验，这一评估方法具有可执行性，同时社会效果较好，当事人也很少提出异议。

（二）"价值替代法"在个案中的运用

郁南县位于广东省西部，沿西江而建，河砂资源丰富。近年来，随着城市的扩张，河砂作为重要的建材，价格逐年攀升。非法采砂违法成本低、利润高，也催生了不法分子铤而走险，非法盗采河砂案件在郁南县高频发生。2018 年郁南县人民检察院针对非法盗取河砂公益诉讼展开专项行动，办理了一批非法盗采河砂公益诉讼案件。在案件办理过程中，如何认定非法盗采河砂所致的生态环境修复费成为案件办理的核心突破口。此处以彭某贺等人非法盗采河砂案为例阐释"价值替代法"在生态环境损害修复费中的评估适用。

在彭某贺等人非法盗采河砂案中，被告人于 2017 年 10 月至 2018 年 9 月，陆续在郁南县都城镇古丰村委千埇村对出的西江河段非法盗采河砂，造成流域生态环境破坏。经专家评估，损害后果包括两大类：第一类是破坏生物多样性。开采河砂对河床底部环境造成明显扰动，改变了生物原有的栖息环境，导致底栖生物资源损失。河砂开采过程中，除少量活动能力较强的底栖动物得以幸免外，被开采区域大部分底栖种类将随河砂一并抽走并死亡。开采过程中产生的悬浮泥沙,对局部流域水质造成影响,同样也会对流域内的浮游生物造成负面影响。另外,从水生生态系统的视角观察,河砂开采导致局部河砂悬浮物增加,水体透明度下降,从而使溶解氧降低,对水生生物产生诸多负面影响。比如,削弱了水体的真光层厚度,对浮游植物的光合作用产生不利影响,进而妨碍浮游植物的细胞分裂和生长,降低单位水体内浮游植物数量,导致局部水域内初级生产力水平降低,浮游生物量降低。以此为食的上一级生态链生物拥有的食物量相应减少,因为诱饵贫乏也将导致资源量降低。再如,河砂开采过程中对部分游泳生物带来显著影响,如悬浮物黏附动物身体表面干扰动物感觉功能,有的甚至黏附可引起动物表皮组织溃烂、悬浮物阻塞鱼类鳃组织引发呼气困难等。第二类是开采本身导致河床下切,入渗加剧,易引发河堤坍塌、河道输水能力下降等问题。

在前述损害定性的基础上,如何量化生态环境损害价值?本案与其他非法排污案件有比较大的差异。不同表现为案件在盗采国家矿产资源的同时,对生态环境造成了损害。按照既有的评估方法,生态环境受到破坏应以"恢复原状"作为修复目标。本案对于生态环境损害价值量化分为三部分:第一部分是对因非法开采河砂行为导致的生物破坏所进行的价值量化;第二部分是对被开挖盗采的河砂重新回填至原处的价值量化;第三部分为非法盗采河砂处理所致环境损害量化。

本案在具体计算损害过程中,面临数据缺失的问题,导致非法开采河砂行为造成的生物破坏价值量难以量化。比如,在计算非法盗采河砂对底栖生物所造成的影响时,由于非法开采期间未进行相应的现状检测与生态观测,难以获取开采区域底栖动物资源密度等相关数据,且不掌握河砂开采的面积,暂时无法估算底栖生物损失量。在计算非法盗采对浮游生物的影响时,由于浮游生物暂无经济价值衡量标准,且非法开采期间未进行相应的现状检测与生态观测,这部分损害也难以量化。另外,考虑到河砂开采对浮游生物的影响属于短期影响,随着开采作业结束,水质逐渐恢复,生物会重新植入,浮游生物和游泳生物群将重新建立,并有可能在较快时间内恢复到与周围流域基本一致的水平,因此,非法盗采河砂对浮游生物所造成的损害暂不计算。

对于被开挖盗采河砂重新回填至原处的价值量化,本案中非法盗采河砂数量共计 2131 立方米。在不考虑开采河砂对河流底部环境扰动和自然恢复的情况下,非法采集河砂的河床上将形成 2131 立方米的盗采深坑。基于河床的特殊性，尽管盗采深坑可以通过自然河流实现恢复，但所需时间较长，在此期间生态损失仍然存在。这一部分的损失可通过计算被开挖盗采的河砂重新回填至原处的价值，作为非法开采河砂所导致的生态环境损害价值。计算重新回填河砂至采砂点的费用，应将购置河砂的价格、运输及填入开挖河床的工时费用计算在内。重新回填时应考虑河砂在现阶段的单价。本案中，河砂选用价格为100元/立方米，运输费用为20元/吨，回填费用暂不单独计算，故每填入河砂1立方米综合单价按照120元进行计算。被告人在2017年10月至2018年9月共偷采河砂2131立方米。为此计算河道生态环境损失费为2131立方米×120元，共计255，720元。

针对第三部分非法盗采河砂处理所致环境损害量化问题，由于本案中河砂最终的处理方法不详，专家鉴定暂未将这部分损害费用计算在内，具有保有一定的开放性。本案专家咨询意见书也强调，因为非法采砂行为所造成的生态环境损失具有长期性与缓慢性特征，采用这一方法所测算的生态环境损害价值并不代表该行为所造成的全部损害。不排除未来可收集更多的科学数据继续追偿生态环境损害的可能性。

采用这一计算方法所得的生态环境损害赔偿费，最终全部获得法院判决支持。

（三）"价值替代法"的推广

郁南县人民检察院在办理非法盗采河砂系列案中探索的生态环境损害赔偿费计算方法，发挥了办案实际需求对技术的验证与引领作用，是办案思维与科学思维的碰撞，该方法也逐渐在国内其他地区获得推广与运用。

最为典型的一例即为2020年判决的林某泉等16人涉黑刑事附带民事公益诉讼案。被告人林某泉涉嫌组织、领导黑社会性质组织罪，寻衅滋事罪，聚众斗殴罪，行贿罪，串通投标罪，非法采矿罪，组织卖淫罪，非法收购珍贵、濒危野生动物制品罪[1]等被佛山市顺德区人民检察院提起公诉。其中，20世纪90年代开始，林某泉通过在佛山市三水区经营渔港、夜总会、洗涤用品厂，积累经济实力，并招揽社会闲散人员，实施违法犯罪活动。2000年开始，该组织在北江干流三水河段大肆非法开采河砂。自2009年起，该组织与陈某辉（另案处理）黑

---

〔1〕 本罪名已被2021年《罪名补充规定（七）》取消。

社会性质组织、张某华(另案处理)团伙勾结,在北江干流清远河段大肆非法开采河砂,共同非法获利超10亿元。林某泉等9人共同实施非法开采河砂的侵权行为,对当地的生态环境造成严重破坏。本案中专家对生态环境损害赔偿的计算便采用了“价值替代法”,经过鉴定,计算出本案的生态环境修复费用达29.6亿余元。检察机关据此依法提起刑事附带民事公益诉讼请求。经审理,法院全部支持检察机关的诉讼请求,判决林某泉等人连带赔偿生态环境修复费用29.6亿余元。

第五章　行政公益诉讼典型案例述评

一、地方人民政府负有土壤修复的法定职责：郁南县某镇人民政府怠于履行法定职责案

【关键词】

行政公益诉讼　诉前程序　不完全履行法定职责　土壤污染

【要旨】

地方人民政府对土壤污染防治负有监督管理责任；造成土壤污染的单位或个人应承担治理与修复的主体责任；责任主体发生变更的，由变更后继承其债权、债务的单位或个人承担相关责任；土地使用权依法转让的，由土地使用权受让人或双方约定的责任人承担相关责任；责任主体灭失或责任主体不明确的，被污染土壤所在地的地方人民政府依法承担相关责任。

【基本案情】

郁南县人民检察院在履行职责中发现，郁南县某公司在没有取得环评审批、验收等手续的情况下，非法从事火炼铝业务，主要产生的污染物为废水、熔炼废气、粉尘、炉渣，清洗废水直接排入约 150 立方米的坑塘沉淀后通过排水渠排入下游水塘，该水塘未硬底化，存在利用渗坑排放水污染物的问题；此外该公司将生产期间产生的固体废物在厂内随意堆放、甚至倾倒到邻县辖区。云浮市生态环境局郁南县分局于 2018 年 6 月 13 日对该公司作出了四项行政处罚决定。事后，堆放在厂区以及外运的固体废弃物被清理完毕，但被污染的地块仍未修复。

【检察机关办案情况】

郁南县人民检察院接到上级人民检察院反馈线索，发现某镇人民政府在某公司非法排污及随意堆放固体废物一案中存在履职不到位的情形，国家利益和社会公共利益处于受损状态。

2019年9月24日，郁南县人民检察院向某镇人民政府发出检察建议书。《土壤污染防治法》（2018年）第5条第1款规定："地方各级人民政府应当对本行政区域土壤污染防治和安全利用负责。"第45条第2款规定："地方人民政府及其有关部门可以根据实际情况组织实施土壤污染风险管控和修复。"第68条规定："土地使用权已经被地方人民政府收回，土壤污染责任人为原土地使用权人的，由地方人民政府组织实施土壤污染风险管控和修复。"根据上述规定，某镇人民政府依法对被某公司污染的地块负有平整修复的职责。某镇人民政府虽对某公司随意堆放及外运的固体废弃物进行了清理，但没有对被污染的地块进行修复，国家利益和社会公共利益仍处于受侵害的状态。因此，建议某镇人民政府"对被污染的地块进行及时修复，恢复到被污染前的状态，以维护公共利益不受侵害。"

2019年11月12日，某镇人民政府函复人民检察院，称收到检察建议后积极开展该地块的土壤修复工作，具体措施如下：第一，为积极做好该地块固废清理后的后续处置和现场保护工作，防止该地块受到二次污染或影响周边村庄的正常生产生活，某镇人民政府关闭了该地块的厂区，并安排了某镇人民政府、村委工作人员进行定期巡查。第二，目前已完成土壤修复项目的招投标工作。为确保土壤调查方案科学合理，以及项目资金使用规范合法，某镇人民政府经过公开询价后发布了采购公告，对4家参与竞争的检验检测公司从资质、方案、报价等多方面综合评议，确定广东华清检测技术有限公司作为该地块土壤调查项目的技术服务商，并与该公司签订了技术服务合同。至函复检察院时，该公司已完成涉案地块的土壤表层重金属污染快速检测，以及土壤和地下水钻探采样，目前正进行历史状况调研，预计12月上旬形成土壤初步调查报告。第三，某镇人民政府将继续与生态环境部门和土壤调查公司沟通，在确保工作质量的前提下，加快工作进度，尽快形成调查报告提交专家评审，确定土壤修复方案。

【典型意义】

本案是土壤污染领域行政公益诉讼的有益探索。生态环境和资源保护领域是行政公益诉讼的重点领域，其中水资源、森林资源、土地资源又是重中之重。《国务院关于印发土壤污染防治行动计划的通知》（国发〔2016〕31号）指出："鼓励依法对污染土壤等环境违法行为提起公益诉讼。开展检察机关提起公益诉讼改革试点的地区，检察机关可以以公益诉讼人的身份，对污染土壤等损害社会公共利益的行为提起民事公益诉讼；也可以对负有土壤污染防治职责的行政机关，因违法行使职权或者不作为造成国家和社会公共利益受到侵害的行为提起行政公益诉讼。地方各级人民政府和有关部门应当积极配合司法机关的相关案件办理工作和检察机关的监督工作。”检察机关通过办案督促清理固体废物、治理被污染的土壤资源，推进土壤污染和修复问题得以妥善解决。

【案件评析】

1. 违法经营的企业应受行政处罚

某镇人民政府在答复检察院的复函中告知，“为防止该地块受到二次污染或影响周边村庄的正常生产生活，镇政府关闭了该地块的厂区。”责令关闭厂区的行为属于行政处罚。行政处罚应遵守处罚法定原则，《行政处罚法》（2017 年第二次修正）[1]第 3 条规定：“公民、法人或者其他组织违反行政管理秩序的行为，应当给予行政处罚的，依照本法由法律、法规或者规章规定，并由行政机关依照本法规定的程序实施。没有法定依据或者不遵守法定程序的，行政处罚无效。”《环境保护法》（2014 年修订）第 60 条规定：“企业事业单位和其他生产经营者超过污染物排放标准或者超过重点污染物排放总量控制指标排放污染物的，县级以上人民政府环境保护主管部门可以责令其采取限制生产、停产整治等措施；情节严重的，报经有批准权的人民政府批准，责令停业、关闭。”本案中，针对企业排放污染物、堆放废弃物的违法行为，生态环境部门已依法作出《行政处罚决定书》，责令该企业停产停业并予以罚款。

2. 地方人民政府对土壤修复负有的法定职责

本案争议的焦点之一是涉案地块土壤修复的法定责任主体，对此存在四种观点：第一种观点认为镇人民政府负有法定职责；第二种观点认为县级人民政府负有法定职责；第三种观点认为县级人民政府生态环境部门负有法定职责；第四种观点认为镇人民政府负有主要责任，县级人民政府生态环境主管部门负有次要责任。争议的焦点集中于镇人民政府是否有土壤修复的法定职责。

否定者认为，县级人民政府生态环境主管部门负有土壤修复的法定义务。理由如下：首先，县级以上地方人民政府对土壤污染防治负有管理责任。其次，县级人民政府及有关部门对土壤污染修复承担补充责任。再次，行政机关“组织”修复土壤的责任可以通过代履行实现。某公司拒不履行土壤修复责任的情

---

〔1〕《行政处罚法》于 2021 年 1 月 22 日第十三届全国人民代表大会常务委员会第二十五次会议修订。因本案发生在该法修订前，故仍适用修订前的法律。余同。

况下,行政机关可以依法进行行政处罚、代履行。最后,县级人民政府生态环境主管部门在土壤修复中负有主要责任。

肯定者认为,镇人民政府作为地方人民政府负有土壤污染修复的法定职责。本案中,人民检察院根据《土壤污染防治法》(2018 年)第 5 条、第 45 条和第 68 条的相关规定,认定某镇人民政府负有土壤修复的法定职责。《土壤污染防治法》(2018 年)第 5 条第 1 款规定:"地方各级人民政府应当对本行政区域土壤污染防治和安全利用负责。"第 45 条第 2 款规定:"地方人民政府及其有关部门可以根据实际情况组织实施土壤污染风险管控和修复。"第 68 条规定:"土地使用权已经被地方人民政府收回,土壤污染责任人为原土地使用权人的,由地方人民政府组织实施土壤污染风险管控和修复。"某镇人民政府为地方人民政府,涉案地块的土地使用权已经被某镇人民政府收回;因此某镇人民政府是土壤污染后的修复主体。本案检察意见最终采纳了肯定性意见,认定某镇人民政府是法定的责任主体。

3. 加强检察公益诉讼"回头看"工作

促进检察公益诉讼提质增效,检察院应充分重视并定期开展"回头看"工作。检察公益诉讼对于督促行政机关依法履职具有重要作用,但具体案件中,也存在个别行政机关在检察建议制发当时整改、事后又恢复原样的问题。2019 年"最高人民检察院组织开展为期三个月的公益诉讼'回头看'专项活动,对 2018 年办理的 10 万余件诉前检察建议持续落实情况进行评查,重点排查是否存在虚假整改、事后反弹回潮及检察建议制发不规范等问题,切实做好'后半篇文章'。"[1]本案中,某镇人民政府于 2019 年 11 月 12 日复函人民检察院时,确实采取了相关措施积极进行土壤修复。但该项工作并非能在两个月内完成;土壤修复完成后,还应进行治理与修复效果评估并出具评估报告。[2] 因土壤修复

---

〔1〕 张军:《最高人民检察院关于开展公益诉讼检察工作情况的报告》,载全国人大网,http://www.npc.gov.cn/npc/c30834/201910/936842f8649a4f088a1bf6709479580e.shtml,2021 年 5 月 21 日访问。

〔2〕 《污染地块土壤环境管理办法》(试行)第 26 条【治理与修复效果评估】规定:"治理与修复工程完工后,土地使用权人应当委托第三方机构按照国家有关环境标准和技术规范,开展治理与修复效果评估,编制治理与修复效果评估报告,及时上传污染地块信息系统,并通过其网站等便于公众知晓的方式公开,公开时间不得少于两个月。治理与修复效果评估报告应当包括治理与修复工程概况、环境保护措施落实情况、治理与修复效果监测结果、评估结论及后续监测建议等内容。"

经验缺失、开展项目采购的流程缓慢、财政资金紧张以及修复流程漫长等客观原因,该地块现仍处于修复当中。对于土壤修复的后续情况,某镇人民政府应主动函复人民检察院;检察院应对案件进展情况加强督促,促使公共利益切实得到维护。

二、林业主管部门负有更新造林的法定职责:新兴县林业局怠于履行法定职责案

【关键词】

行政公益诉讼 诉前程序 怠于履行法定职责 森林资源保护

【要旨】

林业主管部门对森林资源的保护、利用和更新,负有管理和监督的法定职责。发生森林火灾导致森林资源损毁的,林业主管部门应责令经营者及时采取更新造林措施,恢复火烧迹地森林植被,由火灾肇事者承担相关费用;经营者或者火灾肇事者无力承担更新造林任务或者费用的,由行政机关负责采取更新造林措施,恢复火烧迹地森林植被。

【基本案情】

2018年4月4日,梁某在新兴县某村“屋背山”进行扫墓祭祖时导致森林火灾。经新兴县林业调查规划设计队对涉案现场进行鉴定:火烧林地类别是公益林(水源涵养林),树种是湿地松、马占相思和竹;火场总面积1088亩,受害森林面积(有林地面积)825亩;立木蓄积量1990立方米。新兴县人民法院于2018年7月6日作出刑事判决,判决梁某犯失火罪,判处有期徒刑一年,缓刑一年,判决已生效。

梁某失火造成森林资源损毁,承包人吴某民向新兴县人民法院提起刑事附带民事诉讼,认为其承包的林地过火面积462亩,要求赔偿各项经济损失。经新兴县人民法院主持调解,梁某与吴某民达成协议,由梁某一次性赔偿吴某民52,000元。新兴县人民法院于2018年7月5日作出刑事附带民事调解书,对双方达成的赔偿协议予以确认。赔偿款项于2018年7月5日履行完毕。其余涉案林地经营者没有提起诉讼。

2019年3月4日,新兴县人民检察院到涉案现场进行勘查,发现被烧过的林地仍留有大量火烧的痕迹,涉案林地呈现枯黄颜色,林地上被烧焦烧死的林木依然伫立在山上,没有进行清理,林地原有植被不复存在。案发后至检察院

调查时,被烧毁的林地未得到补种复绿、恢复原状。

被烧毁的林地属于公益林(水源涵养林),公益林具有创造优良生态环境的作用。本案中梁某的犯罪行为破坏了林业生态,损害了社会公共利益,其已受到刑事处罚,并赔偿受害人吴某民 52,000 元。但受损害的林业生态并没有得到恢复,社会公共利益持续处于受损害状态。

【检察机关办案情况】

新兴县人民检察院公诉部门在办理刑事案件过程中发现该案存在社会公共利益受损的情况,将案件线索和有关材料及时移送公益诉讼案件办理部门。公益诉讼部门经过调查核实,认为确实存在林地尚未恢复、国家和社会公共利益受损的情形。2019 年 3 月 12 日,新兴县人民检察院向新兴县林业局发出检察建议书,认为“梁某的犯罪行为破坏了林业生态环境和资源,损害了社会公共利益,林业局对本辖区的森林资源有管理和监督的职责。由于林业局怠于履行法定职责,社会公共利益仍然受到侵害。”建议林业局“采取有效措施,履行被毁林地生态修复工作的监督、管理法定职责”,并要求该局“在收到检察建议后两个月内依法履行职责,并将处理结果书面回复本院”。

2019 年 5 月 10 日,新兴县林业局复函检察院,检察建议整改情况如下:1. 书面责令林地经营单位和个人采取更新造林措施,恢复森林植被。2. 完成造林作业设计。委托造林设计单位对火烧迹地进行调查及造林作业设计,除天然更新良好及经营个人要求种植纯松树木的位置外,列入项目造林面积 924 亩,按加强防火功能及提高生态效益的原则,设计种植荷木、山杜英、红锥、格木等乡土阔叶树种,已于 3 月完成了作业设计。3. 通过招投标确定造林单位。林业局已委托招标代理进行招标,计划于 2019 年 5 月底前可确定施工单位。之后,林业局将督促施工单位和吴某民抓紧备耕造林,力争在 8 月前完成造林作业。

至检察院收到前述复函时,被火烧的迹地尚未完全恢复,检察机关持续跟进案件处理结果,对行政机关纠正违法行为或者依法履行职责情况,以及社会公共利益受到侵害的情况跟进调查;及时就有关情况与行政机关进行沟通,听取处理意见和案件后续进展。检察建议书发出五个月后,2019 年 10 月 9 日,新兴县林业局再次函复检察院,告知案件所涉林地恢复情况如下:第一,集体单位计划种植生态型的乡土阔叶树,吴某民计划自己种植连片纯松林;第二,对无力承担更新造林任务及费用的纯集体林权单位,由林业局规划实施更新造林。该局委托造林设计单位对火烧迹地进行调查及造林作业设计,除天然更新良好的林地外均列入项目造林，面积 924 亩。按加强防火功能及提高生态效益的原则，设计种植荷木、山杜英、红锥、格木等乡土阔叶树种。2019 年 9 月前对 924 亩的火烧迹地进行更新造林，恢复了被毁林地的林业生态。该案通过诉前检察建议取得了实质效果。

【典型意义】

本案具有以下三个方面的典型意义：

首先，检察机关部门协作是公益诉讼案件重要的线索来源。检察机关各业务部门在履行职责中，发现生态环境和资源保护、食品药品安全、国有财产保护、国有土地使用权出让等领域负有监管职责的行政机关违法行使职权或者不作为，致使国家利益或者社会公共利益受到侵害，应当将案件线索及有关材料及时移送公益诉讼案件办理部门。本案线索即是新兴县人民检察院在办理刑事案件过程中，发现生态公益受损的情况，为行政公益诉讼提供了具有重要价值的线索来源。

其次，行政机关的不作为导致社会公共利益受损。在资源保护行政公益诉讼领域，只有破坏资源造成国家利益或者社会公共利益受到侵害，才可以纳入行政公益诉讼的案件范围。破坏资源的后果可以分为三类：第一，破坏国家资源，侵害国家利益。第二，破坏生态，侵害社会公共利益。破坏生态主要包括水土流失、土地荒漠化、土地盐碱化、生物多样性减少等。第三，侵害其他国家利益和社会公共利益。本案中存在破坏生态、侵害社会公共利益交叉的情形。本案中受到损害的社会公共利益包括两个方面：一是林地损害。《土地管理法》(2004 年修正)第 8 条规定："城市市区的土地属于国家所有。农村和城市郊区的土地，除由法律规定属于国家所有的以外，属于农民集体所有；宅基地和自留地、自留山，属于农民集体所有。"涉案林地属集体所有，林木和林地是依附关系，林木被烧毁导致林地同时受损，作为公共利益的集体利益受到损害。二是生态损害。本案中被毁的林木属于公益林中的水源涵养林，具有涵养水源、改善水文状况、调节区域水分循环、防止河流、湖泊、水库淤塞的作用。《森林法》(2009 年第二次修正)[1] 第 4 条第 1 项规定："森林分为以下五类：(一)防护林：以防护为主要目的的森林、林木和灌木丛，包括水源涵养林，水土保持林，防

〔1〕《森林法》于 2019 年 12 月 28 日第十三届全国人民代表大会常务委员会第十五次会议修订。因本案发生在该法修订前，故仍适用修订前的法律。余同。

风固沙林,农田、牧场防护林,护岸林,护路林;”《广东省生态公益林建设管理和效益补偿办法》(广东省人民政府令第48号)第2条规定:“本办法所称生态公益林,是指为人类生存、生活和社会经济持续稳定发展,创造优良生态环境为目的的森林。具体包括:防护林——水源涵养林、水土保持林、防风固沙林、红树林、农田防护林……”此外,破坏林地本身会导致土壤荒漠化,加剧水土流失。本案中火场面积1088亩,受害森林面积825亩,均属于水源涵养林。如不能及时恢复森林植被,必然导致当地的水资源受到影响。

最后,检察机关在公益诉讼中应贯彻“持续跟进监督”的理念。“公益诉讼问题复杂、牵涉面广,有的旷日持久,有的是发展中的问题,有效解决往往没那么简单,持续跟进监督是必要的。”[1]本案中正是由于林业局起初的不作为导致错过最恰当的复种时间,林业局在收到检察建议后积极采取了整改措施,但在第一次函复检察院时,涉案林地并没有完成复种。此后,检察院积极跟进案件进展,与林业局加强沟通和协调,督促林业局在2019年9底前完成复种。2019年10月18日,检察院派员和新兴县林业局工作人员一起到复绿现场进行跟进调查,现场调查发现补植复绿情况如新兴县林业局对检察建议的回复所示,失火林地上已重新挖坑种植上树苗,树苗主要品种有荷木、山杜英、红锥、格木、湿地松,树苗生长情况良好,受损生态环境初步恢复。

【案件评析】

1. 行政机关的法定职责

首先,林业主管部门对本行政区域内森林资源的保护、利用、更新负有管理和监督的法定职责。行政公益诉讼的前提是行政机关具有法定职责,“行政机关的职责、职权分布存在以下三种类型:一是仅通过法律法规赋予了鼓励性、模糊性管理职责,行政机关只能作出巡查、行政指导等‘非正式行政行为’;二是通过法律法规赋予了明确的监管职责,同时配备了做出行政处罚、行政强制等职权;三是同时存在管理职责、监管职责。具体到个案中,属于第三种情况的,只要行政机关未充分全面地履行一类职责,有效行使相应职权,即可认为行政机

---

[1] 张军:《最高人民检察院关于开展公益诉讼检察工作情况的报告》,载全国人大网,http://www.npc.gov.cn/npc/c30834/201910/936842f8649a4f088a1bf6709479580e.shtml,2021年5月21日访问。

关未充分履行法定职责。"[1]本案中林业主管部门的法定职责来源《森林法》(2009年第二次修正),第10条规定:"国务院林业主管部门主管全国林业工作。县级以上地方人民政府林业主管部门,主管本地区的林业工作。乡级人民政府设专职或者兼职人员负责林业工作。"第13条规定:"各级林业主管部门依照本法规定,对森林资源的保护、利用、更新,实行管理和监督。"

其次,森林资源被损毁的,林业主管部门负有责令经营者采取更新造林措施,恢复火烧迹地森林植被的法定职责。《广东省森林防火条例》(2017年)第41条规定:"森林火灾发生后,森林、林木、林地的经营单位和个人应当及时采取更新造林措施,恢复火烧迹地森林植被,火灾肇事单位或者个人应当承担相关费用;起火原因不明的,由森林、林木、林地的经营单位和个人承担相关费用……"根据该条规定,森林火灾发生后,森林、林木、林地的经营单位和个人负有恢复森林植被的义务;火灾肇事者应承担相关费用;林业主管部门负有督促的义务。也就是说,林业主管部门不必亲自采取更新造林措施,但应当督促经营者及时恢复森林植被。

再次,经营者或火灾肇事者无力承担更新造林任务或者费用的,林业主管部门负有采取更新造林措施,恢复火烧迹地森林植被的法定职责。《广东省森林防火条例》(2017年)第41条规定:"……森林、林木、林地的经营单位或者个人、火灾肇事单位或者个人无力承担更新造林任务或者费用的,由火灾发生地的县级人民政府负责采取更新造林措施,恢复火烧迹地森林植被。"根据上述规定,在相关义务人无法完成更新造林任务的情况下,基于公共利益的需要,不能放任森林资源持续遭到破坏,行政机关负有自行采取措施更新造林的法定义务。《广东省森林防火条例》(2017年)第41条中规定"火灾发生地的县级人民政府负责采取更新造林措施",具体承担更新造林义务的主体是"县级人民政府"还是"林业主管部门"呢?《检察机关行政公益诉讼案件办案指南(试行)》指出:"行政机关的法定职责、权限和法律依据,包括该行政机关的职权范围,除法律、法规、规章确定的法定职责外,还应当参考地方政府制定发布的权力清单和涉及行政机关职权、机构设置的文件等。"根据《森林法》对林业主管部门职责的规定,结合《关于印发新兴县林业局机构编制方案的通知》(新机编办〔2015〕

---

〔1〕 陈德敏、谢忠洲:《论行政公益诉讼中"不履行法定职责"之认定》,载《湖南师范大学社会科学学报》2020年第1期。

6号)第2点第3项规定,新兴县林业局承担森林资源保护发展监督管理工作。因此《广东省森林防火条例》所规定的县级人民政府应包括人民政府及其主管部门,本案中新兴县林业局负有更新造林义务。

最后,林业主管部门自行“采取更新造林措施”的义务实际是一种代履行义务。《行政强制法》(2011年)第50条规定:“行政机关依法作出要求当事人履行排除妨碍、恢复原状等义务的行政决定,当事人逾期不履行,经催告仍不履行,其后果已经或者将危害交通安全、造成环境污染或者破坏自然资源的,行政机关可以代履行,或者委托没有利害关系的第三人代履行。”根据该条规定,代履行的主体可以是行政机关,也可以是第三人;代履行针对的是作为义务并且是可替代义务。《森林法》在2019年修订时增加了行政机关的代履行义务,第81条规定:“违反本法规定,有下列情形之一的,由县级以上人民政府林业主管部门依法组织代为履行,代为履行所需费用由违法者承担:(一)拒不恢复植被和林业生产条件,或者恢复植被和林业生产条件不符合国家有关规定;(二)拒不补种树木,或者补种不符合国家有关规定。恢复植被和林业生产条件、树木补种的标准,由省级以上人民政府林业主管部门制定。”本案发生时,《森林法》尚未修改,没有对行政机关的代履行义务和费用承担作出明确的规定。虽然根据《广东省森林防火条例》的规定林业主管部门具有“采取更新造林措施”的法定职责,但该条例并没有明确这种措施实际属于代履行行为,也没有规定费用承担问题,故本案中没有要求违法者承担代履行的费用。

2. 行政机关“不依法履行法定职责”的判断

判断行政机关是否履行了法定职责,应结合“履行职责的主体要件、行为要件、结果要件和时限要件等四类要件加以判断”[1]。云南省剑川县人民检察院诉剑川县森林公安局怠于履行法定职责环境行政公益诉讼案[2]中,裁判要点认为“环境行政公益诉讼中,人民法院应当以相对人的违法行为是否得到有效制止,行政机关是否充分、及时、有效采取法定监管措施,以及国家利益或者社会公共利益是否得到有效保护,作为审查行政机关是否履行法定职责的标准。”本案中,新兴县林业局负有法定职责的法律依据充分;林业局是否全面、充分履

[1] 陈德敏、谢忠洲:《论行政公益诉讼中“不履行法定职责”之认定》,载《湖南师范大学社会科学学报》2020年第1期。

[2] 《最高人民法院关于发布第24批指导性案例的通知》(法〔2019〕297号)中指导案例137号。

行了法定职责应分两个阶段判断：

在人民检察院发出检察建议前，林业局不履行法定职责的事实清楚。《检察机关行政公益诉讼案件办案指南（试行）》指出，行政机关不依法履职的事实是指"不作为的过程、方式和状态，包括行政机关违法行使职权的具体环节和方式；违法行使职权的原因、手段、后果及持续性；""行政机关不作为的起始时间、持续时间、具体方式及履职可能等。"本案因梁某的失火行为导致公共利益受损，在刑事案件结案前，林业局即应积极采取应对措施，为恢复森林资源做准备。2018 年 7 月 6 日梁某被判处失火罪，基于刑事判决所查清的事实，林业局在判决生效后应及时督促相关人员恢复更新造林或自行采取措施更新造林。至 2019 年 3 月 4 日新兴县人民检察院到涉案现场进行勘查和 2019 年 3 月 12 日发出检察建议时止，林业局并未采取有效措施为林木复种做准备。众所周知，春季是造林的最合适季节。涉案地块于 2018 年 4 月 4 日被烧毁，林业局有足够的时间为复种做准备，督促经营者恢复森林植被，或采取其他措施复种树木。但从本案客观结果来看，林业局并没有积极作为，其不履行法定职责的行为导致公共利益处于受损的状态。

在人民检察院发出检察建议后，林业局积极纠错、履行了法定职责。《最高人民法院、最高人民检察院关于检察公益诉讼案件适用法律若干问题的解释》（法释〔2018〕6 号）第 21 条第 2 款规定："行政机关应当在收到检察建议书之日起两个月内依法履行职责，并书面回复人民检察院。出现国家利益或者社会公共利益损害继续扩大等紧急情形的，行政机关应当在十五日内书面回复。"林业局收到检察建议后，积极采取整改措施，2019 年 5 月 10 日函复检察院时采取了以下措施：书面责令林地经营单位和个人采取更新造林措施、委托设计单位完成造林作业设计、通过招投标确定造林单位。从客观效果来看，林业局在两个月内向人民检察院作出回复，虽然此时被毁林地并没有恢复、森林植被没有补种，但林业局在收到检察建议后已采取措施为后续复种做准备。植树造林具有时间性和季节性要求，不能机械地要求林业局在两个月内完成复种任务，只要其积极采取措施就属于纠正违法行为、履行法定职责。此后，林业局积极采取措施于 2019 年 9 月底全面完成了更新造林种植，生态公共利益得以修复。

三、监督行政机关整改长期不作为问题：云浮市生态环境局新兴分局怠于履行法定职责案

【关键词】

行政公益诉讼　诉前程序　怠于履行法定职责　水资源保护

【要旨】

行政公益诉讼中检察机关与政府部门任务不同，双方、多方通过分工合作、共同实现维护公共利益的一致目标；检察机关在履职过程中依法发挥监督作用，通过公益诉讼解决行政机关长期不作为的积弊具有积极作用；公益诉讼不仅具有个案价值，也具有由点及面的客观效果，可以促进行政机关全面、深入履行法定职责。

【基本案情】

2018 年 9 月 27 日，新兴县人民检察院在推进公益诉讼、保护生态环境专项工作中，通过摸查发现大坞水库与岩头水库之间的引水渠旁有鱼塘投饵养殖，引水渠附近有养牛栏并放养牛群。

2019 年 5 月 14 日，新兴县人民检察院会同云浮市生态环境局新兴分局、新兴县供水工程管理处派出办案人员，共同到涉案现场再次查看，发现有 4 口鱼塘投饵养殖，塘水浑浊，投放鱼量密集，并见有生鱼正在争吃饲料。其中，最靠近大坞水库东北面水域引水渠边上的一口鱼塘设置有排水口，现场有墨绿色塘水满溢并经排水口流出，直接排到大坞水库与岩头水库之间的引水渠，汇入引水渠后流入大坞水库。引水渠边上有 4 个养牛栏，在水库岸边与鱼塘基边有大量牛脚印和牛粪。经检察院办案人员询问，养牛户阮某花称养牛场及 4 口鱼塘属于其与丈夫凌某新所有，已经在此耕作养殖近 30 年，现在养有 13 头母牛、13 头牛仔和 1 头公牛，共计 27 头牛；四口鱼塘出租给他人养鱼。

2019 年 5 月 15 日，新兴县供水工程管理处对设置排水口的鱼塘塘水进行检测，2019 年 5 月 22 日检测报告显示：鱼塘塘水的臭和味有很强腥味，耗氧量与氨氮严重超标。

2012 年 3 月 12 日，广东省人民政府作出《关于同意划定云浮市新兴县大坞水库岩头水库饮用水源保护区的批复》（粤府函〔2012〕66 号），同意划定大坞水库、岩头水库为饮用水源一级保护区，水质保护标准为Ⅱ类，水域保护范围为大坞水库和岩头水库正常水位线以下的全部水域面积，以及两水库之间引水渠全

部水域面积;陆域保护范围为两水库全部集雨范围。该批复同时要求严格落实水源保护和流域水环境综合治理的各项措施,彻底清理该保护区的违法建筑、排污设施和禽畜渔业养殖行为,确保水质达标。

大坞水库饮用水水源一级保护区内的养殖户在该水库被划定为保护区前已经存在。2012 年 3 月 12 日该地经广东省人民政府同意划定为水源保护区后,生态环境局新兴分局一直未依法对大坞水库饮用水水源一级保护区内存在的畜禽养殖场饲养牲畜、放养、鱼塘投饵养殖并排放污水污染水体的行为进行清理、整治,导致违法养殖对水体污染持续七年时间,社会公共利益一直受到侵害。

【检察机关办案情况】

新兴县人民检察院在履行公益诉讼监督职责过程中,围绕党和国家中心工作,紧盯损害公共利益的突出问题,依法履职、狠抓办案,专门针对生态环境和资源保护领域展开摸底排查,县检察院工作人员深入边远地区,对全县所有水源保护地逐一进行调查,初步发现大坞水库与岩头水库水源地被污染的案件线索。经过立案和调查,查清前述事实。

为督促生态环境局新兴分局依法履行职责,保护水源地生态环境,维护社会公共利益,2019 年 7 月 4 日新兴县人民检察院向生态环境局新兴分局发出检察建议书,提出如下检察建议:“依法履行法定监督管理职责,对新兴县大坞水库饮用水水源一级保护区内的养殖场饲养牲畜并放养、鱼塘投饵养殖并排放污水污染水体的行为进行清理、整治。同时,在新兴县大坞水库饮用水水源保护区内进行全面排查,消除饮用水水源遭受污染的隐患,保障人民群众饮用水安全。”建议书要求生态环境局新兴分局在收到检察建议后两个月内依法履行职责,书面回复该院。

2019 年 9 月 4 日,生态环境局新兴分局函复人民检察院。针对饮用水源保护区内的养殖问题,生态环境局新兴分局于 2019 年 5 月 17 日再次派人到现场进行检查,发现大坞水库饮用水源保护区内(车岗镇红星村委黄茅塘)存在 4 口鱼塘(共约 28 亩),鱼塘设置有塘道口,塘内有墨绿色塘水满溢至大坞水库与岩头水库之间的引水渠;在大坞水库饮用水源保护区内(车岗镇红星村委黄茅塘)存在 1 个养牛场(存栏 1 头公牛、5 头母牛、5 头牛犊)。针对该问题,生态环境局新兴分局向鱼塘承包人梁某旺、牛场主凌某新宣传关于饮用水源保护区及环保相关法律法规,责令塘主梁某旺不得再向塘内投料,限期清理鱼塘,清理后不得在饮用水源保护区内从事水产养殖；梁某旺承诺在该批鱼上市(2019 年 12 月 30 日前)后，此后不在饮用水源保护区从事水产养殖。责令牛场主凌某新限期清理牛只，不得在饮用水源保护区内从事畜禽养殖；凌某新正逐步采取措施减少牛只存栏数，承诺不在饮用水源保护区内从事畜禽养殖。

生态环境局新兴分局经联合新兴江整治办、东成镇政府、车岗镇政府、新城镇政府、新兴县畜牧局有关人员到大坞水库饮用水源保护区进行全面排查。发现大坞水库饮用水源保护区还存在以下问题：第一，大坞水库饮用水源保护区内的两条自然村为空心村，存在 6 名林场管理人员产生的生活污水和生活垃圾等生活面源污染问题。第二，饮用水源保护区的规范化建设未完善，标识牌缺乏，库坝区域水陆域交界边界缺乏隔离防护距离。针对前述问题，生态环境局新兴分局采取以下整改措施：第一，针对林场管理人员 6 人产生的生活污水，建成生活污水收集设施，对生活污水进行回收综合利用。至 2019 年 9 月 4 日已建成生活垃圾收集设施。第二，按照饮用水源保护区规范化建设要求，完善饮用水源保护相关标识牌，完成围蔽网建设。此外，生态环境局新兴分局对大坞水库饮用水源保护区编制了环境综合整治方案，按整治方案开展全面整治工作；加强对大坞水库饮用水源保护区以及其他饮用水源保护区的执法巡查，及时查处违法行为，消除饮用水源污染隐患。

【典型意义】

本案具有以下三个方面的典型意义：

首先，检察机关在办理公益诉讼案件过程中应树立“双赢多赢共赢”的理念。“公益诉讼特别是行政公益诉讼涉及政府履职，因有阻力、有担心，有畏难观望情绪，不少检察机关不仅不会，也不敢、不愿办案。检察机关与政府部门虽分工不同，但工作目标、追求效果完全一致，并非‘零和博弈’。公益诉讼检察的本质是助力依法行政，共同维护人民根本利益，把以人民为中心落到实处。”〔1〕行政检察公益诉讼通过督促履职达到维护国家利益和公共利益的最终目标。本案办理过程中，除新兴县人民检察院和生态环境局新兴分局外，先后有新兴县供水工程管理处、新兴江整治办、东成镇政府、车岗镇政府、新城镇政府、新兴

〔1〕 张军：《最高人民检察院关于开展公益诉讼检察工作情况的报告》，载全国人大网，http://www.npc.gov.cn/npc/c30834/201910/936842f8649a4f088a1bf6709479580e.shtml，2021 年 5 月 21 日访问。

县畜牧局等六家单位参与办案。本案通过公益诉讼诉前程序,检察机关对生态环境局新兴分局不履行法定职责的行为进行监督,采取检察机关、环境分局和其他主体多方合作的模式,基于不同的分工、通过多方合作共同实现维护公共利益的一致目标。

其次,公益诉讼对于解决行政机关长期不作为的积弊具有积极作用。2012年3月12日,大坞水库经广东省人民政府批准为饮用水水源一级保护区。根据检察院的调查结果,养殖户已经在此耕作养殖近30年,该地被划定为水源保护区后违法养殖持续七年时间。也就是说,生态环境局新兴分局长期存在不作为的问题。新兴县检察机关通过主动走访、逐一排查,发现本案线索。至检察院发现线索前,生态环境局新兴分局对大坞水库饮用水源地存在非法养殖的情况一无所知,可见该局长期不作为,导致社会公共利益持续受损。检察公益诉讼对于维护国家和社会公共利益发挥重要的助力作用。

最后,个案对于维护国家利益和社会公共利益起到由点及面的效果。本案因农户违法养殖而引起,检察机关在查清事实后,从保护水源的公益出发,不仅要求行政机关对相对人违法养殖的行为进行处理,同时要求生态环境局新兴分局在大坞水库饮用水水源保护区内进行全面排查,消除饮用水水源遭受污染的隐患,保障人民群众饮用水安全。通过个案促进生态环境局新兴分局全面、深入履行法定职责,维护生态环境和水资源保护。

【案件评析】

1. 行政机关的职责与法定依据

本案中生态环境局新兴分局的法定职责清晰、明确,行政机关长期怠于履行法定职责。

一方面,环境保护行政主管部门对资源保护和污染防治等环境保护工作负有监督管理的职责。《环境保护法》(2014年修订)第10条规定:"国务院环境保护主管部门,对全国环境保护工作实施统一监督管理;县级以上地方人民政府环境保护主管部门,对本行政区域环境保护工作实施统一监督管理。县级以上人民政府有关部门和军队环境保护部门,依照有关法律的规定对资源保护和污染防治等环境保护工作实施监督管理。"《广东省饮用水源水质保护条例》(2018年修正)第7条第1款规定:"县级以上人民政府环境保护行政主管部门对本行政区域内饮用水源水质保护工作实施统一监督管理。"新兴县人民政府办公室《关于印发新兴县环境保护局主要职责内设机构和人员编制规定的通知》(新府办〔2010〕131 号)主要职责第 6 项规定:“负责环境污染防治的监督管理。制定水体、大气、土壤、噪声、光、恶臭、固体废物、化学品、机动车等的污染防治管理制度并组织实施,会同有关部门监督管理饮用水水源地环境保护工作,组织指导城镇和农村的环境综合整治工作,会同有关部门开展强制性清洁生产审核工作,负责环境监察和环境保护行政稽查,组织实施排污申报登记、排污许可证、重点污染源环境保护信用管理制度等各项环境管理制度。”

另一方面,监督和管理的法定职责意味着行政相对人违法时行政机关应依法查处违法行为。《水污染防治法》(2017 年修正)第 65 条第 2 款规定:“禁止在饮用水水源一级保护区内从事网箱养殖、旅游、游泳、垂钓或者其他可能污染饮用水水体的活动。”《广东省环境保护条例》(2019 年修正)第 49 条第 2 款规定:“畜禽禁养区内不得从事畜禽养殖业。”第 51 条第 3 款规定:“畜禽养殖和水产养殖应当采取措施避免污染水体。禁止在饮用水水源一级保护区内放养畜禽和从事网箱养殖等可能污染饮用水水体的活动。”《广东省饮用水源水质保护条例》(2018 年修正)第 15 条中规定:“饮用水水源保护区内禁止下列行为:……(五)设置畜禽养殖场、养殖小区;”第 16 条中规定:“饮用水水源一级保护区内还禁止下列行为:……(三)向水体排放、倾倒污水;(四)放养畜禽和从事网箱养殖活动;(五)从事旅游、游泳、垂钓、洗涤和其他可能污染水源的活动;”《饮用水水源保护区污染防治管理规定》(2010 年修正)第 12 条中规定:“饮用水地表水源各级保护区及准保护区内必须分别遵守下列规定:一、一级保护区内……禁止从事种植、放养禽畜和网箱养殖活动;”第 19 条中规定:“饮用水地下水源各级保护区及准保护区内必须遵守下列规定:一、一级保护区内……禁止从事农牧业活动;”根据前述规定,相对人在水源保护区内从事禁止性行为的,行政机关应依法予以查处并作出处理。

2. 对行政相对人的养殖行为应否处罚

本案中养殖户已在大坞水库耕作养殖近 30 年,其行为可以 2012 年 3 月 12 日广东省人民政府《关于同意划定云浮市新兴县大坞水库岩头水库饮用水源保护区的批复》(粤府函〔2012〕66 号)为节点,分为两个阶段定性。养殖户 2012 年 3 月 12 日以前的行为不具有违法性。对相对人给予行政处罚应遵守处罚法定原则,《行政处罚法》第 3 条第 2 款规定:“没有法定依据或者不遵守法定程序的,行政处罚无效。”2012 年 3 月 12 省政府作出批复前,大坞水库地区并不属于饮用水水源保护区,并不禁止农户在此区域从事养殖活动。因此,对农户在批复之前的养殖行为不应处罚。

2012年3月12日大坞水库经广东省人民政府批准为饮用水水源一级保护区,养殖户2012年3月12日以后继续养殖的行为违法。对相对人的违法行为应如何处理?本案中涉及的处罚依据有以下四个规定:第一,《水污染防治法》(2017年修正)第91条第2款规定:"在饮用水水源一级保护区内从事网箱养殖或者组织进行旅游、垂钓或者其他可能污染饮用水水体的活动的,由县级以上地方人民政府环境保护主管部门责令停止违法行为,处二万元以上十万元以下的罚款。个人在饮用水水源一级保护区内游泳、垂钓或者从事其他可能污染饮用水水体的活动的,由县级以上地方人民政府环境保护主管部门责令停止违法行为,可以处五百元以下的罚款。"第二,《畜禽规模养殖污染防治条例》(2013年)第37条规定:"违反本条例规定,在禁止养殖区域内建设畜禽养殖场、养殖小区的,由县级以上地方人民政府环境保护主管部门责令停止违法行为;拒不停止违法行为的,处3万元以上10万元以下的罚款,并报县级以上人民政府责令拆除或者关闭。在饮用水水源保护区建设畜禽养殖场、养殖小区的,由县级以上地方人民政府环境保护主管部门责令停止违法行为,处10万元以上50万元以下的罚款,并报经有批准权的人民政府批准,责令拆除或者关闭。"第三,《广东省环境保护条例》(2019年修正)第77条规定:"违反本条例第四十九条规定,在县级以上人民政府有关主管部门划定的畜禽禁养区从事畜禽养殖业的,由县级以上人民政府环境保护主管部门责令停止违法行为;拒不停止违法行为的,处五万元以上十万元以下罚款,并报县级以上人民政府责令拆除或者关闭。"第四,《广东省饮用水源水质保护条例》(2018年修正)第31条第2款规定:"违反本条例第十六条第四项规定,从事网箱养殖活动的,由环境保护行政主管部门责令停止违法行为,处二万元以上十万元以下罚款。"

经过对比发现,《水污染防治法》《畜禽规模养殖污染防治条例》《广东省环境保护条例》和《广东省饮用水源水质保护条例》所规定的处罚条件和处罚幅度均不同,应如何适用处罚条款呢?一种观点认为,应适用《水污染防治法》的规定,根据上位法优于下位法的原则,《水污染防治法》比《畜禽规模养殖污染防治条例》《广东省环境保护条例》《广东省饮用水源水质保护条例》具有更高的效力,因此应适用上位法的规定;此外,《畜禽规模养殖污染防治条例》针对违法建设"养殖场、养殖小区"的行为予以处罚;《广东省饮用水源水质保护条例》针对"饮用水水源一级保护区内从事网箱养殖活动的"行为处以罚款;《广东省环境保护条例》针对“畜禽禁养区从事畜禽养殖业的”行为，首先应责令其改正，拒不改正的才处以5万元以上10万元以下的罚款。上述三部条例所规定的处罚行为均不适用于本案的情形。因此，本案中相对人的违法行为符合《水污染防治法》所规定的“在饮用水水源一级保护区内从事其他可能污染饮用水水体的活动”之条件，应适用该法的规定对相对人作出处罚。另一种观点认为，检察建议查明行政机关的法定职责、不履行法定职责的事实以及对国家和社会公益造成的损害即可，建议的目的是维护公共利益，至于行政机关如何对相对人进行处罚，不属于检察公益诉讼和检察建议的主要内容。检察建议中指出处罚的法律依据即可，作出处罚行为和处罚依据的适用应由行政机关决定。

检察建议书采纳了第二种观点，建议书援引《水污染防治法》第91条第2款、《畜禽规模养殖污染防治条例》第37条以及《广东省环境保护条例》第77条的相关规定，检察建议内容集中于督促行政机关履行管理职责，对新兴县大坞水库饮用水水源一级保护区内的养殖场饲养牲畜并放养、鱼塘投饵养殖并排放污水污染水体的行为进行清理、整治。遗憾的是，生态环境局新兴分局仅采取了责令停止违法行为的措施，并没有对相对人进行处罚。

3. 本案法律适用上的争议

本案办理过程中在法律适用上存在一定的争议，即是否应适用《畜禽规模养殖污染防治条例》(2013年)第5条第1款、第11条、第37条的相关规定。否定者认为不应适用。理由在于，参照《广东省农业农村厅种畜禽生产经营许可证发放和畜禽养殖备案办法》(粤农农规〔2019〕10号)〔1〕第13条的规定，奶牛存栏100头以上属养殖场、养殖小区，奶牛存栏5至99头为养殖专业户。根据本案查明的事实，养牛户存栏牛共计27头牛，应属于养殖户，不构成规模化的养殖场、养殖小区，不属于“规模养殖”，不应适用《畜禽规模养殖污染防治条例》(2013年)。如果前述规范全部写进检察建议书，将导致检察建议法条引用杂乱。肯定者则认为，《广东省农业农村厅种畜禽生产经营许可证发放和畜禽养殖备案办法》属于规范性文件，该文件对养殖场、养殖小区、养殖专业户的划分标准并不具有强制性、不属于法定规范依据，且此时该办法处于征求意见阶段，并没有正式生效，不宜作为规范参考。本案中养牛户以养殖为主要收入来

〔1〕 该办法由广东省农业农村厅于2019年12月3日发布，本案办理过程中，该办法处于征求意见阶段。

源,且养殖时间较长,可以认定为规模养殖。

检察建议书采纳了前述肯定性意见,援引《环境保护法》(2014 年修订)第 10 条,《水污染防治法》(2017 年修正)第 65 条第 2 款、第 91 条第 2 款,《广东省环境保护条例》(2019 年修正)第 49 条第 2 款、第 51 条第 3 款,《广东省饮用水源水质保护条例》(2018 年修正)第 7 条第 1 款,《饮用水水源保护区污染防治管理规定》(2010 年修正)第 12 条、第 19 条和《畜禽规模养殖污染防治条例》(2013 年)第 5 条第 1 款、第 11 条、第 37 条的相关规定发出检察建议。检察公益诉讼不仅涉及检察监督、行政诉讼的相关法律知识,还涉及行政管理的诸多领域,专业性强、涉及法律规范广。提高检察公益诉讼的质效,应不断"加强专业培训,通过检察官教检察官、与行政机关双向干部交流等举措,不断提升业务能力。深化智慧借助,筹建公益诉讼检察专家咨询委员会,充实公益诉讼技术专家库,为办理重大疑难复杂案件提供专业指导。"[1]

四、行政公益诉讼与刑事检察有效衔接:罗定市畜牧兽医渔业局怠于履行法定职责案

【关键词】

行政公益诉讼 诉前检察建议 怠于履行法定职责 职务犯罪

【要旨】

检察机关在履行法律监督职责过程中,通过多种途径发现行政公益诉讼案件线索。本案中,出现未经定点屠宰、未经集中检疫违法屠宰的生猪流入市场问题,背后可能有渎职贪污受贿等行为,行政机关工作人员涉嫌腐败,反映出单位监督管理存在漏洞。个人的贪污受贿、违法渎职行为与单位不履行法定职责的行为往往交织在一起;除个人应承担刑事责任外,行政机关因不履行法定职责应承担一定的责任。检察机关发现行政机关不履行法定职责依法予以监督,是履行检察监督职责的体现。

【基本案情】

2015 年 5 月起,黎某权任罗定市畜牧兽医渔业局生猪屠宰监督管理股股长。2017 年 5 月至 2018 年 5 月,黎某权参与市生猪生产和肉食市场管理工作

---

〔1〕 张军:《最高人民检察院关于开展公益诉讼检察工作情况的报告》,2019 年 10 月 23 日在第十三届全国人民代表大会常务委员会第十四次会议上。

领导小组办公室日常协调工作,其利用职务便利,明知陈某志等 7 名肉商可能存在违反生猪屠宰管理法律法规的情况下,向他们索取"饮茶钱",肆后对陈某志可能存在的违法行为不再进行日常监督检查。经统计,被告人黎某权通过微信转账方式多次收受陈某志等人款项共计 37,600 元。

【检察机关办案情况】

1. 提起刑事诉讼

罗定市人民检察院起诉指控被告人黎某权犯受贿罪,认为被告人黎某权利用职务上的便利,索取他人财物,为他人谋取利益,其行为触犯《刑法》第 385 条,应以受贿罪追究其刑事责任。被告人有索贿情节,应从重处罚。

2. 刑事案件判决

罗定市人民法院于 2018 年 10 月 23 日判决:(1)被告人黎某权犯受贿罪,判处有期徒刑 7 个月,并处罚金 100,000 元。(2)对被告人黎某权退出的赃款 37,600 元,予以没收,上缴国库;扣押其用于收受贿赂的手机 1 台,予以没收。

3. 督促行政机关履职

在黎某权受贿案判决前,罗定市人民检察院认为罗定市畜牧兽医渔业局存在行政不作为行为,可能损害社会公共利益,决定立案审查。2018 年 10 月 18 日,罗定市人民检察院出具检察建议。该院查明:自 2015 年 5 月至 2018 年 5 月,罗定市畜牧兽医渔业局在开展生猪屠宰监管活动中,负有监督管理职责的工作人员黎某权明知陈某志等人可能存在违反生猪屠宰管理法律法规的行为,利用职务之便收受人民币 37,600 元,不依法进行监督管理,放弃对陈某志等生猪屠宰违法行为的监管,致陈某志等人未经定点屠宰、未经集中检疫违法屠宰的生猪长期流入市场。罗定市人民检察院认为,罗定市畜牧兽医渔业局负责罗定市内生猪屠宰活动的监督管理,不依法履行职责,致使社会公共利益处于受损状态,存在怠于履行职责的情形,根据《行政诉讼法》第 25 条第 4 款的规定,建议罗定市畜牧兽医渔业局依法履行生猪屠宰监管职责,维护社会公共利益。

4. 行政机关对检察建议的回复

2018 年 12 月 19 日,罗定市畜牧兽医渔业局发出《关于云浮市人民检察院检察建议书落实情况的复函》。复函称,落实整改措施包括加强干部职工教育、完善制度、堵塞漏洞、强化对权力的制约和监督,以及强化生猪屠宰监管等。

【典型意义】

本案的典型意义在于：

首先，对行政机关工作人员涉嫌腐败的行为绝不姑息。本案中，黎某权利用职务之便收受人民币37,600元，不依法进行监督管理，放弃对陈某志等人生猪屠宰违法行为的监管，人民法院判处其有期徒刑七个月。案件的起诉表明，腐败行为必须受到追究。

其次，对维护人民群众身体健康和生命安全高度重视。最高人民检察院要求全国检察机关重视维护食品药品安全工作，通过制定司法解释、提出立法建议等，推动法律制度进一步完善，同时重视对行政机关的监督。

再次，充分发挥检察建议的作用，堵塞监管漏洞。检察机关对办案中发现的社会管理漏洞等问题，按照《人民检察院检察建议工作规定》要求，适时有针对性地制发检察建议，积极督促被建议单位落实检察建议，加强类案监督，发挥“监督一案、影响一片”的监督效果。

最后，食品安全工作涉及多部门协调。市场监管部门、药品监管部门高度重视检察机关制发的检察建议，彼此建立良性互动机制，发现自身工作程序不合法、教育不到位以及监管存在漏洞等方面的问题进行自我纠错，查漏补缺，加强对危害食品药品安全违法行为的打击，共同维护人民群众身体健康和生命安全。

【案件评析】

本案反映个人受贿行为与单位不履职之间的关系。《刑法》(2020年修正)第385条【受贿罪】规定：“国家工作人员利用职务上的便利，索取他人财物的，或者非法收受他人财物，为他人谋取利益的，是受贿罪。国家工作人员在经济往来中，违反国家规定，收受各种名义的回扣、手续费，归个人所有的，以受贿论处。”受贿罪的犯罪主体是国家工作人员，根据《刑法》第93条的规定，国家工作人员，是指国家机关中从事公务的人员。受贿罪的客观方面表现为行为人利用职务上的便利，索取他人财物，或者非法收受他人财物，为他人谋取利益。利用职务上的便利，是指利用本人职务上主管、负责或者承办某项公共事务的权利所形成的便利条件。国家工作人员的职务权力来自所在单位的授予，其代表所在单位行使权力、履行公务，单位对工作人员负有教育、管理和监督的职责，工作人员利用职务便利受贿，反映出所在单位对工作人员监督管理上的失职，进而损害社会公共利益。

检察机关在依法履行职责过程中应秉承刑事检察与行政公益诉讼有效衔接的机制。个人的受贿行为与单位的失职行为之间具有一定的因果关系，刑事检察部门和行政公益诉讼部门作为检察机关内部业务职能不同的部门，应加强分工和合作。刑事检察部门在办理案件过程中发现行政机关违法失职的线索，应协同行政公益诉讼共同追责，充分发挥检察机关内部的协同作用。

五、公益诉讼“回头看”督促行政机关落实整改措施：云浮市生态环境局怠于履行法定职责案

【关键词】

行政公益诉讼　诉前程序　怠于履行监管职责　生态环境　危险废物

【要旨】

污染环境罪需要追究刑事责任，但仅仅追究犯罪嫌疑人的刑事责任并非唯一目的，对环境的保护才是终极目标。人民检察院在履行职责中应当坚持“回头看”工作，不仅应追究相关人员的刑事责任，还应对造成的环境污染损害后果督促有关机关依法实施整改，恢复生态环境状态。

【基本案情】

薛某平等人在未取得危险废物经营许可证的情况下，于 2018 年 9 月至 10 月非法将收购的废铝灰堆放在云浮市云城区牧羊村高鼎石材工业园，造成环境污染。经广州中科检测技术服务有限公司检测，上述废铝灰属危险废物。云浮市生态环境局于 2018 年 11 月 14 日立案，并和公安机关共同开展联合执法。经云浮市云城区人民法院审理，已于 2019 年 11 月 11 日以污染环境罪追究薛某平等人的刑事责任。2020 年 5 月 6 日，云浮市人民检察院办案人员到云城区牧羊村废铝灰堆放现场进行实地调查，发现部分涉案废铝灰仍然堆放在原处，尚未得到妥善保管或处理，现场存在较大污染环境隐患。

【检察机关办案情况】

1. 检察建议

云浮市人民检察院认为，根据《环境保护法》第 10 条关于县级以上地方人民政府环境保护主管部门，对本行政区域环境保护工作实施统一监督管理的规

定，以及《固体废物污染环境防治法》[1]（2016年第三次修正）第10条第2款关于县级以上地方人民政府环境保护行政主管部门对本行政区域内固体废物污染环境防治工作实施统一监督管理的规定，云浮市生态环境局对本行政区域内环境保护及固体废物污染环境的防治工作负有监督和管理的职责。同时，根据《固体废物污染环境防治法》（2016年第三次修正）第54条第2款关于县级以上人民政府应当依据危险废物集中处置设施、场所的建设规划组织建设危险废物集中处置设施、场所的规定，对于危险废物应当设置专门的集中处置设施、场所。云浮市生态环境局在法院审结该案6个月后，仍未对涉案危险废物作出妥善处理，也未能及时督促地方政府建设专门的危险废物处置设施、场所，致使涉案地区生态环境遭受严重威胁，国家利益和社会公共利益仍然处于受损害状态之中。

云浮市人民检察院于2020年5月14日向云浮市生态环境局发出检察建议书，提出如下检察建议："一、采取有效、妥善措施，及时清运、处理薛某平等人污染环境案涉案危险废物，防止二次灾害的发生；二、按照《中共云浮市委常委会2020年工作要点》中关于突出抓生态整治，集中精力打好碧水、蓝天、净土和固体废物防治等标志性战役和突出抓基础设施配套，加大环保基础设施建设，补齐环境治理硬件短板的要求，你局作为环境保护和固体废物污染环境防治工作的监管单位，应加快对本地区处置危险废物专门设施、场所的规划和建设工作，以便妥善处理本市的危险废物。"

2. 行政机关对检察建议的答复

云浮市生态环境局于2020年6月15日向云浮市人民检察院发出《关于云浮市人民检察院检察建议书落实情况的复函》，函复提要如下：

"一、工作落实情况。（一）快速查办案件，全力保障环境安全。第一，制定应急处置方案，确保涉案铝灰妥善处置。第二，规范清运涉案铝灰，严防次生环境污染。薛某平等人污染环境案已经云城区人民法院审理，相关涉案人员已被追究刑事责任，同时涉案铝灰已全部妥善处置完毕，有效防止了二次污染。（二）突出抓好危险废物处置设施的规划及建设工作。第一，科学谋划，推动处置项目纳入规划。第二，突出重点，全力加快项目建设。第三，合理布局，加快

[1] 《固体废物污染环境防治法》于2020年4月29日第十三届全国人民代表大会常务委员会第十七次会议第二次修订。因本案发生在该法修订前，故仍适用修订前的法律。余同。

补齐短板。

“二、下一步工作措施。不断完善工作机制，加强与公安、检察机关的‘两法衔接’工作，依法严厉打击环境违法犯罪行为；同时，按照省、市生态环境保护工作的部署，集中精力打好碧水、蓝天、净土和固体废物防治等标志性战役和突出抓好环保基础设施建设，补齐环境治理硬件短板，打好打赢污染防治攻坚战。”

【典型意义】

本案的典型意义在于非湾区检察机关环境公益诉讼工作对湾区经济发展的助力作用。

本案中的废铝灰属于危险废物，其来源主要是珠三角地区。作为铝工业主要的副产品，铝灰产生于所有铝发生熔融的工序，提炼金属铝后的废铝灰一直是困扰相关企业的难题，废铝灰不处理或不规范处理带来的大气、水源、土壤等污染将会成为制约珠三角经济活动的“瓶颈”。

生态环境部发布的《国家危险废物名录（2021 年版）》（生态环境部、国家发展和改革委员会、公安部、交通运输部、国家卫生健康委员会令第 15 号）中，电解铝铝液转移、精炼、合金化、铸造过程熔体表面产生的铝灰渣，以及回收铝过程产生的盐渣和二次铝灰等均被列入危险废物名录。根据《固体废物污染环境防治法》的规定，危险废物是指列入国家危险废物名录或者根据国家规定的危险废物鉴别标准和鉴别方法认定的具有危险特性的固体废物，一旦铝灰被列入《国家危险废物名录》，即被认定为危险废物，相关的行业要求都会变高；一旦铝灰被列入危险废物名录，铝灰的储存、加工、运输都需要办理危险废物经营许可证。

目前持有危险废物经营许可证的企业不多，短期内铝灰处理产能不足，会导致处理费用大幅提高。处理产能不足，就需要暂时储存，由此产生的问题是需要兴建专用仓库储存。一是企业是否有场地扩建厂房，大企业具备处理能力，中小企业如何处理？二是即使兴建仓库，安全性以及风险问题也同样会使处理成本提高。因此，妥善处理珠三角地区相关企业的废铝灰，是助力湾区经济发展的有益行为。为遏制非法排放、倾倒、处置危险废物案件频发态势，保护生态环境，保障人民群众身体健康，2020 年 7 月，生态环境部办公厅、公安部办公厅、最高人民检察院办公厅联合印发《关于严厉打击危险废物环境违法犯罪行为的通知》（环办执法〔2020〕16 号），着力打击危险废物环境违法犯罪行为。在当前环保管理要求日益严格，执法力度不断加大的形势下，铝灰加工地区对环保应引起足够重视，增强风险意识，坚决防止铝灰处理不当造成的环境损害。

本案中，以污染环境罪追究薛某平等人的刑事责任不是根本目的和价值追求，检察机关督促环境部门履职，归根结底是为了保护广大人民的利益。检察机关“公益代表”的身份定位实质就是代表人民，维护公共利益、反映人民的呼声。这才是推动公益诉讼健康发展的必由之路。

【案件评析】

环境治理效果是环境案件的焦点。人民检察院应围绕案件实际内容，结合本地区、本单位实际，对照案件仔细审查。各单位只有实地察看效果，跟进案件及检察建议落实情况，才能避免整改效果反弹回潮。检察机关在评查中发现问题必须依法予以纠正，并向相关部门通报情况，对整改不力、责任追究不到位的，检察院可以及时督促继续整改。各行政机关在执法理念、执法作风、执法行为、执法方式、执法水平和工作力度方面可能存在问题，人民检察院要认真研究采取整改措施，及时督促整改落实，切实改进执法薄弱环节，提高执法公信力。同时，为实现环境治理效果，必须加强与行政机关的沟通协调，走访相关行政机关，了解行政机关的难处，取得行政机关的理解，最大限度地推动问题得以根本解决。

六、公益诉讼避免国有财产损失：云浮市云安区国土资源和城乡规划分局违法发放建设工程规划许可证案

【关键词】

行政公益诉讼　诉前程序　国有财产保护　行政许可　行政征收

【要旨】

城市基础设施配套费是城市人民政府有关部门强制征收用于城市基础设施建设的专项资金，属于政府性基金。行政机关在未征收完毕城市基础设施配套费的情况下，不得发放建设工程规划许可证。

【基本案情】

2015 年 1 月 13 日，云浮市某投资发展有限责任公司（以下简称某公司）向原云浮市国土资源和城乡规划管理局云安分局（以下简称国规云安分局，现已更名为云安自然资源分局）提交申请材料，申请建设商住小区。经国规云安分局审核，该项目建设需要征收城市基础设施配套费共 2,279,280 元。

2015 年 2 月 4 日，某公司缴纳了 20 万元城市基础设施配套费，同时向国规

云安分局申请《建设工程规划许可证》复印件一份用于办理前期建设相关手续。2015 年 2 月 5 日,国规云安分局在未征收完城市基础设施配套费的情况下,制作该项目建设工程规划许可证,将复印件交由某公司用于办理该小区建设前期相关手续,并注明“此件仅限于办理建设前期手续,原件存放在规划局。”截至 2017 年 8 月 31 日某公司缴清所有费用前,规划许可证原件一直存放于国规云安分局。某公司持建设工程规划许可证复印件等材料办理了相关施工手续,并开工建设某小区。至检察机关调查时,该小区已基本建设完毕。

2015 年 6 月 1 日,某公司又缴纳了 10 万元城市基础设施配套费,此时共缴纳费用合计 30 万元,尚欠 1,979,280 元。2015 年 9 月至 2017 年 8 月 10 日,国规云安分局发出《缴款通知书》《告知书》等催缴文书共 9 份。某公司在 2016 年 5 月的回复中写道:“区政府与某公司签署的《协议书》中第 6 条第 2 款约定:乙方项目的周边道路分别为东边的市政道路‘宝安道’(尚未建设),南边为富云路,西边为东安大道、北边为利云路,以上道路的现状均难达到小区入驻市政配套的要求。甲方同意乙方项目上缴的市政配套费,直接用于以上四条道路的配套建设。”根据上述约定,某公司提出:由于该项目是区重点项目,在保证进度的前提下已投入资金 8000 多万元,目前由于资金紧张,因此要求在宝安道进行建设时再缴纳欠款。国规云安分局答复认为该局无权决定上述事项,告知某公司可向区政府申请缓交。之后国规云安分局又连续发出 6 份催缴通知。

某公司在 2017 年 2 月承诺,于 2017 年 6 月底前缴清所有费用。但至 2017 年 8 月 10 日止,某公司尚欠缴相关费用 1,979,280 元。国规云安分局发出《告知书》,继续要求其缴纳欠款,否则将采取强制措施追缴相关费用;8 月 23 日国规云安分局向住建局发出《知会函》,要求协助追缴欠款,并于 8 月 31 日前缴清。2017 年 8 月 30 日,某公司缴清城市基础设施配套费欠款 1,979,280 元。

【检察机关办案情况】

云浮市云安区人民检察院在开展保护国有财产专项工作中,依职权主动发现某公司欠缴城市基础设施配套费的情况。经过调查核实,2017 年 8 月 30 日云安区人民检察院向国规云安分局发出检察建议书,建议国规云安分局“采取有效措施征收某公司欠缴的城市基础设施配套费,避免国有财产损失”,并要求该局“在收到检察建议书后一个月内作出处理并将处理结果书面回复本院。”

2017 年 9 月 1 日,国规云安分局书面回复云安区人民检察院,详述案件基本情况和相关背景,某公司于 2017 年 8 月 30 日缴清欠款并附相关缴费证明;同时反思行政执法过程中存在的问题，以该案为契机不断完善行政执法行为。

【典型意义】

本案具有以下三个方面的典型意义：

首先，检察机关在履行法定职责过程中，应勇于担当、主动作为，通过专项工作积极寻找案件线索，防止国有财产损失扩大。行政公益诉讼案件线索限于检察机关在履行职责中发现的情形，“履行职责”包括履行批准或者决定逮捕、审查起诉、控告检察、诉讼监督、公益监督等职责。

其次，检察机关应围绕“公益”目标，结合具体法律规范的规定，督促行政机关依法履职。国有财产保护是行政公益诉讼的重点领域之一，国有财产包括国家所有的各种财产、物资、债权和其他权益，国有财产保护领域的行政公益诉讼案件涉及经营性国有财产、行政事业性国有财产、税收类国有财产、费用类国有财产、财政补贴类国有财产、社会保障类国有财产、由国家已有资产的收益所形成的应属于国家所有的财产以及其他国有财产等。本案涉及的城市基础设施配套费属于国有财产中的政府性基金，《政府性基金管理暂行办法》（财综〔2010〕80 号）第 2 条规定：“本办法所称政府性基金，是指各级人民政府及其所属部门根据法律、行政法规和中共中央、国务院文件规定，为支持特定公共基础设施建设和公共事业发展，向公民、法人和其他组织无偿征收的具有专项用途的财政资金。”

最后，行政机关没有依法履行法定职责的情况下，国家利益或者社会公共利益受到侵害；检察机关通过发出检察建议，防止国有财产损失扩大，实现维护公共利益的目标。《政府性基金管理暂行办法》（财综〔2010〕80 号）第 21 条规定：“除法律、行政法规和中共中央、国务院或者财政部规定外，其他任何部门、单位和地方各级人民政府均不得批准设立或者征收政府性基金，不得改变征收对象、调整征收范围、标准及期限，不得减征、免征、缓征、停征或者撤销政府性基金，不得以行政事业性收费名义变相设立政府性基金项目。”根据上述规定，国规云安分局具有依法收取城市基础设施配套费的法定职责。在办理本案过程中，检察机关通过加强与被监督对象的沟通和交流，严格跟踪落实反馈机制，有力督促被监督对象依法履行法定职责，实现了依法监督、避免了国有财产流失的效果。

【案件评析】

1. 城市基础设施配套费的征收范围与减、免、缓交的条件

城市基础设施配套费是指按城市总体规划要求，为筹集城市市政公用基础

设施建设资金所收取的费用,它按建设项目的建筑面积计征,专项用于城市基础设施和城市公用设施建设,包括城市道路、桥梁、公共交通、供水、燃气、污水处理、集中供热、园林、绿化、路灯、环境卫生等设施建设。在城市规划区内新建、改建、扩建的房屋建设项目,其建设主体应按规定缴纳城市基础设施配套费。下列情况可以申请减交、免交或缓交城市基础设施配套费:第一,《国务院办公厅关于保障性安居工程建设和管理的指导意见》(国办发〔2011〕45 号)规定的经济适用住房、公共租赁住房、棚户区改造安置住房住宅部分面积,免征配套费。第二,《财政部关于免征全国中小学校舍安全工程建设有关政府性基金的通知》(财综〔2010〕54 号)规定的城乡公办和民办、教育系统和非教育系统的所有中小学"校舍安全工程"建设,免征配套费。第三,《关于加快推进健康与养老服务工程建设的通知》(发改投资〔2014〕2091 号)明确的非营利性养老机构建设全额免征配套费,营利性养老机构建设减半征收配套费。第四,其他符合法律、行政法规和中共中央、国务院或者财政部规定的建设项目,可按规定减征或免征配套费。属于上述政策规定可以减、缓、免交的范围,建设单位应向主管机关提出书面申请。

本案中,某公司提出未全额缴清城市基础设施配套费的理由有二:其一,区政府与某公司签署的《协议书》约定,区政府同意该公司将项目所涉市政配套费直接用于项目周边四条道路的配套建设;其二,由于资金紧张,要求在后续建设宝安道时再缴纳,实际上是申请缓交城市基础设施配套费。根据前述相关规定,建设主体具有缴纳城市基础设施配套费的法定义务,符合相关条件的可以申请减交、缓交或免交,某公司提出的两项理由均不符合减交、缓交或免交的条件。此外,行政协议是行政机关为了实现行政管理或者公共服务目标,与公民、法人或者其他组织协商订立的具有行政法上权利义务内容的协议。行政机关签订行政协议应遵守合法性原则。云安区政府与某公司通过协议约定,同意该公司将城市基础设施配套费直接用于周边道路建设的约定涉嫌违反城市基础设施配套费征收的相关规定,属于无效条款,故某公司认为因有约定而免除缴纳义务的主张并不成立。

2. 城市基础设施配套费的征收程序

城市基础设施配套费的征收程序,尚无统一的立法规定,具体程序依据各地的规范性文件执行。《广州市住房和城乡建设局关于进一步加强城市基础设施配套费征收管理的通知》(穗建规字〔2019〕3 号)规定了三个程序步骤:第一,申请。建设单位在领取《建设工程规划许可证》后向建设项目所在地的征收机构申报并提交《建设用地批准书》《建设工程规划许可证》等相关材料，征收机构开具缴费通知。若项目暂未取得《建设用地批准书》，则以用地主管部门出具的其他用地证明文件的核准面积计征。第二，缴纳。建设单位应当在办理施工许可前，按照缴费通知向建设项目所在地的征收机构及时一次性足额缴纳配套费。第三，实际核算。在办理联合验收前，征收机构根据《建设工程规划条件核实意见书》核准的规划条件和《建设用地批准书》核准的用地面积，按照办理施工许可前首次缴费时适用的政策再次核算应缴金额，办理多退少补。

《城乡规划法》(2019 年修正)第 40 条第 2 款规定："申请办理建设工程规划许可证，应当提交使用土地的有关证明文件、建设工程设计方案等材料。需要建设单位编制修建性详细规划的建设项目，还应当提交修建性详细规划。对符合控制性详细规划和规划条件的，由城市、县人民政府城乡规划主管部门或者省、自治区、直辖市人民政府确定的镇人民政府核发建设工程规划许可证。"根据该条规定和云浮市城市基础设施配套费征收的行政惯例，参考广州市住房和城乡建设局的规范性文件，城市基础设施配套费应在建设单位取得《建设工程规划许可证》之后、申请《建设工程施工许可证》之前足额缴纳；也就是说，相对人取得《建设工程规划许可证》并不以缴纳城市基础设施配套费为前提条件。本案中，尽管某公司未足额缴纳城市基础设施配套费，但该条件并不是相对人取得《建设工程规划许可证》的法定条件之一，因此在相对人符合其他法定条件的情况下，行政机关应依法发放许可证。

3. 行政许可的送达与公开

《行政许可法》(2019 年修正)第 44 条规定："行政机关作出准予行政许可的决定，应当自作出决定之日起十日内向申请人颁发、送达行政许可证件，或者加贴标签、加盖检验、检测、检疫印章。"第 40 条规定："行政机关作出的准予行政许可决定，应当予以公开，公众有权查阅。"根据上述规定，行政许可作出后，行政机关应在法定期限内依法将许可证送达给相对人，并将许可决定予以公开。本案中，国规云安分局已为某公司办理了《建设工程规划许可证》，但是因相对人未足额缴纳城市基础设施配套费，而将许可证原件予以扣留，复印件交予相对人办理后续建设有关手续；且也没有将许可决定予以公开。国规云安分局的上述做法违反《行政许可法》的相关规定，应予以纠正。

4. 城市基础设施配套费的强制执行

《行政强制法》第 53 条规定:“当事人在法定期限内不申请行政复议或者提起行政诉讼,又不履行行政决定的,没有行政强制执行权的行政机关可以自期限届满之日起三个月内,依照本章规定申请人民法院强制执行。”根据该条规定,行政相对人不履行行政决定的,行政机关可以依法强制执行或者申请法院强制执行。城市基础设施配套费是政府性基金,属于政府非税收入,建设单位应当如期足额缴纳配套费,不得缓缴、少缴、抵扣。现有法律规范并未赋予行政机关强制执行征收城市基础设施配套费的权力,建设单位未按规定缴纳配套费的,征收机关应依法责令限期缴纳;无正当理由,逾期仍不缴纳的,应依法申请人民法院强制执行。

本案始于 2015 年 1 月 13 日,某公司分别于 2015 年 2 月 4 日和 2015 年 6 月 1 日履行了部分缴纳义务,此后一直未再缴纳相关费用。2015 年 9 月至 2017 年 8 月 10 日,国规云安分局共发出《缴款通知书》《告知书》等催缴文书 9 份。行政机关多次通过催缴的形式督促相对人自行履行义务,表面上看积极地履行法定职责,但是经多次催缴后相对人仍不履行义务的情况下,行政机关在已经履行了告知和催缴义务后,此时应依法申请人民法院强制执行,以保证国有财产及时入库。本案中行政机关并没有依法及时申请人民法院强制执行,是一种表面履行法定职责实际拖延履行职责的行为。检察机关通过诉前程序发出检察建议书,督促行政机关依法履职,对保障国有财产具有积极的意义。

七、公益诉讼维护人民群众“舌尖上的安全”:新兴县市场监督管理局不充分履行法定职责案

【关键词】

行政公益诉讼　自动售货机　持证上岗　公开听证

【要旨】

自动售货机因其方便、快捷的服务体验颇受群众青睐,但在带来便利的同时亦存在较大安全隐患。新兴县人民检察院充分发挥公益诉讼检察职能,以听证方式督促新兴县市场监督管理局充分履行法定职责,为自动售卖机办好“身份证”,维护人民群众“舌尖上的安全”。

【基本案情】

新兴县人民检察院在履职过程中发现县内自动售货机的经营现状存在较

大安全隐患，经摸排调查发现新兴县内的公园、旅游景区、居民住宅小区等人口密集区内设置了多个自动售货机，但均未在显著位置公示经营者名称、住所、食品经营许可证等信息。新兴县市场监督管理局未对上述情形履行食品安全监管职责，致使社会公共利益受到侵害。

【检察机关办案情况】

1. 检察机关调查核实

新兴县人民检察院根据《广东省检察机关开展"公益诉讼守护美好生活"检察公益诉讼专项监督活动实施方案》的要求，于 2020 年 8 月 28 日始针对县内摆放的自动售货机存在的监管漏洞进行立案调查。

新兴县人民检察院立案后进行以下调查核实工作：一是走访本县的公园、旅游景区、居民住宅小区等人口密集区进行调查取证，固定证据。在走访过程中发现以上区域设置了多个自动售货机，均存在未在显著位置公示经营者名称、住所、食品经营许可证等情形。二是对群众进行随机调查，了解群众对自动售卖机违法经营行为的看法。

2. 召开听证会

为更好履行法律监督职责，增强公益诉讼案件的透明度，2020 年 9 月 24 日，新兴县人民检察院就该案组织召开公益诉讼案件公开听证会，邀请人大代表、县政协委员、人民监督员、新兴县市场监督管理局等多方主体参与听证。听证前与参会人员进行了充分交流，告知听证程序、基本案情、听证须知等情况，提前送达听证员熟悉案情；并按照《人民检察院检察听证室设置规范》设置公开听证场所。

听证过程中，承办案件的检察官通过 PPT 示证的方式向参会人员展示调查核实的自动售货机违法经营行为相关证据材料，引出听证会议题，引导各方围绕议题进行陈述和申辩，听证员提问与发言等。经过听证，听证员一致认为，自动售卖机监管存在问题，检察机关可通过公益诉讼督促行政机关履职。

3. 检察建议及回复

2020 年 9 月 29 日，新兴县人民检察院向新兴县市场监督管理局发出以下检察建议：依法履行监督管理职责，对新兴县辖区内自动售货机未在显著位置公示经营者名称、住所、食品经营许可证等信息的行为依法查处，切实整治自动售货机违法经营现状。并要求对全县自动售货机进行彻底排查，全面整改辖区内自动售货机违法经营行为，切实保护群众的食品安全，维护社会公共利益。

新兴县市场监督管理局收到检察建议后，全部采纳检察建议。并于2020年11月13日回复称，于同年10月开始，联合乡镇对新兴县辖区内的自动售货机基本情况进行全面排查，督促各个自动售货机管理方落实食品安全主体责任，并要求未办理食品经营许可证并公示的自动售货机管理方立即办理食品经营许可事项申请，同时将食品经营许可证公示在自动售货机的显著位置。13台自动售货机办理了食品经营许可证、公示了相关信息，7台未取得食品经营许可证的自动售货机已全部要求撤离。

2020年12月22日，新兴县人民检察院到现场跟进调查，发现原来未在显著位置公示经营者名称、住所、食品经营许可证等信息的自动售货机已在机器显著位置公示以上信息，自动售货机实现"持证上岗"。

【典型意义】

自动售货机存在食品主体责任不明、日常监管缺失等较大安全隐患，新兴县人民检察院通过召开听证会示证、听取多方意见、送达检察建议等方式依法督促市场监督管理局充分履行法定职责，市场监督管理局意识到针对自动售货机存在监管缺失的问题后积极履职，对存在的违法经营问题及时进行整治，规范自动售货机的经营，消除风险隐患，取得了较好的监督成效，实现了双赢多赢共赢。

【案件评析】

检察听证是促进司法公开，保障司法公正，提升司法公信，落实普法责任，促进矛盾化解的重要方式，也是新时代检察机关践行"枫桥经验"的有效举措。检察听证是指"人民检察院对于符合条件的案件，组织召开听证会，就事实认定、法律适用和案件处理等问题听取听证员和其他参加人意见的案件审查活动。"[1]而且是检察机关在办理疑难复杂、有影响性案件中，为广泛听取各方意见、深化检务公开、自觉接受监督，确保案件得到依法正确处理而采取的一种办案方式。人民检察院办理的行政公益诉讼案件，在事实认定、法律适用、案件处理等方面存在较大争议，或者有重大社会影响，需要当面听取当事人和其他相关人员意见的，经检察长批准，可以召开听证会。本案中由于涉及较多不特定群体的利益，人民检察院在调查核实后，制订详细的听证方案，邀请人大代表、政协委员、人民监督员等主体参与听证，搭建高规格听证平台，并在听证过程中

---

〔1〕《人民检察院审查案件听证工作规定》(高检发办字〔2020〕53号)第2条。

检察官充分展示证据，听证员围绕案件进行提问与发言，充分听取各方当事人陈述和申辩。经过听证，听证员一致认为，自动售货机监管存在问题，检察机关可通过公益诉讼督促行政机关履职。“通过公开听证会，检察机关搭建各方交流平台，释法说理，请听证员专业解读、献计献策，当事人共同研究讨论，督促行政机关依法履职，提升人民群众的获得感和幸福感。”[1]

八、公益诉讼挽回国有资产损失：云浮市政府国有资产监督管理委员会怠于履行法定职责案

【关键词】

行政公益诉讼诉前程序　国有资产保护　怠于履行法定职责

【要旨】

云浮市人民检察院在履职中发现，某资产经营有限责任公司在转让债权资产包时存在公司负责人与他人恶意串通的问题，造成巨额国有资产流失。经调查核实，依法向云浮市政府国有资产监督管理委员会发出检察建议，建议该委督促其下属企业依法挽回国有财产损失。

【基本案情】

云浮市人民检察院在履行职责中发现，云浮市某资产经营有限责任公司在转让云浮市水泥厂欠中国银行8479万元债权资产包给云浮市某水泥有限责任公司时，存在该公司负责人与他人恶意串通、造成国有资产流失的问题。

云浮市某资产经营有限责任公司原董事长及总经理廖某某、原党委委员马某某与云浮市某水泥有限责任公司原法定代表人高某某恶意串通，利用职务之便收受巨额贿赂，通过协议方式以550万元的低价转让了原属于云浮市某资产经营有限责任公司的含有价值13,231,470元抵押物的债权资产包，同时在债权转让合同中将云浮市某水泥有限责任公司租赁市水泥厂粉磨站场地租金由30万元/年变更为15万元/年，扣减的15万元/年租金折抵该债权本金（经核算，2006年至2019年已折抵13年，共195万元），共造成国家损失9,681,470元，严重损害了国有公司的利益，也就是严重损害了国家利益。廖某某、马某某与云浮市某水泥有限责任公司原法定代表人高某某恶意串通，在请示中虚构事

[1] 参见“广东督促某区生态环境局履职行政公益诉讼案”典型意义，最高人民检察院发布检察听证典型案例（第二批），2021年6月10日发布。

实,称云浮市某水泥有限责任公司将投资3.7亿元扩建年产200万吨新型干法转窑水泥生产线等项目,购买涉案债权资产包系为了解决该生产线的用地需求,从而骗取市国资委的同意批复。而事实上,云浮市某资产经营有限责任公司与云浮市某水泥有限责任公司签订的转让协议中,完全没有提及云浮市某水泥有限责任公司需投资3.7亿元扩建年产200万吨新型干法转窑水泥生产线的内容,且云浮市某水泥有限责任公司在购得涉案资产债权包后也从未在涉案资产债权包抵押物土地上进行年产200万吨新型干法转窑水泥生产线的建设。

云浮市某资产经营有限责任公司与云浮市某水泥有限责任公司签订的资产转让合同违反了《国有资产评估管理办法》[1](1991年)、《企业国有产权转让管理暂行办法》(2004年)以及《广东省企业国有产权转让管理实施意见》(2004年)的相关强制性规定。根据《国有资产评估管理办法》(1991年)第3条第1款规定,国有资产拍卖、转让前应当进行资产评估;根据《企业国有产权转让管理暂行办法》(2004年)第4条、第14条第1款以及《广东省企业国有产权转让管理实施意见》(2004年)第21条规定,在转让企业国有资产时应当在依法设立的产权交易机构公开进行。上述规定属于强制性规定,是转让企业国有资产时必须遵守的规定,目的就是更好地保护国有资产,以防在转让过程中因不公开不透明造成国有财产损害。本案中,作为国有公司的某资产经营有限责任公司在取得涉案资产债权包后,没有进行资产评估,也没有进入产权市场进行挂牌转让和公开征集受让方,而是直接通过协议方式把含有价值13,231,470元抵押物的债权资产包平价转让给云浮市某水泥有限责任公司,明显违反上述强制性规定。

【检察机关办案情况】

1. 检察机关调查核实

检察机关经过调查核实,认定以下案件事实:

2004年12月,云浮市某水泥有限责任公司租赁云浮市水泥厂位于云浮市六都南乡的24万吨转窑扩建项目空场地及地上建筑物建设水泥粉磨站。云浮市某水泥有限责任公司的股东陈某某、高某某在经营过程中得知云浮市水泥厂所欠中国银行本息已作为资产包(债权本息8479万元,抵押物是90,010平方

---

〔1〕《国有资产评估管理办法》于2020年11月29日被《国务院关于修改和废止部分行政法规的决定》修订。因本案发生在该法修订前,故仍适用修订前的法律。余同。

米厂房用地及地上附着物，即云浮市某水泥有限责任公司水泥粉磨站所处土地及地上附着物）剥离，于是找到云浮市某资产经营有限责任公司原董事长、总经理廖某某及党委委员马某某要求帮助受让该资产包，并承诺若资产包购买成功，将分别贿送该债权资产包的10%股份给廖某某、马某某。

2005年4月8日及11月28日，经廖某某签发，某资产经营有限责任公司两次向云浮市国资委请示，拟通过某资产经营有限责任公司向中国东方资产管理公司（以下简称东方公司）购买该债权资产包后，再平价转让给云浮市某水泥有限责任公司的方式帮助云浮市某水泥有限责任公司购得涉案债权资产包。同时，两次请示上均明确，云浮市某水泥有限责任公司购买涉案债权资产包系为了解决该公司建设年产200万吨转窑水泥项目的用地需求，且第二次请示时还附上了某资产经营有限责任公司与云浮市某水泥有限责任公司的投资合作意向书，意向书上明确云浮市某水泥有限责任公司将投资人民币3.7亿元人民币建设年产60万吨水泥粉磨站1个及扩建年产200万吨新型干法转窑水泥生产线一条。同年12月29日，某资产经营有限责任公司与东方公司签订债权转让协议，以550万元成功购得该8479万债权。

2006年2月，云浮市某水泥有限责任公司法定代表人由陈某某变更为高某某，股东由陈某某、高某某变更为高某某、高某1（系高某某胞弟），其中高某某占90%，高某1占10%。2006年4月，云浮市某水泥有限责任公司法定代表人高某某向廖某某、马某某表示市水泥厂的债权资产包的事项已经办得差不多了，按之前承诺送给廖某某和马某某各10%的股份，并希望廖某某和马某某继续支持和帮助他。三人共同商议，为了避免与云浮市某水泥有限责任公司原合作股东产生纠纷，决定由高某某出资10万元以其儿子高某2的名义专门注册了某伟公司用于承接云浮市某水泥有限责任公司购买的上述债权资产包。同年5月29日，某资产经营有限责任公司通过协议方式以购入价550万元将上述债权资产包出售给云浮市某水泥有限责任公司，同时在债权转让合同中将云浮市某水泥有限责任公司租赁市水泥厂粉磨站场地租金由30万元/年变更改为15万元/年，扣减的15万元/年租金折抵该债权本金（经核算，2006年至2019年已折抵13年共195万元）；同日，云浮市某水泥有限责任公司支付80万元给某资产经营有限责任公司（其余470万元在之前云浮市某水泥有限责任公司借给某资产经营有限责任公司的款项中抵扣）。马某某于同年6月到云浮市某水泥有限责任公司任副总经理并于同年7月申请辞去某资产经营有限责任公司党委委员职务。

2006年6月8日，云浮市某水泥有限责任公司在没有履行在抵押物90,010平方米土地上投资3.7亿元建设200万吨新型干法转窑水泥生产项目等承诺的情况下，以600万元将该债权转让给其关联公司某伟公司，但没有发生实际交易金额，并由某伟公司分别与云浮市某水泥有限责任公司、市水泥厂等签订债权转让确认书。同年6月20日，某伟公司即向市水泥厂发出催收该8479万元债权的通知书。同年7月14日，经廖某某审批同意，市水泥厂向某资产经营有限责任公司借款40万元支付给某伟公司，以履行该债权的部分还债义务。同年8月1日，云浮市某水泥有限责任公司法定代表人高某某兑现此前承诺，分别送给廖某某、马某某某伟公司股份10%（某伟公司享有的原云浮市某水泥有限责任公司购买的水泥厂8479万元债权中的847.9万元债权），并以陈某1（系廖某某外甥）、谢某某（系马某某外甥）名义分别代持该10%股份，其儿子高某2（系某伟公司法定代表人）持股80%。2007年1月，某资产经营有限责任公司持有的土地抵押他项权证期满，市水泥厂90,010平方米土地及地上附着物的抵押权人从某资产经营有限责任公司变更为某伟公司。按照廖某某安排，马某某协助云浮市某水泥有限责任公司到国土局办理他项权证登记续期，到法院起诉确认债权等事项。

经广东联信资产评估土地房地产估价有限公司评估，涉案抵押物90,010平方米土地于基准日2006年8月1日的使用权评估价值为13,231,470元。

2. 检察建议及回复情况

云浮市人民检察院向云浮市政府国有资产监督管理委员会发出检察建议，建议指出：根据《合同法》第52条[1]规定："有下列情形之一的，合同无效：（一）一方以欺诈、胁迫的手段订立合同，损害国家利益；（二）恶意串通，损害国

[1] 本条对应《民法典》第148、149、150、153、154条。余同。《民法典》第148条规定："一方以欺诈手段，使对方在违背真实意思的情况下实施的民事法律行为，受欺诈方有权请求人民法院或者仲裁机构予以撤销。"第149条规定："第三人实施欺诈行为，使一方在违背真实意思的情况下实施的民事法律行为，对方知道或者应当知道该欺诈行为的，受欺诈方有权请求人民法院或者仲裁机构予以撤销。"第150条规定："一方或者第三人以胁迫手段，使对方在违背真实意思的情况下实施的民事法律行为，受胁迫方有权请求人民法院或者仲裁机构予以撤销。"第153条规定："违反法律、行政法规的强制性规定的民事法律行为无效。但是，该强制性规定不导致该民事法律行为无效的除外。违背公序良俗的民事法律行为无效。"第154条规定："行为人与相对人恶意串通，损害他人合法权益的民事法律行为无效。"

家、集体或者第三人利益；（三）以合法形式掩盖非法目的；（四）损害社会公共利益；（五）违反法律、行政法规的强制性规定。”本案中某资产经营有限责任公司与云浮市某水泥有限责任公司签订的协议同时符合了《合同法》第 52 条第 2 项和第 5 项之规定，应认定为无效合同。根据《印发云浮市人民政府国有资产监督管理委员会主要职责内设机构和人员编制规定的通知》（云府办〔2010〕39 号），国有资产监督管理委员会依法对市政府授权管理企业的国有资产负有监管职责。某资产经营有限责任公司作为国有资产监督管理委员会授权管理的国有企业，在该公司可能存在损害国有财产行为的情况下，应履行监管职责，督促和协助某资产经营有限责任公司通过民事诉讼方式确认某资产经营有限责任公司与云浮市某水泥有限责任公司之间签订的关于转让涉案资产债权包的协议无效，挽回国有财产损失。

建议：及时督促、帮助云浮市某资产经营有限责任公司通过法律途径确认其与云浮市某水泥有限责任公司签订的协议无效，挽回国家损失；并于收到检察建议书后两个月内依法履行职责，并书面回复本院。

云浮市人民政府国有资产监督管理委员会收到检察建议后，积极整改，从以下三个方面落实检察建议：第一，针对本案加强与其他部门的沟通和协调，寻求解决问题的最恰当的方案，为依法依规追回国有资产损失奠定基础。第二，认真开展全系统自检自查，以案为鉴、以案促改、以案明纪，召开以“以案促改警示教育”为主题的廉政工作会议。第三，进一步加强对国有企业和国有资本监督管理，完善内部审计小组，贯彻落实党内谈话制度，落实机关纪委列席监管企业“三重一大”事项决策会议制度。第四，在全市国资系统进行重大投资决策风险排查，切实落实国有资产保值增值责任，维护国有资产安全，防止国有资产流失。

【典型意义】

本案是通过公益诉讼检察建议实现国有财产保护的典型案例，通过本案挽回国有财产损失 13,231,470 元。同时，针对该案存在其他生效民事判决可能影响追回国有财产的情形，及时向民事检察部门移送案件线索。民事检察部门经审查后向法院发出再审检察建议。通过本案，有助于督促行政机关提高依法行政意识，完善管理制度，积极履行职责，落实国有资产保护责任。

【案件评析】

本案是人民检察院内部刑事公诉、行政公益诉讼和民事再审多部门联动、多种方式协同办案的典型案例。

首先,本案中的相关人员涉及行贿罪和受贿罪,云浮市罗定市人民法院作出刑事判决书认定案件事实并对相关涉案人员依法作出判决。但案件目前只对相关人员个人作出惩处,国有财产仍然处于挽损过程中。

其次,检察机关在办案过程中及时发现行政公益诉讼线索,依法督促行政机关履行,积极挽回国有财产。本案与其他案件的差异在于,涉案国有资产已被转移,处于受损状态,如何避免国有资产损失是检察机关面临的难题。行政公益诉讼部门只有与相关部门积极合作,弄清案件事实,进一步核实国有财产受损状况,适时发出检察建议,才能有效实施监督职能,保护国有资产安全。

最后,针对该案存在其他生效民事判决可能影响追回国有财产的情形,行政公益诉讼部门及时向民事检察部门移送案件线索。民事检察部门经审查后已向法院发出再审检察建议,通过多方联动追回国有财产。此外,人民检察院其他部门发现公益诉讼案件线索的,应当将有关材料及时移送负责公益诉讼检察的部门。

九、公益诉讼促进英雄烈士纪念设施保护:云浮市退役军人事务局怠于履行法定职责案

【关键词】

行政公益诉讼诉前程序　英雄烈士纪念设施保护　怠于履行法定职责

【要旨】

烈士纪念设施是传承红色基因、弘扬英烈精神、开展党史学习教育、进行爱国主义教育的重要载体。英雄烈士纪念设施存在的问题,影响了英雄烈士纪念设施庄严、肃穆、清净的环境和氛围,给群众瞻仰带来不便甚至造成安全隐患。检察机关经过摸查发现上述问题并发出建议,充分发挥了检察机关保护红色革命资源的职能作用,督促行政机关切实履行法定监管职责,强化对红色革命资源的有效管理和维护,更好地发挥其纪念意义及教育意义。

【基本案情】

云浮市人民检察院在履行公益诉讼职责中发现,云浮市内部分英雄烈士纪念设施存在管理不善的情形,可能致使社会公共利益受到侵害,遂依法进行调查。查明以下事实:

1. 云浮市烈士陵园内烈士墓周边乱扔垃圾、碑前道路台阶破损、围墙内陷。

2. 罗定市连州战斗纪念公园内烈士纪念碑背后的烈士墓杂草丛生，战斗纪念馆内无防火设施；苹塘镇文安烈士纪念碑碑体破损、开裂，碑顶长有杂草；金鸡镇革命烈士纪念碑周边杂草丛生、碑文模糊不清；罗平镇无名烈士墓周边杂草丛生、碑文模糊不清，且周围无道路通往烈士墓。

3. 云城区南盛烈士公园内落叶、祭祀垃圾无人清扫，台阶破损；陈剑夫革命烈士纪念碑周围杂草丛生，上山道路树木倒塌、落叶无人清扫。

4. 云安区都杨革命烈士纪念碑周围清洁工具乱摆乱放，地上塑料垃圾未清理，纪念碑阶梯两侧有垃圾、黄泥、建筑边角料裸露；高村革命烈士纪念碑周边散落垃圾、落叶堆积无人清扫。

5. 新兴县蕉山革命烈士陵园内部分墓碑破损脱落、地台塌陷、树木倒塌、私建电线杆私拉电线；簕竹烈士纪念碑旁搭建鸡舍养鸡，在通往纪念碑的道路上设置铁门并上锁。

【检察机关办案情况】

1. 磋商意见

人民检察院办理行政公益诉讼案件，可以就行政机关是否存在违法行使职权或者不作为、国家利益或者社会公共利益受到侵害的后果、整改方案等事项进行磋商；磋商可以采取召开磋商座谈会、向行政机关发送事实确认书等方式进行。本案中，人民检察院根据查明的事实，向云浮市退役军人事务局发出《磋商函》，根据《英雄烈士保护法》（2018 年）第 10 条、《烈士褒扬条例》（2019 年修改）第 6 条和第 30 条、《烈士纪念设施保护管理办法》（2022 年修订）第 14 条的规定，云浮市退役军人事务局作为承担烈士褒扬、纪念设施管理保护工作的地级市行政机关，负有对云浮市辖区范围内革命烈士纪念设施保护监督管理的职责。根据《行政诉讼法》第 25 条第 4 款的规定，提出如下磋商意见：第一，对上述英雄烈士纪念设施存在的问题进行整改；第二，对云浮市行政区域内的英雄烈士纪念设施进行全面排查，发现存在问题的，及时督促有关管理单位进行纠正；第三，建立健全相关机制，定期进行排查管理，确保英雄烈士纪念设施庄严、肃穆、清净的环境和氛围。

2. 整改情况

云浮市退役军人事务局收到检察院的《磋商函》后，开展全面自查和整改落实，召开专题会议传达学习、部署落实中央、省的相关方案及通知精神，对标对表相关要求进行研究，明确目标任务、落实工作要求、制订工作方案，推动全市的烈士纪念设施管理保护。及时召开全市纪念设施管理保护专题会议、优抚褒扬工作等相关会议，将广东省退役军人事务厅开展烈士纪念设施管理保护情况自查工作的要求、市检察院座谈会和《磋商函》提出的意见建议传达至各县（市、区）局，就开展烈士纪念设施（含零散）自查行动、进行管理保护提质及解决存在问题等进行共同研究、推动落实。组织市县两级开展烈士纪念设施（含零散）管理保护自查自纠、登记造册、整改落实。通过市县两级自查，摸清核准烈士纪念设施（含零散）现状，由所在县（市、区）按《零散烈士纪念设施情况统计表》填写好所在地址、建设情况、管理保护等相关数据，建立每个烈士纪念设施（含零散）数据台账，做到底数清、情况明；将发现的问题逐一登记造册，同步登记好《设施动态管理维护情况登记表》，建立每个烈士纪念设施（含零散）管理保护台账，对碑文错对、外观完整、附属设施完好及环境卫生等问题进行规范，及时整改落实。对照市县两级自查中发现的问题和市检察院座谈会和《磋商函》意见建议内容，各地、各管理单位已于2021 年6 月8 日前完成大部分问题的整改，对因属文物保护需相关部门批复的、需财政另行划拨资金维修的，争取在 7 月 1 日前完成维修等工作。具体整改情况如下：

（1）市烈士陵园：一是及时清理烈士陵园的垃圾和杂物，同步开展经常性的卫生综合整治，并计划聘请绿化管护公司每年至少进行一次全方位的绿化清理工作，保证烈士陵园内卫生清洁；二是对破损的道路台阶等进行了全面的清理和修补，确保陵园内基础设施的完好美观；三是积极与隔壁建筑工地协商其施工造成陵园围墙开裂问题，现已对开裂部分进行了修补确保通行安全，待工程全面竣工后，施工方承诺将对围墙进行全面修复恢复原貌。

（2）云城区：一是针对陈剑夫革命烈士纪念碑所处位置的杂草丛生、树木倒塌、落叶堆积等问题，组织志愿者进行全面清理，还原和整理好周边环境；二是对南盛镇李君烈士墓所在的南盛烈士公园进行了全面提升改造，实施了砌筑园前土坡挡土墙、修补台阶地面、清理环境卫生、碑文重新描红等工作；三是组织人员对前锋镇革命烈士纪念碑、思劳镇梁桂华烈士纪念馆进行清扫。

（3）云安区：云安区投入 80 多万元对全区 5 处革命烈士纪念设施进行修缮，主要对陈旧碑体翻新干挂花岗岩石片、楼梯地面铺设花岗岩石片、修围墙、对烈士墓碑文重新描红、安装路灯等，同时组织人员对该 5 处革命烈士纪念设施所在位置进行环境卫生清理。

（4）罗定市：一是对连州战斗纪念公园进行整体修缮（包括罗定革命史料馆修缮），目前烈士墓杂草已清理、修缮工程正在推进，罗定革命史料馆按要求增设消防灭火器10个、防毒面具10个；二是对金鸡烈士纪念碑、苹塘文安烈士纪念碑、罗平无名氏烈士墓、榃滨潮岭烈士墓、船步龙岗烈士墓进行了烈士墓及地面破损处修补、清洗碑身、碑文重新描红、清除杂草等工作。

（5）新兴县：一是与县文广旅体局召开会商会，明确蕉山革命烈士陵园和其他烈士纪念设施保护范围划定的相关程序；二是与相关乡镇负责人召开烈士纪念设施整改专题推进会议，就各乡镇烈士纪念设施存在问题及整改措施制订工作方案；三是聘请广州信图空间信息技术有限公司会同有关乡镇负责人实地作业，为烈士纪念设施划定保护范围，目前13处烈士纪念设施已制定保护范围方案，准备送相关部门审批；四是根据问题清单立行立改，目前蕉山革命烈士陵园墓碑破损脱落、树木倒塌、周边的垃圾清理，道路地面塌陷、过境电线杆、私拉电源、居民储水水塔等问题基本整改完成；簕竹纪念碑旁边搭建的鸡舍，镇政府与场主协商搬迁并拆除，路上拦阻上锁的铁门已打开，烈士纪念设施正常向公众开放。其余烈士纪念碑所在乡镇也组织工作人员进行了全面的环境清扫和设施修补。

（6）郁南县：一是郁南革命烈士陵园全面落实管理职能，对园内墓碑进行了碑文重新描红，开展经常性的卫生保洁，建设英名墙等附属设施；二是针对零散纪念设施自查中发现的杂草较多、墓碑碑文模糊等问题，于5月中旬组织所在地乡镇政府进行了保洁清杂；三是由于没专门管理机构及资金，现向县政府申请约10万元的专项资金，在7月1日前完成对所有零散纪念设施进行场地维护、清洗碑身、碑文描红等专项工作。

除积极整改外，进一步推动烈士纪念设施的管理保护。针对云浮市只有云浮市烈士陵园及罗定市烈士陵园、新兴县蕉山革命烈士陵园、郁南革命烈士陵园设有管理处，但只是对园内设施进行管理维护的现状，云浮市进一步压实各级党委政府和退役军人事务部门责任，推动各县（市、区）将未列入等级的零散烈士纪念设施采用委托管理（签订《委托管理协议书》）等模式，通过所在辖区的镇（村）退役军人服务中心（站）或镇政府、村委对零散烈士纪念设施进行管理保护。

【典型意义】

本案是针对所有英雄烈士纪念设施存在的问题发出检察建议并促进整改

的典型案例。革命文物资源及烈士纪念设施是中国共产党非凡奋斗历程和中国共产党人精神谱系的历史见证,是党员干部和人民群众学习党的历史、发扬红色传统、传承红色基因的生动教材。《英雄烈士保护法》第10条第1款规定:"英雄烈士纪念设施保护单位应当健全服务和管理工作规范,方便瞻仰、悼念英雄烈士,保持英雄烈士纪念设施庄严、肃穆、清净的环境和氛围。"云浮市检察机关在发出检察建议前,对全市范围内的英雄烈士纪念设施进行全面排查,制定了《云浮市检察机关红色资源和文物保护公益诉讼专项监督工作方案》,指派专门人员对本辖区内红色革命资源进行实地走访,对本辖区烈士纪念设施或者文物保护单位的数量、级别、位置、管理单位、管护情况等进行全面排查,对发现的问题进行梳理筛选,有针对性地发出《磋商函》。退役军人事务局亦按照《磋商函》的意见认真整改。

【案件评析】

云浮市红色革命文化深厚,历史遗产文化资源丰富,为更好地参与和促进社会治理,提升云浮市文物保护利用和文化遗产传承,弘扬英雄烈士精神,加强对英雄烈士权益及英雄烈士纪念设施等红色资源的保护力度,云浮市人民检察院从2021年1月至9月,开展"红色资源和文物保护公益诉讼专项监督"工作,充分发挥公益诉讼检察职能作用,促进负有文物保护、英烈设施管理和维护等职责的行政机关依法行政。

《烈士褒扬条例》第6条规定:"国务院退役军人事务部门负责全国的烈士褒扬工作。县级以上地方人民政府退役军人事务部门负责本行政区域的烈士褒扬工作。"第30条规定:"县级以上人民政府有关部门应当做好烈士纪念设施的保护和管理工作。未经批准,不得新建、改建、扩建或者迁移烈士纪念设施。"《烈士纪念设施保护管理办法》(2022年修订)第14条规定:"烈士纪念设施保护单位应当健全瞻仰凭吊服务、岗位责任、安全管理等内部制度和工作规范,对本单位工作人员定期进行职业教育和业务培训。"根据上述规定,云浮市退役军人事务局是对英雄烈士纪念设施依法负有管理职责的法定机关。本案并非针对单一案件发出检察建议,而是针对所有英雄烈士纪念设施存在的问题发出检察建议;推动完善与行政机关的信息交流、案件通报、联席会议等常态化协调联动机制,灵活运用磋商沟通、圆桌会议、组织听证等方式,认真研判分析本地存在的损害公益突出问题,督促相关部门主动履职整改。通过检察建议和整改,促进提升烈士纪念设施修缮管理保护的制度化、规范化和专业化水平;通过办案，与本地退役军人事务部门、文物管理部门建立案件线索移送和研判、案件协查等协调联动长效机制，构建共建共治共享新格局，营造尊崇英烈铭记功勋、保护文物传承文化的浓厚社会氛围。

第六章　刑事附带民事公益诉讼典型案例述评

一、刑事被告人应承担污染环境损失赔偿责任：王某根污染环境案

【关键词】

刑事附带民事公益诉讼　污染环境罪　危险废物　生态资源损失

【要旨】

在刑事案件中提起附带民事公益诉讼能够很好地体现检察机关在维护社会公益方面的履职优势。刑事附带民事公益诉讼中民事损害赔偿可以充分利用刑事部分对案件事实和证据的认定，高效维护社会公共利益。法院可以判决刑事被告人承担污染环境损失赔偿责任及支付有关鉴定费、环境影响评估费。

【基本案情】

2017 年 7 月，同案人严某凌（另案处理）找到被告人王某根运输危险废物。2017 年 7 月 30 日，被告人王某根驾驶货车到罗定市金鸡镇一工厂，同案人严某凌、被告人王某根通过油泵把 6 吨带刺激性味道的黑色废油渣抽到货车车厢里，然后轮流驾驶该货车到云浮市云安区 X461 县道石城镇石山下村梅槽坑处，将 6 吨黑色油渣倾倒在公路旁边的斜坡。随后，二人驾驶货车返回广州市花都区。案发后，云浮市环境保护局云安分局认定：被倾倒的黑色废弃物属于具有腐蚀性特征的危险废物；经环境保护部华南环境科学研究所评估，此次污染事故造成生态资源损失 457,149.30 元。

【检察机关办案情况】

1. 起诉

云浮市云安区人民检察院认为，王某根在明知无处置危险废物资质的情况下，仍非法运输危险废物并倾倒在石城镇石山下村梅槽坑公路边，严重污染当地生态环境，损害社会公共利益，其行为违反了《环境保护法》第 6 条和第 64

条、《固体废物污染环境防治法》第57条和第60条的规定。根据《侵权责任法》[1]（已废止）第4条第1款、第15条、第65条的规定，王某根应依法承担污染环境的侵权责任。因王某根的上述行为构成污染环境罪，依法应当追究刑事责任，云浮市云安区人民检察院已于2018年12月7日以云安区检公诉刑诉（2018）140号起诉书提起公诉，根据《民事诉讼法》（2017年第三次修正）[2]第55条第2款、《最高人民法院、最高人民检察院关于检察公益诉讼案件适用法律若干问题的解释》第20条的规定，提起附带民事公益诉讼。

2. 一审判决

云浮市云安区人民法院判决：(1)被告人王某根犯污染环境罪，判处有期徒刑九个月，缓刑一年，并处罚金3000元。(2)被告人王某根赔偿因倾倒危险废物造成的生态资源经济损失457,149.30元，上缴国库。(3)被告人王某根应支付鉴定费、环境影响评估费合计149,000元，上缴国库。(4)扣押的蒙G××××××号南骏牌货车及行驶证，由公安机关依法发还给车辆所有人。

3. 上诉

王某根提出上诉，请求撤销原审判决第二、三项，改判追加另案处理的严某凌连带承担因倾倒危险废物造成的生态资源损失457,149.30元责任及连带支付鉴定费、环境影响评估费149,000元。

4. 二审裁定

对于王某根提出的上诉意见，二审裁定认为严某凌与王某根共同参与作案但严某凌因涉嫌其他污染环境犯罪而被其他公安机关逮捕，并移送有管辖权的其他审判机关审理。一审判决根据王某根的罪责认定其属于从犯。考虑严某凌没有与王某根的污染环境案在原审判机关共同受审，不能准确划分严某凌与王某根承担责任的比例，仅判令王某根一人承担污染环境损失赔偿责任及支付有关鉴定费、环境影响评估费，并无不当。二审裁定驳回上诉，维持原判。

【典型意义】

本案具有以下三个方面的典型意义：

---

[1] 本法已被《民法典》取代。因本案发生在《民法典》颁布前，故仍适用此前法律。余同。

[2] 《民事诉讼法》于2021年12月24日第十三届全国人民代表大会常务委员会第三十二次会议《关于修改〈中华人民共和国民事诉讼法〉的决定》第四次修正。因本案发生在该法修订前，故仍适用修订前的法律。余同。

环境修复是生态损害的最佳救济方式。根据《侵权责任法》(已废止),我国侵权责任的方式有停止侵害、排除妨碍、消除危险、恢复原状、损害赔偿等。但这些责任方式对于环境侵权的损害救济并不充足,环境侵权的二元性决定了环境侵权责任必须有不同于传统侵权的责任承担方式。就环境侵权损害救济而言,对可能造成损害的情况,应当责令当事人消除危害;对已经造成损害的情况,应当要求当事人恢复环境;对无法恢复的损害,则要求责任人承担赔偿责任。需要注意的是,停止侵害、排除妨碍、消除危险可以及时阻止环境侵权行为延续,新的损害不再发生。污染物或者破坏环境的因素并不会因侵权行为停止而停止,损害后果还会持续,并且这种持续还可能造成进一步的损害后果。因此,传统的民事侵权责任承担方式对环境侵权损害的弥补存在不足。〔1〕

《最高人民法院关于审理环境民事公益诉讼案件适用法律若干问题的解释》(法释〔2020〕20 号)和《最高人民法院关于审理环境侵权责任纠纷案件适用法律若干问题的解释》(法释〔2020〕17 号)对环境修复责任作出了规定,明确恢复原状与环境修复责任的关系。《最高人民法院关于审理环境民事公益诉讼案件适用法律若干问题的解释》第 20 条明确规定:"原告请求修复生态环境的,人民法院可以依法判决被告将生态环境修复到损害发生之前的状态和功能。无法完全修复的,可以准许采用替代性修复方式。人民法院可以在判决被告修复生态环境的同时,确定被告不履行修复义务时应承担的生态环境修复费用;也可以直接判决被告承担生态环境修复费用。生态环境修复费用包括制定、实施修复方案的费用,修复期间的监测、监管费用,以及修复完成后的验收费用、修复效果后评估费用等。"第 21 条规定:"原告请求被告赔偿生态环境受到损害至修复完成期间服务功能丧失导致的损失、生态环境功能永久性损害造成的损失的,人民法院可以依法予以支持。"

王某根等人实施犯罪行为,除铤而走险外,环境保护意识欠缺也是重要原因,既未充分理解犯罪行为对社会的危险性,也未意识到犯罪行为对社会造成的严重后果。通过案件判决,向社会昭示破坏环境行为所造成的民事损害,以及责任人对损害的赔偿义务,充分展示党和政府对环境保护的重视,同时震慑类似行为。

---

〔1〕 吕忠梅:《论环境侵权责任的双重性》,载《人民法院报》2014 年 11 月 5 日,第 8 版。

【案件评析】

本案争议的焦点问题是,应否追加另案处理的严某凌连带承担因倾倒危险废物造成的生态资源损失。据现场勘验检查笔录、鉴定意见、指认笔录、道路视频监控资料、同案人严某凌与上诉人王某根的供述证实,案发当日王某根接受同案人严某凌的指使,提供车辆及收取运输报酬,与严某凌一起驾驶车辆将黑色废油渣倾倒在案发地点,造成污染环境的危害后果。严某凌与王某根共同参与作案,但严某凌因涉嫌其他污染环境犯罪而被其他公安机关逮捕并移送有管辖权的其他审判机关审理,一审判决根据王某根的罪责认定其属于从犯,考虑严某凌没有与王某根的污染环境一案在原审判机关共同受审,不能准确划分严某凌与王某根承担责任的比例,仅判令王某根一人承担污染环境损失赔偿责任及支付有关鉴定费、环境影响评估费,并无不当。

王某根可依据原判对本案作出的裁判结果和其他审判机关对严某凌作出的裁判结果,寻求民事法律途径解决附带民事赔偿污染环境损失的责任分配及支付鉴定费、环境影响评估费数额分担问题。

二、刑民并行办理涉黑公益诉讼案件:刘某西等污染环境案

【关键词】

刑事附带民事公益诉讼　涉黑案件　污染环境罪　非法倾倒池泥　生态环境损害赔偿

【要旨】

刑事附带民事公益诉讼以强有力的制裁手段对污染环境犯罪产生震慑作用。

【基本案情】

2010 年至 2019 年,刘某西、刘某等为首(两人此前因实施敲诈勒索、非法拘禁等严重暴力犯罪被判刑)的“刘氏兄弟”,以宗族背景作掩护,预谋建立更为强大的犯罪组织。他们以经营合法生意为幌子,通过不正当的手段参选并任职村委会把持基层政权,为日后实施违法犯罪活动提供便利。在此期间,刘氏兄弟为壮大组织,凭借自身宗族家长的身份和当地逐渐形成的影响力,招募、笼络多名刘氏家族成员和网罗社会闲散人员、前科人员,长期从事违法犯罪活动,谋取非法利益,积累发展资源,使犯罪组织日益壮大,逐步形成了以刘某西、刘某为首,人数众多、组织领导明确、骨干成员基本固定的黑社会性质组织。该组织在

形成后长达数年里，多次有组织地实施聚众斗殴、寻衅滋事、污染环境、妨害信用卡管理、非法转让土地使用权等违法犯罪活动。

其中，被告人刘某西、刘某在2014年12月至2015年7月，经营的云安县金盛土石方有限公司为谋取非法利益，将云浮市云城区云城街道罗沙村委稔塘村旧松香厂地块改造成石材池泥堆场，用于倾倒、堆放石材池泥。此外，还以每车收取150元至300元不等的价钱招揽外来车辆倾倒石材池泥。经生态环境部华南环境科学研究所测算，稔塘堆场受损面积为15亩；堆场损坏地表植被，环境损害数额为3,277,428.05元。云浮市云安区人民法院根据查明的事实与证据，判决刘某西、刘某等人构成污染环境罪。

被告人刘某明在2015年至2017年，为谋取非法利益，先后在云浮市云城区高峰街道彩营村委罗冲村、河口街道云龙村双分坑村、云安区六都镇百里通石材厂背后，利用原有地形的基础上进行改造，分别修建池泥堆场。以每车200元到600元不等的价钱招揽从事池泥运输的老板非法倾倒池泥。经生态环境部华南环境科学研究所测算，上述三个堆场均造成了严重的污染后果，其中罗冲堆场受损面积为6.9亩，环境污染损害金额为12,336,955.67元；百里通堆场受损面积为72.6亩，环境污染损害金额为1,789,712.5元；赤黎堆场受损面积为16.55亩，运龙村双分坑堆场环境污染损害金额为3,279,722.33元。云浮市云安区人民法院根据查明的事实与证据，判决刘某明构成污染环境罪。

刘某西、刘某、刘某明除需要承担相应的刑事责任外，擅自修建堆场、非法处置固体废物的行为，严重污染了当地生态环境，损害了社会公共利益，其行为违反了《环境保护法》第6条和第64条的规定，根据《固体废弃物污染环境防治法》（2016年第三次修正）第85条、第86条以及《侵权责任法》（已废止）第4条第1款、第8条、第15条、第65条的规定，刘某西、刘某应依法连带承担环境污染侵权责任。法院最终判决刘某西、刘某连带承担因污染环境造成的生态损失费3,277,428.05元、评估费40,000元；刘某明承担因污染环境造成的生态损失费16,189,455.85元、评估费130,000元。

【检察机关办案情况】

2019年10月，经云浮市人民检察院指定，云安区人民检察院负责办理"4·01"涉黑案。云安区人民检察院经审查认定刘某西、刘某为首的"刘氏兄弟"涉黑犯罪组织所涉及的组织、领导、参加黑社会性质组织行为，聚众斗殴、寻衅滋事、非法经营、污染环境、敲诈勒索、强迫交易等黑社会性质组织实施的违法犯罪行为均已构成犯罪,应当追究其刑事责任。云安区人民检察院于2019年12月25日以云安区检公诉刑诉(2019)254号向云安区人民法院提起公诉。2020年4月3日,云安区人民检察院建议对本案进行延期审理,法院当天作出延期审理决定。

针对"修建堆场、倾倒石材废渣、损害生态环境"一系列违法犯罪行为,承办检察官认为,在追究犯罪嫌疑人刑事责任后,还应追究其民事侵权责任。为使案件顺利推进,在云浮市人民检察院公益诉讼检察部门的指导下,云安区人民检察院依职权进行调查核实工作。2020年1月2日,云安区人民检察院公告了相关附带民事公益诉讼案件情况,公告期内没有法律规定的机关和有关组织提起民事公益诉讼。

2020年4月29日,云安区人民检察院以被告人刘某西、刘某、刘某明犯污染环境罪,致使公共利益遭受经济损失,向云安区人民法院提起附带民事公益诉讼。法院判决支持检察机关的诉讼请求,认定被告人刘某西、刘某、刘某明等犯组织、领导、参加黑社会性质组织罪等,判处刘某西等16人有期徒刑十五年至一年零三个月不等,判令刘某西、刘某、刘某明依法赔偿因污染环境造成的生态资源损失1959万余元。

一审判决后被告人不服,上诉至云浮市中级人民法院。二审法院维持了一审判决。云浮市中级人民法院对案件作出判决的同时,有针对性地向云浮市生态环境局发出司法建议书,指出"2015年至2017年间,刘某西、刘某、刘某明等为谋取非法利益,先后在云浮市云城区高峰街道彩莹村委罗冲村、河口街道云龙村委双分坑村等地招揽从事池泥运输的老板非法倾倒池泥。"因此,建议该局"进一步加强对固体废物'产生、收集、运输、处置'的全流程网格化巡查和执法监管,加大法治宣传力度"。

后云安区人民检察院为确保刑事附带民事公益诉讼中所判决的生态环境损害赔偿款得以落实,就土地使用权原实际控制人(本案被告人刘某西)所控制的云浮市罗沙稔塘村六宗土地发起了执行异议之诉。根据云浮市政府、云浮市金融工作局等政府部门召开的风险化解工作会议精神,云安区人民检察院与广东罗定农业商业银行股份有限公司于2021年5月19日达成协议:银行方加快推进挂账收储工作,处置土地并在土地出让价款入库1个月内从土地处置款中优先扣取3,277,428.05元作为该六宗土地原实际控制人(刘某西)的生态损害赔偿金;检察院则撤回对涉案土地执行异议之诉,并不再对该涉案六宗土地使用权提出诉讼。

【典型意义】

本案的典型意义主要体现在以下两个方面：

其一，“4·01”涉黑案是云浮市在扫黑除恶专项斗争中破获的特大案件。该案也是云浮市办理的第一起涉黑公益诉讼案件，云安区人民检察院采取刑民并行的方式，双线追责，不仅严厉打击了黑恶势力的犯罪行为，还通过公益诉讼，依法向涉黑团伙追偿因污染环境行为造成的国家以及公共利益损失，既守护了绿水青山，又追究了违法行为人的民事侵权责任，完美诠释了检察机关作为国家、社会公共利益守护者的责任担当。通过在刑事责任和生态修复经济责任两个方面全面追责，为彻底扫除黑社会性质组织的经济基础提供了有益经验。

其二，非法倾倒石材废渣污染环境案件频发，对云浮市的生态环境造成了严重威胁，专项整治刻不容缓。本案违法犯罪分子污染环境造成的损失巨大，云安区人民检察院依法向其追偿的生态资源损失数额同样巨大，社会影响广泛，具有较好的震慑和教育作用。

【案件评析】

《关于检察公益诉讼案件适用法律若干问题的解释》第 20 条第 1 款规定：“人民检察院对破坏生态环境和资源保护、食品药品安全领域侵害众多消费者合法权益等损害社会公共利益的犯罪行为提起刑事公诉时，可以向人民法院一并提起附带民事公益诉讼，由人民法院同一审判组织审理。”本案属于破坏生态环境和资源保护损害社会公共利益的犯罪行为，云安区人民检察院对本案提起刑事附带民事公益诉讼，不仅遵循了规范依据，也符合刑事附带民事公益诉讼的制度定位。

首先，刑事附带民事公益诉讼有利于发挥检察机关的法律监督职能，维护国家利益和社会公共利益。检察机关是行使公权力的国家机关，办理公益诉讼案件是履行法律监督职能的职权行为，因此，检察机关的诉讼地位具有特殊性。《关于检察公益诉讼案件适用法律若干问题的解释》也明确规定检察机关的身份是“公益诉讼起诉人”。本案中，云安区人民检察院一方面履行法律监督的职能，提前介入侦查、提起刑事附带民事公益诉讼，将法律监督职能贯穿程序始终；另一方面，检察机关牢牢坚持“保护公益”这一核心要旨，对非法倾倒池泥造成土壤硬化、土地板结等环境问题，依法启动刑事附带民事公益诉讼程序，追究污染环境者的侵权责任，保护了生态资源，维护了受损的社会公共利益。

其次，刑事附带民事公益诉讼彰显了检察机关坚持打击刑事犯罪与赔偿损失、修复生态并重的办案理念，强化了维护生态平衡司法保护力度。独立的刑事或民事诉讼无法形成合力，以至于法益和公益保护难以协同。统计发现，过去我国对污染环境罪的量刑大多适用基础量刑，仅5%左右的案件适用加重量刑，而在适用基础量刑的案件中，高达97%的案件还适用缓刑。[1] 这意味着传统刑罚既不能遏制污染环境的犯罪，也无法实现恢复被破坏的环境生态。通过刑事附带民事公益诉讼，其客观效果不仅可以直接修复环境生态，让被告人承担生态修复和功能损失的费用，也大大提升了环境刑事制裁的威慑力。本案中，办案人员借助科研机构的力量，专门向生态环境部华南环境科学研究所咨询，并邀请鉴定专家以及相关专业人员到现场勘查并记录现场状况；通过走访座谈相关部门，收集调查报告、监测报告等资料，最终评估出事件造成的财产与环境损害程度，量化财产与生态环境损害数额。在多方沟通下，鉴定机构确认采取虚拟治理成本法：先通过勘探钻井取样确定倾倒池泥量，然后计算涉事堆场的石材废渣清除与环保处理、客土回填、平整翻耕、作物栽植等工程量以及完成上述工程量所需费用的总和，从而得出生态资源损失数额。最终，生态环境部华南环境科学研究所出具了生态环境损害评估报告：百里通堆场受损面积为72.6亩，罗冲堆场受损面积为6.9亩，赤黎堆场受损面积为16.55亩，稔塘堆场受损面积为15亩，堆场损坏地表植被，造成共计111.05亩面积土壤板结，土质败坏，失去原有功能，造成的生态环境损害将近2000万元。上述四份评估报告为成功向侵权人追偿生态资源损失提供了重要科学依据。

二审法院支持了检察机关的全部诉讼请求，刘某西、刘某、刘某明除了负刑事责任外，还对其犯罪行为造成的损失，依法承担民事赔偿责任，包括生态环境资源损失费、评估费，共计约2000万元。可见，刑事附带民事诉讼不仅保护法益，更保护公益，以强有力的制裁手段对此类犯罪产生威慑作用，呈现出前所未有的司法保护力度。另外，办案检察官在办理该起涉黑案件过程中，彻查案件背后的利益链以及该组织的财产状况，对公安机关查扣涉案财产的来源、性质、用途以及权属价值进行一一甄别登记，包括：依法扣押“刘氏兄弟”犯罪团伙小汽车6辆、货车11辆、洋酒一批；查封地皮11块，楼房一栋，面积共计约17万平

---

〔1〕 刘艺：《刑事附带民事公益诉讼的协同问题研究》，载《中国刑事法杂志》2019年第5期。

方米,市值估价约6亿元。及时冻结现金和资产,为日后生态资源损失的追偿以及财产刑的执行打下了坚实基础。

最后,刑事附带民事公益诉讼对于提高办案效率、节约司法资源具有积极意义。本案中,检察机关在办案过程中发现,犯罪嫌疑人刘某西、刘某、刘某明借用他人名义成立金盛公司等多家空壳公司,签订租地协议,从事堆场经营管理,安排他人顶包环保处罚等手段,做到经营决策以及堆场收益不留痕,给认定污染环境犯罪行为带来困难。为进一步查明案件事实,检察机关充分利用提前介入机制,通过刑检部门引导公安机关补充侦查,重点收集涉事堆场工作人员、清池老板及其司机的证言、勘验检查笔录等证据;同时,详细了解该团伙其他涉黑犯罪情况,查阅其他相关犯罪嫌疑人的供述、证人证言、企业登记资料、土地委托开发利用协议等证据材料,并重点收集关于刘某西、刘某、刘某明是否为金盛公司实际控制人以及是否参与堆场经营决策等方面的证言和线索,最终查明修建堆场倾倒池泥、招揽外来车辆从中收费等众多事项均由刘某西、刘某、刘某明决定,各种收益都归他们所有。经过严密分析,检察机关认为证据之间能形成完整的证据链条,从而认定了刘某西、刘某、刘某明经营堆场污染环境的行为。

在刑事附带民事公益诉讼中,检察院提前介入侦查,并引导公安机关就公益受损事实进行补充侦查,实质上为公益诉讼案件办理奠定了扎实基础。检察机关提前介入重大疑难案件的范围,实践中通常包括案件有重大影响、认定有重大分歧、犯罪手法特殊新颖、社会舆论广泛关注等几种类型。刑事附带民事公益诉讼涉及破坏生态环境和资源保护、食品药品安全领域侵害众多消费者合法权益等损害社会公共利益的犯罪行为,关乎国家利益和社会公益,本就属于具有重大影响且社会舆论高度关注的案件,检察机关适时介入和指导侦查很有必要。出于效率的考量,检察机关在刑事附带民事公益诉讼中可以坚持专案介入与类案引导相结合,以召开刑事附带民事公益诉讼案件联席会议、个案交流、专案研讨以及同类案件反馈等方式对证据收集和规范侦查活动方面的共性问题进行整理和剖析,既可通过一件案件明确同类案件的侦查取证范围,也可通过对几类难点案件的证据特点进行分析归纳,制定证据收集指引,使侦查人员在侦查该类案件、收集相关证据时有章可循、明确重点,从而起到事半功倍的效果。检察机关提前介入侦查能够充分发挥捕诉一体的办案优势,借力改革叠加效应,不断提升提前介入工作实效。但检察机关提前介入侦查的目的是检察人员与侦查人员形成优势互补，核心内容是引导侦查机关依法全面收集、固定和完善证据。提前介入侦查不等于联合办案，防止越俎代庖，防止侦查引导、侦查监督与侦查行为产生竞合，应坚持“介入但不干预、引导但不指挥、讨论但不定论”[1]的适度介入原则。

在认定侵权事实和责任主体后，如何确定其造成的生态损失是追偿的关键。上述案例中，为详细了解生态受损情况，检察机关深入涉事的四个堆场查看，采用无人机航拍堆场全貌，发现涉事堆场均已被红泥覆盖，面目全非。堆场经营收支记录等各种证据材料均已被销毁，确定生态环境损失数额陷入困难。为此，检察机关专门向生态环境部华南环境科学研究所咨询，并邀请鉴定专家以及相关专业人员到现场勘查并记录现场状况；通过走访座谈相关部门，收集调查报告、监测报告等资料，最终评估出案件造成的财产与环境损害程度，量化财产与生态环境损害数额。通过刑事附带民事公益诉讼，检察机关在依法追究行为人刑事责任的同时，能够一并追究其损害社会公共利益的民事责任，提高了诉讼效率、节约了诉讼资源。与独立的民事公益诉讼相比，刑事附带民事公益诉讼往往能够形成追责合力。

三、刑事附带民事公益诉讼与行政公益诉讼联动：朱某文等人污染环境案

【关键词】

刑事附带民事公益诉讼　预交赔偿款　刑事附带民事公益诉讼与行政公益诉讼联动

【要旨】

人民检察院在办理侵害环境公益诉讼案件中，根据查明的案件事实，探索侵权人预赔偿制度，为处置污染物、修复环境提供了一定的资金支持；有利于及时迅速处理环境污染问题，且有效解决环境损害案执行难的问题，实现双赢多赢共赢的政治效果、社会效果和法律效果。

人民检察院在办案过程中充分发挥检察机关行政公益诉讼监督职能，根据“一案两查”制度在刑事案件中发现行政公益诉讼线索，督促行政机关积极履

---

〔1〕戴萍：《检察机关在重大复杂案件中提前介入侦查符合现实需要》，载正义网，http://news.jcrb.com/jxsw/201908/t20190813_2035083.html，2020年8月15日访问。

职,恢复被污染的土地。

【基本案情】

2019 年 12 月 1 日开始,被告人朱某文、李某伟共同承租位于云浮市云城区高峰街道莲塘村石梯迳高鼎石材工业园内的两个钢结构厂房和一个露天厂房作为中转站的仓库,并在未取得任何环保手续、无危险废物经营许可证的情况下,以收取每吨 40—50 元的入场费从佛山市、肇庆市等地的铝型材厂将含铝废物(疑似铝灰)收集、堆放在两个钢结构厂房中。2019 年 12 月 19 日,被告人朱某文、李某伟二人合股成立云浮市瑞立环保科技有限公司,朱某文为云浮市瑞立环保科技有限公司的法定代表人,公司经营范围是:环保、节能技术研发及推广服务;销售:建筑材料(不含石材、河沙、危险化学品)、环保材料;再生资源回收、加工(不含固体废物、危险废物、报废汽车废物、报废汽车等需经相关部门批准的项目);回收利用、处理:污泥、飞灰、铝灰、粉煤灰、树脂粉、一般固体废渣(以上项目不含危险化学品)。(依法须经批准的项目,经相关部门批准后方可开展经营活动)。截至 2019 年 12 月 21 日被查处,该仓库已堆放 2749.78 吨含铝废物(疑似铝灰)和 3073.6 吨废布碎、海绵、玻璃纤维、保温棉等工业固体废物。被告人朱某文、李某伟因收集、堆放含铝废物(疑似铝灰)非法获利约人民币 5 万元。

被告人黄某文为肇庆市高要区百川环保材料有限公司的法定代表人,在肇庆市高要区蚬岗镇富源路 1 号开设工厂,主要业务为加工生产铝锭。2019 年 12 月,被告黄某文明知蔡某强(另案处理)无危险废物经营许可证,仍将公司生产过程中产生的含铝废物(疑似铝灰)以每吨 135 元的价格委托蔡某强进行处置。蔡某强再联系货运司机将含铝废物(疑似铝灰)运输到被告人朱某文租赁的位于云浮市云城区高峰街道莲塘村石梯迳高鼎石材工业园内仓库。至案发时止,被告人黄某文委托蔡某强处置的含铝废物(疑似铝灰)共计 505.85 吨。案发后,被告人黄某文家属为消除污染预交前期处置费用 28 万元用作损失赔偿。

被告人李某军为职业司机,明知被告人朱某文、李某伟未取得危险废物经营许可证,仍与其商量收集、堆放含铝废物(疑似铝灰)事宜,从中联系和运输含铝废物(疑似铝灰)到被告人朱某文租赁的位于云浮市云城区高峰街道莲塘村石梯迳高鼎石材工业园内仓库。经查,经被告人李某军联系和运输的含铝废物共计 512.02 吨,其中约有 57.8 吨含铝废物从被告人黄某文经营的肇庆市高要区百川环保材料有限公司运出。案发后，被告人李某军家属为消除污染预交前期处置费用 28 万元用作损失赔偿。

经上海化工研究院有限公司出具的《云城区高峰街道莲塘村固体废物危险性鉴别报告》鉴定，上述含铝废物为危险废物。

2020 年 5 月，广州云舟信息技术有限公司出具的《广东省云浮市云城区高峰街道石梯迳高鼎石材工业园铝灰堆场堆放量测绘工程测量报告》计算，现场铝灰的堆放量共计 3321 立方米。

2020 年 6 月，生态环境部华南环境科学研究所作出《云城区高峰街道莲塘村等地倾倒固体废物案环境损害评估报告》评估分析，云城区高峰街道莲塘村堆放铝灰的重量为 2749.78 吨，具有危险特性的铝灰处置价格至少为 2000 元/吨。云城区高峰街道莲塘村倾倒固体废物案造成损失共计人民币 6,446,180 元，具体如下：云城区高峰街道莲塘村非法处置铝灰（经鉴别为危险废物）造成的生态环境损害数额为人民币 5,499,560 元（2749.78 吨 × 2000 元/吨 = 5,499,560元），事务性费用人民币 650,000 元，环境损害评估费用人民币 50,000元，则云城区高峰街道莲塘村铝灰造成损失共计人民币 6,199,560 元；云城区高峰街道莲塘村非法处置工业固体废物造成的生态环境损害数额为人民币 196,620 元，环境损害评估费用人民币 50,000 元，则云城区高峰街道莲塘村工业固体废物造成损失共计人民币 246,620 元。

2019 年 12 月 21 日，被告人朱某文、李某伟被公安机关电话传唤到案，并如实供述其犯罪事实。

【检察机关办案情况】

1. 起诉

2020 年 9 月 8 日，云浮市云城区人民检察院向云城区人民法院提起刑事附带民事公益诉讼，请求：(1) 判令被告人朱某文、李某伟共同赔偿云城区高峰街道莲塘村非法处置铝灰造成的生态环境损害 5,49,560 元并负连带责任，其中被告人黄某文在 1,011,700 元范围内与被告人朱某文、李某伟负连带责任，被告人李某军在 115,600 元范围内与被告人朱某文、李某伟、黄某文负连带责任；被告人李某军与被告人朱某文、李某伟在 908,440 元范围内负连带责任。(2) 被告人朱某文、李某伟、李某军、黄某文共同承担事务性费用 65,000 元和环境损害评估费用 50,000 元的连带责任。(3) 判令被告人朱某文、李某伟共同赔偿其在云城区高峰街道莲塘村非法处置工业固体废物造成的生态环境损害 196,620

元和共同承担环境损害评估费用 50,000 元并负连带责任。

2. 判决

广东省云浮市云城区人民法院判决认为，被告人朱某文、李某伟违反《环境保护法》《固体废物污染环境防治法》的规定，倾倒、处置危险废物共计 2749.78 吨，造成生态环境严重损害且后果特别严重，其行为均已构成污染环境罪。公诉机关指控被告人朱某文、李某伟的犯罪事实清楚，证据确实、充分，被告人朱某文、李某伟污染环境罪名成立。被告人朱某文、李某伟案发后自动投案，如实供述其犯罪事实，是自首，依法可以减轻处罚。被告人朱某文、李某伟承认自己的罪行，愿意接受处罚，对其可以从宽处理。公诉机关的量刑建议适当。

被告人朱某文、李某伟、李某军、黄某文非法倾倒、处置危险废物及其他工业固体废物，严重污染生态环境，损害社会公共利益，依法应承担污染环境侵权的民事责任，应承担生态环境损害的修复费用。被告人朱某文、李某伟共同经营的云城区高峰街道莲塘村石梯迳高鼎石材工业园仓库铝灰的堆放总量为 2749.78 吨，其中被告人黄某文与朱某文、李某伟非法倾倒铝灰总量为 505.85 吨，被告人李某军与朱某文、李某伟非法倾倒铝灰总量为 454.22 吨，被告人李某军与黄某文非法倾倒铝灰总量为 57.8 吨。根据《民法典》第 1231 条“两个以上侵权人污染环境、破坏生态的，承担责任的大小，根据污染物的种类、浓度、排放量，破坏生态的方式、范围、程度，以及行为对损害后果所起的作用等因素确定”的规定，被告人朱某文、李某伟应共同承担云城区高峰街道莲塘村石梯迳高鼎石材工业园仓库非法处置铝灰造成的生态环境损害修复费用为 5,499,560 元(2749.78 吨 ×2000 元/吨 =5,499,560 元)并负连带责任，其中被告人黄某文在 1,011,700 元(505.85 吨 ×2000 元/吨 =1,011,700 元)内与朱某文、李某超伟承担连带责任，被告人李某军在 908,440 元(454.22 吨 ×2000 元/吨 = 908,440元)内与朱某文、李某伟承担连带责任，被告人李某军在 115,600 元(57.8 吨 ×2000 元/吨 =115,600 元)内与黄某文承担连带责任。被告人朱某文、李某伟、李某军、黄某文还需共同承担对铝灰鉴定支出的事务性费用 650,000元和环境损害评估费用 50,000 元并负连带责任。被告人朱某文、李某伟应共同承担云城区高峰街道莲塘村石梯迳高鼎石材工业园仓库非法处置工业固体废物造成的生态环境损害修复费用 196,620 元和环境损害评估费用 50,000元并负连带责任。

人民法院根据各被告人犯罪的事实、性质、情节和对社会的危害程度，依照

《刑法》第338条、第25条、第67条第1款、第52条、第53条、第64条,《固体废物污染环境防治法》第85条,《环境保护法》第64条,《最高人民法院、最高人民检察院关于办理环境污染刑事案件适用法律若干问题的解释》第1条、第3条、第7条,《民法典》第1168条、第1172条、第1229条、第1231条,《刑事诉讼法》第15条、第201条,《民事诉讼法》(2017年第三次修正)第55条的规定,判决如下:(1)被告人朱某文犯污染环境罪,判处有期徒刑三年,并处罚金5万元。罚金限在判决发生法律效力后30日内缴纳完毕。(2)被告人李某伟犯污染环境罪,判处有期徒刑三年,并处罚金5万元。罚金限在判决发生法律效力后30日内缴纳完毕。(3)对公安机关从被告人朱某文处扣押的OPPO牌手机一台,从李某伟处扣押的苹果牌手机一台,从李某军处扣押的小米牌手机一台、苹果牌手机一台,从黄某文处扣押的苹果牌手机一台,依法予以没收;对被告人朱某文、李某伟非法获利人民币5万元,依法予以追缴。(4)被告人暨附带民事公益诉讼被告人朱某文、李某伟共同承担云城区高峰街道莲塘村石梯迳高鼎石材工业园仓库非法处置铝灰造成的生态环境损害修复费用5,499,560元并负连带责任,其中附带民事公益诉讼被告人黄某文在1,011,700元范围内与朱某文、李某伟承担连带责任,附带民事公益诉讼被告人李某军在908,440元范围内与朱某文、李某伟负连带责任,附带民事公益诉讼被告人李某军在115,600元范围内与黄某文负连带责任。(5)附带民事公益诉讼被告人朱某文、李某伟、李某军、黄某文共同承担云城区高峰街道莲塘村石梯迳高鼎石材工业园仓库非法处置铝灰支出的事务性费用650,000元和环境损害评估费用50,000元并负连带责任。(6)被告人暨附带民事公益诉讼被告人朱某文、李某伟共同承担云城区高峰街道莲塘村非法处置工业固体废物造成的生态环境损害费用196,620元和环境损害评估费用50,000元并负连带责任。(7)对于附带民事公益诉讼被告人李某军、黄某文已预交的消除污染前期处置费用共56万元和附带民事公益诉讼被告人朱某文、李某伟、李某军、黄某文承担的生态环境损害费用,均上缴云浮市云城区财政专户"云浮市云城区基金管理中心"。

【典型意义】

本案具有以下两方面的典型意义:

1. 积极探索侵权人预赔偿制度

在刑事侦查阶段,云城区人民检察院充分利用提前介入机制,办案人员多次参加区政府、公安、生态环境部门组织的分析研判会,并会同云城分局公安民警深入现场进行勘验察看，就涉案工业废品、铝灰侦查取证及处理问题提出了建议，并就涉及公益诉讼问题提出相关意见和建议。

为进一步建立完善环境污染案件办理与环境损害赔偿的长效机制，积极落实财政部等九部门印发的《生态环境损害赔偿资金管理办法》等有关规定，主动加强与公安、环保、财政等相关部门的沟通协调，促使区政府设立生态环境损害赔偿资金专户，规范了生态环境损害赔偿资金管理。在办理本案及黄某贞等人（另案）污染环境案中，通过与侵权人的多次磋商，耐心讲解、释法说理，使 9 名侵权人自愿交纳环境损害预赔偿款约 200 万元到专户，为处置污染物、修复环境提供了一定的资金支持。预赔偿制度的建立和完善，也解除了涉案民营企业生存发展的后顾之忧。

在审查起诉阶段，积极督促公益侵权人履行赔偿责任，同时主动加强汇报请示，积极争取上级业务部门的指导与支持，保障该案顺利起诉至法院，并促使公益侵权人预交环境损害赔偿款共 56 万元，有效推进了公益修复。动员当事人自愿预交环境损害赔偿费用，有利于及时迅速处理环境污染问题，且有效解决环境损害案执行难的问题，实现双赢多赢共赢的政治效果、社会效果和法律效果。

2. 刑事附带民事公益诉讼与行政公益诉讼联动

人民检察院在办理朱某文等人污染环境刑事附带民事案中，发现相关单位怠于履行监督管理职责，未及时妥善处理危险废物，可能致使社会公共利益受损，云城区人民检察院对此进行行政公益诉讼立案。经审查，认为该案在本辖区内影响重大，且监督对象涉及市直行政机关，报请上级人民检察院管辖，上下联动，督促生态环境部门制订危险废物处置方案，尽快妥善处置案发现场的危险废物。目前，涉案危险废物已全部妥善处置完毕，有效防止了二次污染。

【案件评析】

本案是“诉前磋商、先公益后刑事”处理方式的有益探索。云城区人民检察院在办案中发现，一些企业人员向云浮运送且违法倾倒大量危险废物铝灰，破坏生态环境，构成犯罪。考虑到云浮市委制定融湾发展战略，对大湾区民营企业涉案人员采取教育挽救、消除危害后果争取从轻处理的办案方针，先对涉案人员释法教育后，制订清除有毒有害物质、提出生态损害赔偿方案，按先公益后刑事的路径处理。在刑案尚未提起公诉时，赔偿款先行缴纳，也为犯罪嫌疑人从轻处理创造了有利条件。

本案是云城区人民检察院根据“一案两查”制度在刑事案件中发现行政公益诉讼线索的一起典型案例。涉及生态环境和资源保护、等公益诉讼案件，具有复杂的多重因果关系，一方面，从个案来看，既有直接的侵权人，也存在行政机关不履行法定职责不作为的情形；另一方面，从社会公共利益角度来看，刑事附带民事公益诉讼仅针对个案，但往往案件后续的处理、公益的维护需要行政机关的参与和履职。本案中，处理危险废物是云浮市生态环境局的职责，该局应积极履行职责，但因其怠于履行监督管理职责，未及时妥善处理危险废物，可能致使社会公共利益受损，因此，人民检察院在办案过程中既通过刑事附带民事公益诉讼追究侵权人的民事责任，又出于维护公共利益的需要，充分发挥检察机关行政公益诉讼监督职能，督促行政机关积极履职，恢复被污染的土地，力争取得较好的法律效果和社会效果。

四、民事损害对象不确定赔偿金额可上缴国库：罗某1等生产、销售有毒、有害食品案

【关键词】

刑事附带民事公益诉讼　生产、销售有毒、有害食品罪　食品药品监督管理

【要旨】

刑事附带民事公益诉讼除追究不法商贩的刑事责任外，还应追究其民事赔偿责任。销售有毒、有害食品的犯罪行为侵害了众多消费者的身体健康和财产权益，但确定特定受害者并给予赔偿具有相当的难度，由于此类案件的民事损害对象不确定，除被告人公开赔礼道歉外，赔偿相应金额上缴国库是应当之选。

【基本案情】

2010年9月开始，罗某1、黄某兰在云浮市云城区云城街道河滨二路48号经营罗苗康凉茶店，并售卖多种普通凉茶。自2017年1月开始，罗某1、黄某兰在广西平南县平南镇购买中草药材原材料添加复方甘草片、维生素C片等西药成分自制成凉茶粉包（每小包重10克）发往其经营的凉茶店进行批发、销售。罗某1、黄某兰在其所经营的凉茶店进行零售期间，每日零售约10包，每月销售约260包，每包零售价为15元。批发给郭某信、林某敏经营的佛山市高明区荷城跃华路碧玉街罗苗康凉茶店共330包，批发价为每小包6元。

2014 年 9 月开始，罗某 2、郭某英在云浮市云城区云城街道翠丰路 40 号经营罗苗康凉茶店。2017 年 11 月开始，罗某 2、郭某英在云浮市云城区河口街道西三路经营健和凉茶店。罗某 2、郭某英在经营期间，以每小包 6 元的价格向罗某 1、黄某兰购买添加复方甘草片、维生素 C 片的罗苗康特效凉茶 2500 包，再以每包 15 元的价格销售给顾客。

2018 年 3 月 9 日，云浮市公安局云城分局治安大队联合云浮市云城区食品药品监督管理局对罗某 1、黄某兰经营的云浮市云城区云城街道河滨二路 48 号罗苗康凉茶店进行检查，当场查扣凉茶王 147.1 千克、特效强凉茶 37.25 千克、散装凉茶粉 75.5 千克。经广东金域司法鉴定所鉴定：特效强凉茶中检出吗啡和可待因成分，其中吗啡含量为 102 毫克/千克；凉茶王中检出吗啡和可待因成分，其中吗啡含量为 91.0 毫克/千克；凉茶粉中检出吗啡和可待因成分，其中吗啡含量为 72.4 毫克/千克。经统计，检出吗啡和可待因成分的凉茶粉共为 259.85 千克，以每包 10 克计算，折合 25,985 包。

2018 年 3 月 9 日，云浮市公安局云城分局治安大队联合云浮市云城区食品药品监督管理局对罗某 2、郭某英经营的云浮市云城区云城街道翠丰路 40 号罗苗康凉茶店进行检查，当场查扣凉茶王 150 包。经广东金域司法鉴定所鉴定：凉茶王中检出吗啡和可待因成分，其中吗啡含量为 76.8 毫克/千克。对罗某 2、郭某英经营的云浮市云城区河口街道西三路经营健和凉茶店进行检查，当场查扣凉茶王 1180 包、罗苗康特效凉茶粉 190 包、液体凉茶 1 杯。经广东金域司法鉴定所鉴定：凉茶王中检出吗啡和可待因成分，其中吗啡含量为 77.4 毫克/千克。经统计，检出吗啡和可待因成分的凉茶包共为 1330 包。

2018 年 4 月 2 日 9 时许，罗某 1 前往云浮市自动投案途中，在云浮市郁南平台收费站处被民警抓获。

从 2017 年 1 月至 2018 年 3 月 9 日，罗某 2、郭某英销售添加含有吗啡和可待因成分的凉茶金额为 17,550 元。罗某 1、黄某兰生产、销售添加含有吗啡和可待因成分的凉茶金额为 227,490 元，销售金额为 71,580 元，其中销售批发给罗某 2、郭某英的数量为 2500 包，每包 6 元，该部分销售金额为 15,000 元。

【检察机关办案情况】

1. 起诉

云浮市云城区人民检察院于 2018 年 12 月 14 日对黄某兰、罗某 1、罗某 2、郭某英 4 人提起刑事附带民事公益诉讼。

2. 一审判决

云浮市云城区人民法院依法审理云浮市云城区人民检察院指控被告人黄某兰、罗某1、罗某2、郭某英生产销售有毒、有害食品刑事附带民事公益诉讼一案,于2019年9月30日作出判决:(1)被告人黄某兰犯生产、销售有毒、有害食品罪,判处有期徒刑五年,并处罚金20,000元。(2)被告人罗某1犯生产、销售有毒、有害食品罪,判处有期徒刑三年,并处罚金15,000元。(3)被告人郭某英犯销售有毒、有害食品罪,判处有期徒刑一年七个月,并处罚金1万元。(4)被告人罗某2犯销售有毒、有害食品罪,判处有期徒刑一年五个月,缓刑二年,并处罚金1万元。罚金限在判决发生法律效力后30日内缴纳完毕。(5)被告人罗某1、黄某兰于判决发生法律效力之日起10日内赔偿715,800元,上缴国库。(6)被告人罗某2、郭某英于判决发生法律效力之日起10日内赔偿175,500元,上缴国库。(7)被告人罗某1、黄某兰、罗某2、郭某英在全国公开发行的报刊上发表向广大消费者公开赔礼道歉的声明。

3. 上诉

一审判决后,原审被告人黄某兰、罗某1不服,提出上诉。上诉人黄某兰、罗某1及其辩护人提出认定生产、销售金额有误的辩护意见,上诉人提出本案附带民事公益诉讼金额过高的意见。

4. 二审判决

云浮市中级人民法院于2020年5月22日作出二审判决。二审判决认为:上诉人罗某1、黄某兰在生产、销售的食品中掺入有毒、有害的非食品原料,生产、销售金额为227,490元,其中销售金额为71,580元,情节严重,上诉人罗某1、黄某兰的行为均已构成生产、销售有毒、有害食品罪;原审被告人罗某2、郭某英销售明知掺有有毒、有害的非食品原料的食品,销售金额为17,550元,原审被告人罗某2、郭某英的行为均已构成销售有毒、有害食品罪。原审被告人罗某1自动投案,并能如实供述主要事实,是自首,依法可以减轻处罚。上诉人黄某兰、罗某2在归案后能基本如实供述主要犯罪事实,依法可以从轻处罚。原审被告人郭某英当庭认罪,酌情可以从轻处罚。判决如下:(1)维持广东省云浮市云城区人民法院刑事附带民事判决对上诉人黄某兰、罗某1、原审被告人罗某2、郭某英的定罪量刑、对罗某2、郭某英附带民事赔偿部分及判决罗某1、黄某兰、罗某2、郭某英公开赔礼道歉部分。(2)对上诉人提出本案附带民事公益诉讼金额过高的意见予以采纳,对广东省云浮市云城区人民法院刑事附带民事判决书第五项判处罗某1、黄某兰赔偿715,800元判决予以撤销。(3)上诉人罗某1、黄某兰于判决发生法律效力之日起10日内赔偿565,800元,上缴国库。

【典型意义】

“舌尖上的安全”是检察公益诉讼的专项活动之一,本案的典型意义是对凉茶的保护。广东凉茶被誉为“舌尖上的非遗”,2016年5月25日,国务院正式公布确定凉茶为首批国家级非物质文化遗产。来自粤港澳的21家凉茶生产企业的18个品牌54个秘方及术语,受到《世界文化遗产保护公约》及我国有关法律永久性保护。

凉茶作为中医药文化的一个分支,凉茶文化不再局限于“有病时治病”,而是更注重于“未病时防病、治未病之病”,为增强茶叶的作用,经营者或增加一些其他功效,在凉茶中添加一些中草药,不少凉茶虽有茶之名称,实际上是由一些中草药组成。

现实中总有一些漠视法律底线的商家、不法分子在食品药品上动手脚,直接威胁到广大人民群众的身体健康。食品安全不容忽视。云浮市检察机关坚持以人民为中心的发展思想,立足检察职能,建立长效监督机制,严格督促商家诚信经营,努力与各部门携手共筑食品安全保护屏障,让广大消费者切实“吃得放心,吃得健康”,将检察公益诉讼工作与保护凉茶文化这种全新的、中国独有的防病养生文化结合在一起,对于弘扬中华传统文化,对于保护和发扬凉茶文化具有一定的现实意义。

【案件评析】

食品药品违法犯罪呈现复杂性、多样性趋势,借助网络、物流、第三方支付平台等工具,违法行为更具有隐蔽性、规模性、查处难、取证难等特性。

食品药品评估认定存在一定的难度。例如,中药材、中药饮片中如何认定假、劣,如何认定有毒、有害的非食品原料问题等。

从刑事案件部分来看,销售劣质食品和药品的现象虽然在云浮地区都没有造成严重的社会危害后果,但是在市场准入和把控上还存在一定缺失。因此,加强与完善市场监督管理,与行政机关共同研究食品药品安全违法的规律、特点,建立和完善针对食品药品违法的发现途径和预防机制,共同做好食品、药品等产品的检验鉴定等工作,才是长效机制。

五、“价值替代法”在生态环境损害公益诉讼中的适用：聂某彬等非法采砂案

【关键词】

刑事附带民事公益诉讼　非法采矿罪　生态资源和环境保护　专家咨询意见

【要旨】

未取得采矿许可证擅自采砂的，不仅构成非法采矿罪，也破坏了生态资源，人民检察院可以向人民法院一并提起刑事附带民事公益诉讼，依法维护社会公共利益。对生态资源受损状况和赔偿数额难以确定的，可以借助专家意见，并依据相关法律法规提出公益损害赔偿请求，实现对生态环境和资源的有效司法保护。

【基本案情】

1. 聂某彬等非法采砂案

2018年7月至9月，聂某彬、邹某荣、杨某华在没有获得开采河砂合法手续的情况下，擅自雇请他人在郁南县都城镇均冲村与古丰村交界西江河段非法偷采河砂71,056.755立方米；谢某水、朱某桃、欧某文、严某弟合股购买抽砂船，在郁南县都城镇日月银滩、广隆码头附近河段偷采河砂1102.57立方米。2018年9月23日晚，杨某毅按照聂某彬、邹某荣的要求，安排其所有的粤广恒工1268工程船到郁南县都城镇均冲村与古丰村交界西江河段非法采砂1240.625立方米。上述人员的行为造成国有资产大量流失，并对该地段生态环境造成严重破坏。

聂某彬等人在非法采砂过程中未采取任何生态环境防护措施，其非法采砂行为造成河床下切，加大河床渗水量，影响河道输水能力，改变河流流速和河网分布，导致河岸、堤防出现吊脚现象，造成边坡不稳，影响防洪安全，并对郁南县都城镇均冲村与古丰村交界西江河段、西江郁南县都城镇日月银滩附近至广隆码头附近河段河床底质和水质造成严重破坏，从而导致生物多样性下降，破坏该河段的生态平衡，侵害了社会公共利益。

经统计，聂某彬等人非法偷采河砂共73,399.95立方米。生态环境部华南环境科学研究所专家组出具的咨询意见认为，聂某彬、邹某荣、杨某华共同非法偷采河砂71,056.755立方米，生态环境损失费用为8,526,810.6元；谢某水、朱

某桃、欧某文、严某弟共同非法偷采河砂 1102.57 立方米，生态环境损失费用为 132,308.4 元；聂某彬、邹某荣、杨某毅共同非法偷采河砂 1240.625 立方米，生态环境损失费用为 148,875 元。

2. 彭某贺非法采砂案

2017 年 10 月至 2018 年 9 月，在没有取得河道采砂许可证的情况下，彭某贺伙同他人共同出资购买一艘平板船改装成抽砂船，在郁南县都城镇古丰村委对出的西江河段偷采河砂 2131 立方米。经广东智信资产评估有限责任公司进行评估，市场价值为 186,515 元。

彭某贺在非法采砂过程中未采取任何生态环境防护措施，导致生态环境严重受损，侵害了社会公共利益。生态环境部华南环境科学研究所专家组出具的咨询意见认为，郁南县都城镇古丰村委对出西江河段生态环境损害的事实与彭某贺的违法行为有因果关系，其行为造成的生态环境损害价值为 255,720 元。

3. 谭某记等非法采砂案

2016 年年底开始，柳某开、陈某钰、林某枝商量合谋在郁南县连滩镇逍遥口村坑仔尾南江河河段偷采河砂，后谭某记等加入。经统计，2017 年 4 月 23 日至 2018 年 1 月 19 日，谭某记等共偷采河砂 21,015.15 立方米，其中已卖出 20,736.5立方米。经云浮益信资产评估事务所评估，非法开采已卖出的河砂 20,736.5 立方米，市场价值为 1,658,920 元。

谭某记等在非法采砂过程中未采取任何生态环境防护措施，造成河床底部环境严重破坏、河岸湿地萎缩、河道内生物多样性下降，生态环境严重受损，侵害了社会公共利益。生态环境部华南环境科学研究所专家组出具的咨询意见认为，郁南县连滩镇逍遥口村坑仔尾南江河河段生态环境损害的事实与谭某记等的违法行为有因果关系，其行为造成的生态环境损害价值为 2,135,850 元。

4. 严某洪等非法采砂案

2017 年 7 月，严某洪、陈某升、范某龙与李某华（在逃）等人为获取暴利，经商量合谋后一起合股购买两艘平板船改装为抽砂船，于 2017 年 10 月开始在郁南县都城镇古丰村委对出的西江河段进行偷采河砂。2017 年 10 月至 2017 年 12 月，共销售 4275 立方米非法偷采的河砂，所得利润平均分配，每人获利约 15,000 元。经云浮市智信资产评估有限责任公司进行评估，市场价值为 256,500元。

严某洪等人在非法采砂过程中未采取任何生态环境防护措施，导致生态环境严重受损,侵害了社会公共利益。生态环境部华南环境科学研究所专家组出具的咨询意见认为,郁南县都城镇古丰村委对出西江河段生态环境损害的事实与严某洪等的违法行为有因果关系,其行为造成的生态环境损害价值为513,000元。

【检察机关办案情况】

根据2018年发布的《最高人民法院、最高人民检察院关于检察公益诉讼案件适用法律若干问题的解释》(法释〔2018〕6号)第20条第1款规定:"人民检察院对破坏生态环境和资源保护、食品药品安全领域侵害众多消费者合法权益等损害社会公共利益的犯罪行为提起刑事公诉时,可以向人民法院一并提起附带民事公益诉讼,由人民法院同一审判组织审理。"根据该条第2款规定,人民检察院在提起刑事诉讼时,还可以附带提起民事公益诉讼。

1. 聂某彬等非法采砂提起公益诉讼和判决情况

郁南县人民检察院向郁南县人民法院提起公益诉讼,请求判令聂某彬等赔偿生态环境受到的损失以及专家咨询费。

郁南县人民法院判决:聂某彬、邹某荣、杨某华连带赔偿生态环境损失8,526,810.60元;谢某水、朱某桃、欧某文、严某弟连带赔偿生态环境损失132,308.40元;聂某彬、邹某荣、杨某毅连带赔偿生态环境损失148,875元;上述被告人共同承担专家咨询费50,000元。

2. 彭某贺非法采砂提起公益诉讼和判决情况

郁南县人民检察院向郁南县人民法院提起公益诉讼,请求判令彭某贺等赔偿生态环境受到的损失以及专家咨询费。

郁南县人民法院判决:彭某贺赔偿生态环境损失255,720元;并承担本案专家咨询费50,000元。

3. 谭某记等非法采砂提起公益诉讼和判决情况

郁南县人民检察院向郁南县人民法院提起公益诉讼,请求判令谭某记等赔偿生态环境受到的损失以及专家咨询费。

郁南县人民法院判决:谭某记、陈某钰、柳某开、林某枝连带赔偿生态环境损失2,135,850元;并承担本案专家咨询费50,000元。后被告人提起上诉,二审法院维持了损害赔偿部分的判决事项。

4. 严某洪等非法采砂提起公益诉讼和判决情况

郁南县人民检察院向郁南县人民法院提起公益诉讼,请求判令严某洪等赔偿生态环境受到的损失以及专家咨询费。

郁南县人民法院判决：严某洪、陈某升、范某龙连带赔偿生态环境损失513,000元；并承担本案专家咨询费50,000元。

【典型意义】

非法采砂公益诉讼系列案是广东省首宗非法盗采河砂刑事附带民事公益诉讼案，涉及14名被告人，涉案地区在珠江主要支流西江郁南河段，共非法采砂20,736.5立方米，生态环境损失费11,712,564元。本系列公益诉讼案的提起，对保护流域安全、生态环境具有积极意义，实现了政治效果、法律效果与社会效果的统一。从政治效果来看，以生态环境和资源保护为重点，充分发挥检察职能，通过公益诉讼，实现司法修复与生态环境保护双赢的效果。从法律效果来看，实行生态修复费用终身追责，可以加大盗采河砂违法成本、有效遏制类似案件发生。通过办理公益诉讼案件，让损害公共利益、破坏绿水青山的违法者承担终身责任，让违法者感受到“疼”。从社会效果来看，该系列案件有效地遏制了本地多年来盗采砂石屡禁不止的问题。检察机关通过办理系列公益诉讼案件实现了惩治犯罪与修复生态、纠正违法与源头治理、维护公益与促进发展相统一的多重目标。

2020年5月24日，广东省高级人民法院公布了2019年度环境资源保护典型案例，该系列案中的谭某记等非法采矿刑事附带民事公益诉讼案入选了其中九大案例之一。广东省高级人民法院认为，西江流域是广东省生态保护重点区域，其支流南江河砂资源丰富，近年来盗采河砂现象频发，生态环境破坏严重。通过刑事追责与民事公益诉讼追责结合的方式，既严厉打击了非法采砂的犯罪行为，也积极追偿了生态环境损害费用，有力地惩治震慑犯罪分子非法采砂的行为，维护了国家和社会的公共利益。同时，因办案效果显著，本系列案经《南方日报》专题报道后先后被南方网、新华网、中国新闻网等刊登转发。

【案件评析】

1. 办案思路选择

在这4起案件中，被告人的行为侵害了双重法益：其一，造成国有资产流失。《广东省河道采砂管理条例》(2019年修订)第3条第1款中规定，河砂属于国家所有，任何组织和个人不得非法采运。被告人非法采砂的行为侵害了国有资产，造成国有财产流失。其二，破坏了生态环境。河砂是缓冲河道水流、涵养水源、保护堤防与河岸的重要屏障，非法采砂导致破坏堤岸，严重威胁堤防等水利防洪设施安全;破坏航道危及航行安全,易引发水上事故。本案办理过程中存在两种思路:第一种思路,以侵害国有财产公益诉讼方向办案。此种思路固定证据要求相对较低、难度小,其走向是提起行政公益诉讼。第二种思路,以侵害生态环境公益诉讼方向办案。此种思路面临生态环境损害数额难以确定、生态环境损害赔偿归属无先例可循的障碍,其走向是提起民事公益诉讼。经过办案小组认真研究,根据《民事诉讼法》以及《行政诉讼法》,对民事公益诉讼和行政公益诉讼范围的规定,认为提起民事公益诉讼更符合法律的规定,最终选择以生态环境民事公益诉讼方向办理该系列案件。

2. 提起刑事附带民事公益诉讼应履行诉前公告程序

公益诉讼在我国建立时间不长,有关民事公益诉讼和行政公益诉讼的程序性规定相对较多,刑事附带民事公益诉讼的依据主要是《最高人民法院、最高人民检察院关于检察公益诉讼案件适用法律若干问题的解释》第 20 条。但在具体操作中,刑事附带民事公益诉讼中民事部分是否完全按照民事公益诉讼的程序规定,法律和司法解释都没有明确。以公告程序为例,民事公益诉讼中,人民检察院在提起诉讼之前进行公告是法定的前置程序。刑事附带民事公益诉讼如果也进行公告,势必导致一部分案件刑事诉讼和民事诉讼不同步。实践中,各地人民法院和检察院对此理解不一致,从公益诉讼实施情况来看,多数刑事附带民事公益诉讼案件中,检察院在提起公益诉讼前没有进行公告,法院也没有将公告作为法定的起诉条件之一。

鉴于此种情况,《最高人民法院、最高人民检察院关于人民检察院提起刑事附带民事公益诉讼应否履行诉前公告程序问题的批复》(法释〔2019〕18 号)中指出,人民检察院提起刑事附带民事公益诉讼,应履行诉前公告程序。对于未履行诉前公告程序的,人民法院应当进行释明,告知人民检察院公告后再行提起诉讼。因人民检察院履行诉前公告程序,可能影响相关刑事案件审理期限的,人民检察院可以另行提起民事公益诉讼。根据该批复,刑事附带民事公益诉讼中,民事公益诉讼部分仍然应遵守公告程序。该批复自 2019 年 12 月 6 日起生效。郁南县人民检察院办理的这 4 起非法采砂刑事附带民事公益诉讼系列案,谭某记等人非法采砂案于 2018 年受理,因当时没有明确的规定,故没有经过公告程序,其余 3 起案件均经过了公告程序。

本系列案在办理过程中也反映出,刑事附带民事公益诉讼案件转化机制不畅、诉前程序不完善、能否和解、调解不明确等问题。根据已有案件情况来看,在检察机关办结的附带民事公益诉讼案件中，由于没有可以参考的标准，全部按照检察机关提出的诉讼请求作出判决。解决上述问题需要完善制度供给，出台专门的刑事附带民事公益诉讼司法解释。

3. 生态环境损害赔偿的范围

非法采砂系列公益诉讼案，既涉及对矿产品价值的认定，又涉及生态损害赔偿数额的认定。《最高人民法院、最高人民检察院关于办理非法采矿、破坏性采矿刑事案件适用法律若干问题的解释》（法释〔2016〕25 号）对如何认定非法开采的矿产品价值有明确的规定；但对如何确定生态损害赔偿数额，没有明确的规定。检察机关在办理案件时，通过聘请专家、借力“外脑”发挥作用。在对社会公共利益损害状况和赔偿数额难以确定时，参考相关领域专家意见，同时应做好专家资质和意见合理性审查工作，提升专家意见的认可度和采纳率。前述 4 起系列案中，检察机关均邀请生态环境部华南环境科学研究所参与案件办理，提供专家意见；由于专家意见的独立性、专业性和科学性，专家意见全部被法院采纳，检察机关关于生态损害赔偿的主张获得法院支持。

关于生态环境损害赔偿的具体范围，我国于 2015 年在吉林等 7 个省市部署开展生态环境损害赔偿制度改革试点。两办发布的《生态环境损害赔偿制度改革方案》（2017 年）中规定：“生态环境损害赔偿范围包括清除污染费用、生态环境修复费用、生态环境修复期间服务功能的损失、生态环境功能永久性损害造成的损失以及生态环境损害赔偿调查、鉴定评估等合理费用。”《最高人民法院关于审理生态环境损害赔偿案件的若干规定（试行）》（法释〔2020〕17 号）第 11 条规定：“被告违反国家规定造成生态环境损害的，人民法院应当根据原告的诉讼请求以及具体案情，合理判决被告承担修复生态环境、赔偿损失、停止侵害、排除妨碍、消除危险、赔礼道歉等民事责任。”《民法典》第 1235 条规定：“违反国家规定造成生态环境损害的，国家规定的机关或者法律规定的组织有权请求侵权人赔偿下列损失和费用：（一）生态环境受到损害至修复完成期间服务功能丧失导致的损失；（二）生态环境功能永久性损害造成的损失；（三）生态环境损害调查、鉴定评估等费用；（四）清除污染、修复生态环境费用；（五）防止损害的发生和扩大所支出的合理费用。”

自然环境的特点是破坏容易、修复难。生态环境本身虽然具有一定的自我修复能力，但自然修复是一个持续较长的过程，通过人工进行修复，可以尽早恢复生态平衡。有些污染环境和破坏生态的行为恶劣，损害后果严重，严重影响社会的可持续发展。前述4起系列案中,被告非法采砂的经济价值数额远低于生态损害修复金额。而且,有些生态损害一旦造成,面临难以修复的问题,其环境价值无法用经济价值来衡量。《广东省人民代表大会常务委员会关于加强检察公益诉讼工作的决定》[广东省第十三届人民代表大会常务委员会公告(第60号)]中明确规定,探索建立生态环境保护、食品药品安全民事公益诉讼惩罚性赔偿制度,严格违法责任追究。完善生态环境损害修复制度。审判机关在审理生态环境民事公益诉讼案件时,应当依法判决侵权人原地原样修复受损的生态环境;受损生态环境无法原地原样修复的,可以判决侵权人采取补植复绿、土地复垦、增殖放流、劳务代偿以及其他具有经济性、合理性、可行性的方式,对受损生态环境进行替代性修复。有关行政机关应当依法履行生态环境修复监督管理职责,配合生态环境修复执行工作。探索建立公益诉讼案件生态环境修复管理人制度。《民法典》在环境侵权中引入了惩罚性赔偿制度,第1232条规定:"侵权人违反法律规定故意污染环境、破坏生态造成严重后果的,被侵权人有权请求相应的惩罚性赔偿。"在《民法典》施行后,检察机关工作人员应不断研习新规定,结合案件具体情况,依法提出惩罚性赔偿请求。

4."价值替代法"的形成与适用

生态环境修复实质是将受损害的环境修复至损害前的状态。确定生态环境损害赔偿数额,必须量化非法采砂行为对生态环境造成的所有损失,包括河堤受损、水中生物多样性下降、河床下沉等。但由于现实条件和现阶段的科技水平限制,无法把所有损失量化。在办理非法盗取河砂系列案中,由于河床的特殊性,被开采深坑恢复尽管可以通过自然河流来实现,但需要较长时间,其间生态损失持续存在。办案组工作人员经过与专家沟通,提出用"价值替代法"解决生态环境损害定性与赔偿数额的难题。所谓"价值替代法",概括而言,是指依法建立非法盗采河砂生态环境评价模型,将模型中难以用价值评价的因素转换成可以用金额量化表达评价的方法,实现追偿生态环境修复费用具体化,并据此提出诉讼请求。具体适用时,该方法将实质性基础修复评价作为河砂的价值,即"抽多少、填回多少",将抽出的砂填补回去的方式进行基础性修复,并以此计算生态损害赔偿数额。"价值替代法"具有可操作性、可量化性,其特点是实现最低损害修复。但"价值替代法"没有考虑抽取河砂对生物多样性等的损害,受制于现阶段的科技手段,上述损害难以通过量化形式得出具体数额。

5. 检察机关应通过检察建议督促行政机关加强执法监管

本案中多名被告人非法采砂行为具有持续性,从 2 个月到 1 年不等,可见河道管理部门对非法采砂行为的监管存在漏洞。非法采砂系列案处理过程中,除谭某记等人非法采矿案是公安机关联合县水务局执法大队检查时发现外,其余 3 起案件均为公安机关主动发现,水行政部门没有参与。根据相关规定,水行政主管部门是河道管理机关,负有监管职责。《河道管理条例》(2018 年修订)第 4 条规定,“国务院水利行政主管部门是全国河道的主管机关。各省、自治区、直辖市的水利行政主管部门是该行政区域的河道主管机关。”第 44 条规定:“违反本条例规定,有下列行为之一的,县级以上地方人民政府河道主管机关除责令其纠正违法行为、采取补救措施外,可以并处警告、罚款、没收非法所得;对有关责任人员,由其所在单位或者上级主管机关给予行政处分;构成犯罪的,依法追究刑事责任:……(四)未经批准或者不按照河道主管机关的规定在河道管理范围内采砂、取土、淘金、弃置砂石或者淤泥、爆破、钻探、挖筑鱼塘的。”《广东省河道采砂管理条例》(2019 年修订)第 5 条第 1 款规定:“县级以上人民政府水行政主管部门负责河道采砂的管理和监督工作。”第 34 条规定:“县级以上人民政府应当将整治非法采砂作为河长制工作的职责,组织水行政、公安、自然资源、生态环境、交通运输、农业农村等主管部门和海事管理机构开展联合执法,维护采砂管理秩序。县级以上人民政府水行政、公安、自然资源、生态环境、交通运输、农业农村等主管部门和海事管理机构应当建立采砂、运砂管理的执法协作机制,建立完善联席会议制度、违法线索移送制度,加强执法信息共享。”检察机关在本系列案的办理中,结合办案中发现的监管漏洞,发现河砂管理部门在管理上存在缺位的情形,通过检察建议当场宣告送达的形式,建议有关主管行政机关增强责任担当,加强西江流域及南江河流域的巡查力度,积极履行保护生态环境职责,努力使受损的生态环境得到了及时有效的恢复。

六、公益诉讼设立赔偿款专用账户:杨某显等非法处置固体废物案

【关键词】

刑事附带民事公益诉讼　非法处置固体废物罪　生态环境损害赔偿　石材废渣

【要旨】

本系列案中检察机关对相关违法行为人精准追责提起刑事附带民事公益

诉讼,增加其违法犯罪成本,深刻践行了污染者依法负责原则,对相关产业从业者起到了教育和震慑作用,促进经济生产和环境保护协调发展。同时,检察机关积极与财政部门协调设立了公益诉讼赔偿款专用账户,有效解决了民事公益诉讼赔偿金的管理使用问题,确保受损生态环境得到有效修复。

【基本案情】

何某、童某雄、谢某尚等 16 人在云浮市经营石材废渣、池泥清运业务,其承接石材厂清池业务后,将清理出来的废渣、池泥运输到云安区都杨镇、六都镇包括严某超、陆某洪、覃某荣、陈某章等 4 人非法经营的堆场等场所倾倒。经鉴定,上述违法行为对环境造成严重污染,生态资源损失达 480 万余元。

本案尚有在逃人员未归案,在已归案的 20 人中,有 4 人是经营堆场的场主,剩余的 16 人分为 7 个独立清池单元,其相互之间没有意思联络,各自倾倒的池泥量各不相同。由于部分犯罪嫌疑人之间并非共犯,因此分别进行立案,形成包括陈某桃等人,黄某进,罗某强、林某全,覃某荣、严某超等人,童某雄,谢某尚、谢某治等人,杨某显、何某等人,张某兴、张某华等人共 8 个系列案。

以杨某显等人案为例。从 2017 年年初开始,杨某显、何某夫妻两人为谋取利益,非法从事清理池泥工作。由杨某显负责联系石厂清理池泥业务及结算收款,何某负责安排司机、小工清理池泥及联系堆场倾倒,两人聘请了张某全负责到石材厂将池泥抽到货车上,罗某忠负责驾驶货车运送池泥,并将池泥运输到云安区都杨镇、六都镇和云城区、肇庆市高要区等地倾倒。其间,张某明还与何某、杨某显合股,对其中一台货车清理池泥的利润进行分成。至案发,杨某显、何某、张某明等人非法处置池泥 710 车,收到石材厂的池泥清理费共 785,500 元。

截至案发杨某显等人在云浮市云安区境内倾倒池泥 617 车,其中罗某忠参与倾倒池泥 399 车。根据生态环境部华南环境科学研究所评估报告及补充鉴定意见认定,杨某显等人在云浮市云安区境内造成生态资源损失 611,820 元,其中罗某忠参与造成生态资源损失 454,860 元。

云安区人民检察院以杨某显等人犯污染环境罪向云安区人民法院提起公诉,同时附带提起对犯罪行为造成的生态环境损失的民事公益诉讼。最终,法院判决杨某显等人犯污染环境罪,判处有期徒刑一年三个月至六个月不等,并处罚金;同时承担连带赔偿因倾倒固体废物造成的生态资源损失费。

【检察机关办案情况】

云浮市云安区人民检察院在履行公诉职责中发现案件线索,及时立案并依法履行公告程序，公告期满后，没有适格主体提起民事公益诉讼。

在审查起诉阶段，检察机关通过引导生态环境部门提供环境损害补充鉴定、对犯罪嫌疑人制作补充询问笔录、对犯罪工具进行补充勘查等方式，补强民事公益诉讼证据。根据各被告人的不同的侵权事实，检察机关于 2018 年 12 月 25 日至 2019 年 3 月 15 日，先后向法院提起 8 起刑事附带民事公益诉讼，对 20 名被告人追偿因倾倒石材废渣、池泥造成的生态资源损失 480 万余元。

云浮市云安区人民法院一审判决全部支持检察机关提出的诉讼请求。部分被告人不服一审判决，向云浮市中级人民法院提起上诉，通过开庭审理，二审法院裁定维持原判。

截至 2020 年 12 月，该系列案已经执行到位款项近 100 万元，转入云安区公益诉讼赔偿款专用账户，专门用于修复受损的生态环境。

【典型意义】

本案的典型意义表现在以下几个方面：

首先，石材加工是案发地的主要产业之一，石材废渣不当处置会造成土壤板结、土质败坏，污染土壤和周边水资源。本系列案中检察机关刑民并行双线追责，提高污染者的违法成本，对相关产业从业者起到震慑和教育作用，有助于实现促进产业发展和环境保护的协调。

其次，本案涉案人数众多，除已经归案的 20 人，还有部分犯罪嫌疑人尚未归案。考虑到本案还有很多在逃人员未归案，在已归案的 20 人中，有 4 人是经营堆场的场主，剩余的 16 人分为 7 个独立清池单元，其相互之间没有意思联络，各自倾倒的池泥量各不相同，如果机械地主张在案被告人对全案造成的损失承担连带侵权责任，不仅会显失公平，还会面临败诉风险。为此检察机关将该污染环境案件拆分成 8 个单元案，根据每个侵权单元实际的倾倒量造成的实际损失向其追偿，解决诉讼困局。为了防止环境损害进一步扩大，并及时修复生态环境。本系列案采取了成熟一起办理一起的办案思路，实现对相关违法行为人精准追责。

最后，云安区检察机关和财政部门协调设立公益诉讼赔偿款专用账户，有效解决了民事公益诉讼赔偿款的管理使用问题，确保生态环境得到了有效修复。由于现行法律法规及司法解释对公益诉讼赔偿款项的使用管理并不明确，各地针对公益诉讼中赔偿款项的使用与管理也出现了多种做法：一是赔偿款项支付至环境公益基金专用账户，如昆明市环保局开设环境公益诉讼救济专项资金专门账户,对救济资金统一核算和管理。二是赔偿款项支付至财政局环保专用账户,如苏州、无锡、绍兴、漳州等地在财政部门设立了相关生态环境损害专用账户,资金专门用于环境修复。三是赔偿款项支付至检察机关指定的账户。如部分民事公益诉讼案件采用设立个案专用账户的方式,由地方财政部门进行账户管理。四是由财政部门、生态环境部门、人民法院、检察机关共同设立生态环境损害专项赔偿资金。如山东省出台了《生态环境损害赔偿资金管理办法》,规定资金的缴纳、审批、拨付、监督等职责由相关部门分工负责。云安区人民检察院采用与财政部门积极沟通协调设立专用账户的做法,该做法对公益诉讼赔偿款专用账户的设立、管理与使用进行了非常有益的探索。

【案件评析】

在刑事附带民事公益诉讼中,检察机关须承担证明责任,以确保控诉的有效性。在检察机关举证证明的事项中,除了需要对案件的基本事实进行证明外,刑事附带民事公益诉讼中往往还涉及国家财产损失、生态环境损害,且赔偿数额的具体认定需要检察机关借助"专门知识"加以证明,具有一定的难度。

1. 如何运用证据科学确定生态环境损害赔偿费

检察机关在办理该系列案过程中,对于如何确定生态环境损害赔偿数额涉及几组关键证据的认定:

第一,池泥运输车辆的装载量。在本污染环境系列案中,共 8 案 20 人,用于运输池泥的车辆众多,且大部分未扣押,有的已经报废拆解。上述池泥运输车辆基本都经过改装,装载量不一。若实际精准地核定每一辆车实际装载量不具有现实性。为此,检察机关科学运用证据,采取统一认定该系列案中池泥运输车辆的装载量策略,完美解决了车辆装载量认定问题。检察机关首先到车管所调取运输池泥车辆型号,然后摘取中国汽车网对相应型号车辆公告核载数据,查明上述型号车辆的装载量基本一致;再根据对已扣押 3 辆运泥车进行现场勘验,查明扣押车辆的装载量基本相同,并结合侵权人的陈述,与查明侵权人每车支付的场费和收取的处置费基本一致,据此认定上述每车的装载量大致相同。这种认定方法得到了两审法院的认可。

第二,堆场收费的认定。由于本污染环境系列案,涉案堆场有十几个,根据堆场远近、路况好坏堆场的收费价格都会有所不同,加上不同时段价格也浮动较大,很难精确认定每一次每一车倾倒池泥实际支付的堆场费是多少。因此检察机关采取综合认定策略,根据何某等各个清池老板 16 人通过微信分别转账给堆场场主覃某荣等 4 人的转账记录及其陈述中确认的数额，统一认定在都杨堆场倾倒池泥每车支付的堆场费为 400 元，在六都镇堆场倾倒池泥每车支付的堆场费为 500 元。此种认定方法大大提高了诉讼效率，同样得到了两审法院的认可。

2. 鉴定意见与“有专门知识的人”提供的意见在案件中的适用

一般来说，鉴定机构出具的报告都能直接认定损失，但是在本污染环境系列案中有所不同。在本案办理的侦查阶段，公安机关委托评估鉴定机构所出具的评估鉴定报告，并没有考虑检察机关提起公益诉讼的情况，仅对都杨镇 13 个污染点造成的损失作总体评估。该机构作出的评估报告中考虑地块用途、污染时间等原因，以土地基本恢复作为其评估目标展开。根据测算分别确定了地块 1 到 13 的修复费用。

案件在公益诉前审查阶段，检察机关在研讨民事公益诉讼方案时，发现公安机关委托评估鉴定的报告并不能满足民事证明需求，如果重新委托鉴定，时间上不允许，且需要二次费用。经过几轮商讨，检察机关决定采用间接认定损失的方式，先确定各个清池车队分别在不同堆场倾倒了多少立方池泥，再引导鉴定机构在原来鉴定报告的基础上，补充出具处理 1 立方米石材池泥成本的计算方式，从而有所区分地计算出各个清池车队倾倒池泥造成的相应损失。后续出具的补充说明明确了如何计算不同犯罪嫌疑人的废物倾倒行为所造成的生态环境损害费用。

具体而言，鉴定机构考虑到行为人非法处置废物的时间较长，排放污染物的事实明确，但倾倒地已大部分板结，且属多人倾倒，损害无法明确到个人，建议按照虚拟治理成本法计算，即生态环境损害价值（元）$= Q \times A \times K$（Q 为查明的行为人污染物倾倒量，单位为立方米或吨；A 为污染物送当地有资质处理的公司的处理单价，单位为元/立方米或元/吨，与 Q 对应；K 为所倾倒地块环境敏感系数）。云安区人民检察院据此提出附带民事公益诉讼请求赔偿生态环境损失费得到了法院的支持。这一大胆创新之举，不但达到了证明需求，且节省了鉴定费开支。本案也反映了办案实际需求对技术的引领，以及技术验证的作用。

生态环境损害赔偿、国有财产损失以及修复费用，一般需要通过鉴定的方式证明。但在我国基层许多县市，符合要求的鉴定机构很少，且鉴定费用较高，一些案件的鉴定费用甚至超过损害数额。相关鉴定费用主要由检察机关支付，但长年来检察机关办案费用始终紧张,导致检察机关在刑事附带民事公益诉讼中证明具体赔偿数额存在难度。该系列案所涉及生态环境损害的评估费用包括委托中国广州分析测试中心对都杨镇被污染地的固体物检测费6.54万元、广东金兰德房地产土地资产评估规划有限公司对都杨镇被污染地块展开土地破坏损失的测算费10万元,以及华南环境科学研究所评估费用5万元,共计21.54万元。为解决这一问题,可能的方向是借助"有专门知识的人"出庭提供专业意见,以更为灵活的证明方式降低鉴定成本。从现行《刑事诉讼法》的规定与司法实践的样态来看,"有专门知识的人"提供的意见仅仅是控辩双方质证意见的组成部分,并没有独立的证据效力,并且法律将"有专门知识的人"出庭定位于"就鉴定人作出的鉴定意见提出意见"。虽然相关条文并未明确"有专门知识的人"出庭的前提是鉴定人出庭,但显然,"鉴定意见"与"有专门知识的人"之意见缺乏"同等地位"。可见,前者是占据主导地位的证据,而后者仅是在前者基础之上所提出的意见。

但《最高人民法院关于审理环境侵权责任纠纷案件适用法律若干问题的解释》第9条规定:"当事人申请通知一至两名具有专门知识的人出庭,就鉴定意见或者污染物认定、损害结果、因果关系、修复措施等专业问题提出意见的,人民法院可以准许。当事人未申请,人民法院认为有必要的,可以进行释明。具有专门知识的人在法庭上提出的意见,经当事人质证,可以作为认定案件事实的根据。"该条赋予有专门知识的人之意见"证据效力"。涉及生态环境和资源保护的案件中,损害行为、损害结果之间的因果关系以及具体赔偿数额的认定,均具有一定专业性,因此需要"有专门知识的人"为法庭审理和司法裁判提供知识上的帮助。在刑事附带民事公益诉讼的实践中,未来可以考虑进一步激活"有专门知识的人"。一方面,即使未申请鉴定人出庭或法院认为鉴定人没有必要出庭的,控辩双方也可以申请"有专门知识的人"出庭,法院应当同意相关申请;另一方面,"有专门知识的人"出庭发表意见,在范围上不应仅局限于"就鉴定人作出的鉴定意见提出意见",还可以就案件中鉴定意见以外其他涉及"专门知识"的问题发表意见,使其意见由"依附性"向"独立性"和"主动性"转化,以便于作为认定案件事实的根据。[1]

---

〔1〕 参见谢澍:《刑事司法证明中的专门知识:从权力支配到认知偏差》,载《法律科学》2018年第4期。

本系列案中，何某等三人不服原审判决提出上诉，上诉的理由在于民事部分赔偿金额过高，金额计算又与非法处置池泥的车数、堆场土地状况等相关，这些争点均需要通过“专门知识”来进行判断。“有专门知识的人”的意见与“鉴定意见”如能具有“同等地位”，将能极大地缓解生态环境损害鉴定费用高昂所引发的系列问题。

七、生态环境损害赔偿诉讼和环境公益诉讼的衔接：新兴县新景房地产开发有限公司非法占用农用地案

【关键词】

刑事附带民事公益诉讼　非法占用农用地罪　生态环境损害赔偿

【要旨】

追究破坏生态环境者的民事责任可通过生态环境损害赔偿诉讼或环境公益诉讼实现。两种诉讼路径存在一定的差别，两者之间是替代和衔接的关系。生态环境部门提起生态环境损害赔偿诉讼具有优先性；检察机关提起民事公益诉讼或者刑事附带民事公益诉讼公告阶段，如果生态环境部门提出开展生态环境损害赔偿诉讼，那么应由生态环境部门优先开展生态环境损害赔偿诉讼。否则，检察机关可提起民事公益诉讼。

【基本案情】

新兴县新景房地产开发有限公司（以下简称新景公司）于 2018 年 9 月在未取得建设工程规划许可证的情况下，违规对其位于该县新城镇广兴大道东北侧大毛山新景广场项目工地进行开发建设。公司法定代表人陈某荣指派项目经理梁某洪、安全施工监督员廖某壮负责指挥和管理日常施工工作，并雇请陈某南、黎某清等人的施工队进场施工。在施工过程中，为了追求施工效益和安全，陈某荣决定在明知超出项目建设红线范围、未经有关行政主管部门许可的情况下，擅自决定推平山体，进行降坡处理，并安排梁某洪全程负责指挥黎某清工程队挖掘机、推土机、泥头车将山泥往山体四周进行推填覆盖。上述非法推填行为导致新景广场工地西侧、北侧山地的山坟被破坏。附近居民发现后即报警处理。2019 年 3 月 30 日，新兴县自然资源局出具《责令停止违法行为通知书》和《接受调查通知书》，责令新景公司停止推填行为并接受调查。

经新兴县自然资源局认定，新景公司非法占用的有林地面积 20,500.1 平方米，折合 30.74 亩，非法占用的有林面积属于《土地管理法》“三大类”用途土

地中的“农用地”范围。经生态环境部华南环境科学研究所进行生态环境损害鉴定评估，认定推填土地行为导致被非法占用地区原有植被全部被铲除，部分山体被铲平，现场林地植被及山体被严重破坏，水土流失严重，造成生态环境损失共2,208,033.79元，其中生态环境损害为1,958,033.79元，环境损害评估费用250,000元。另外，新景公司非法推填泥土的行为导致该镇水东居委18户居民共计153个祖先金埕被毁坏，导致有关村居民在清明期间无法祭祖，造成恶劣的社会影响。

新兴县人民检察院以被告单位新景公司、被告人陈某荣、梁某洪犯非法占用农用地罪向新兴县人民法院提起公诉。另外，检察院在正义网网站刊登公告，公告期满后无适格主体提起民事公益诉讼，检察院一并提起刑事附带民事公益诉讼。法院经审理后判决，被告单位新景公司犯非法占用农用地罪被判处罚金10万元，其犯罪行为造成损失，须依法承担相应的民事赔偿责任，包括用于修复被损害的生态环境与鉴定费共计220万余元。考虑到被告人陈某荣、梁某洪等到案后如实供述自己的罪行，并积极与相关村民达成赔偿协议、自愿承担公益损害修复责任，法院对个人被告判处6个月至8个月不等的有期徒刑，缓刑一年并处罚金。

【检察机关办案情况】

新兴县人民检察院认为被告单位新景公司违反土地管理法律法规，非法占用林地，改变被占用林地的用途，数量较大，造成林地毁坏；被告人陈某荣作为新景公司的法定代表人及本案的决策人，被告人梁某洪作为新景广场的项目负责人，以上被告的行为触犯了《刑法》第342条、第30条的规定，应当以非法占用农用地罪追究新景公司、陈某荣、梁某洪的刑事责任。被告人陈某荣、梁某洪有坦白、认罪的法定情节，可从轻处罚从宽处理。新景公司自愿承担公益损害修复、赔偿责任，案发后积极赔偿村民山坟损失，获得相关村民谅解，可从轻处罚。建议判处被告单位新景公司罚金10万元；判处被告人陈某荣有期徒刑8个月，缓刑一年，并处罚金3万元；判处被告人梁某洪有期徒刑6个月，缓刑一年，并处罚金2万元。

新兴县人民检察院在办理新景公司非法占用农用地罪一案中，认为新景公司未经自然资源行政主管部门批准，擅自非法占用农用地进行推填土，造成山体被削平、农用地被破坏及大面积植被被毁坏，破坏了生态环境，损害了社会公共利益，其行为违反了《土地管理法》第4条和《环境保护法》第6条的规定。根据

《环境保护法》第 64 条、《侵权责任法》(已废止)第 4 条第 1 款、第 5 条和《最高人民法院关于审理环境民事公益诉讼案件适用法律若干问题的解释》第 18 条的规定,该公司应当承担破坏生态环境的侵权责任。

新兴县人民检察院发现被告违法行为后依法进行了公告,公告期满后,没有适格主体提起民事公益诉讼,社会公益仍处于受损害状态。新兴县人民检察院已在 2020 年 1 月 10 日向新兴县人民法院提起了针对新景公司上述行为构成非法占用农用地罪的公诉。根据《民事诉讼法》(2017 年第三次修正)第 55 条第 2 款、《最高人民法院、最高人民检察院关于检察公益诉讼案件适用法律若干问题的解释》第 20 条的规定,新兴县人民检察院于 2020 年 1 月 14 日向新兴县人民法院提起刑事附带民事公益诉讼。

【典型意义】

检察机关综合运用检察职能一并追究违法犯罪行为人的刑事责任和民事责任,最大限度地维护了社会公共利益。通过诉讼不仅为生态恢复提供了强有力的司法保障,同时,也为公益破坏者敲响了警钟,保护生态环境共建美丽家园是每个人的责任,不管是个人还是企业都应践行“绿水青山就是金山银山”的理念。

【案件评析】

本案中,新景公司未经自然资源行政主管部门批准,擅自非法占用农用地进行推填土,造成山体被削平、农用地被破坏及大面积植被毁坏,破坏了生态环境,损害了社会公共利益。根据《环境保护法》第 64 条、《侵权责任法》(已废止)第 4 条第 1 款、第 5 条的规定,该公司应当承担破坏生态环境的侵权责任。生态环境领域的公共利益是不特定多数主体所享有的,具体、整体、多层次性、有发展的重大环境利益。这种公共利益不仅包含传统民法上有形的、物质的经济利益,而且涉及难以用货币衡量的健康、环保、审美等无形、为多数人所享有的长远利益。在我国现阶段追究破坏生态环境的责任有两种路径可供选择:一是由两办文件所确定的生态环境损害赔偿诉讼;二是提起环境公益诉讼。上述两种路径存在一定的差别,两者之间是替代和衔接的关系。

(一)生态环境损害赔偿制度

生态环境损害赔偿是党的十八届三中全会提出的要求。该制度设立初衷在于解决生态环境损害担责、弥补生态环境行政执法不足等问题。2015 年两办印发《生态环境损害赔偿制度改革试点方案》(以下简称《试点方案》),在吉林等7个省市部署开展改革试点,取得明显成效。为进一步在全国范围内加快构建生态环境损害赔偿制度,2017年两办再次发布了《生态环境损害赔偿制度改革方案》(以下简称《改革方案》),方案提出了总体要求和目标、工作原则,明确了生态环境损害赔偿的适用范围、赔偿义务人与权利人,有关磋商程序及诉讼等内容。

无论是《试点方案》还是《改革方案》均将生态环境损害赔偿定位为纯粹的民事制度。试图通过民事诉讼的方式及其制度优势,促使损害责任人承担赔偿责任。在某种程度上,这是一种典型的私法逻辑,也是《试点方案》和《改革方案》所持的基本立场。生态环境领域的损害发生后,赔偿义务人依法承担行政或刑事责任的同时,仍然需要承担损害赔偿责任。

1. 适用情形

根据《改革方案》的规定,生态环境损害赔偿诉讼的适用情形为:“1. 发生较大及以上突发环境事件的;2. 在国家和省级主体功能区规划中划定的重点生态功能区、禁止开发区发生环境污染、生态破坏事件的;3. 发生其他严重影响生态环境后果的。”各地区应根据实际情况,综合考虑造成的环境污染、生态破坏程度以及社会影响等因素,明确具体情形。以下情形不适用《改革方案》的规定“1. 涉及人身伤害、个人和集体财产损失要求赔偿的,适用侵权责任法等法律规定;2. 涉及海洋生态环境损害赔偿的,适用海洋环境保护法等法律规定。”

2. 生态环境损害赔偿范围

生态环境损害赔偿范围包括清除污染费用、生态环境修复费用、生态环境修复期间服务功能的损失、生态环境功能永久性损害造成的损失以及生态环境损害赔偿调查、鉴定评估等合理费用。另外,方案也允许各地区可根据生态环境损害赔偿工作进展情况和需要,提出细化赔偿范围的建议。

3. 赔偿权利人与义务人

国务院授权省级、市地级政府(一般包括直辖市所辖的区县级政府,下同)作为本行政区域内生态环境损害赔偿权利人。省域内跨市地的生态环境损害,由省级政府管辖;其他工作范围划分由省级政府根据本地区实际情况确定。省级、市地级政府可指定相关部门或机构负责生态环境损害赔偿具体工作。省级、市地级政府及其指定的部门或机构均有权提起诉讼。跨省域的生态环境损害,由生态环境损害地的相关省级政府协商开展生态环境损害赔偿工作。

在健全国家自然资源资产管理体制试点区，受委托的省级政府可指定统一行使全民所有自然资源资产所有者职责的部门负责生态环境损害赔偿具体工作；国务院直接行使全民所有自然资源资产所有权的，由受委托代行该所有权的部门作为赔偿权利人开展生态环境损害赔偿工作。

违反法律法规，造成生态环境损害的单位或个人，应当承担生态环境损害赔偿责任，做到应赔尽赔。

4. 前置程序

经调查发现生态环境损害需要修复或赔偿的，赔偿权利人根据生态环境损害鉴定评估报告，就损害事实和程度、修复启动时间和期限、赔偿的责任承担方式和期限等具体问题与赔偿义务人进行磋商，统筹考虑修复方案技术可行性、成本效益最优化、赔偿义务人赔偿能力、第三方治理可行性等情况，达成赔偿协议。对经磋商达成的赔偿协议，可以依照《民事诉讼法》向人民法院申请司法确认。法院受理后，应当公告协议内容，公告期间不少于30日。公告期满后，法院经审查认为协议的内容不违反法律法规强制性规定且不损害国家利益、社会公共利益的，裁定确认协议有效。裁定书应当写明案件的基本事实和协议内容，并向社会公开。[1]

经司法确认的赔偿协议，赔偿义务人不履行或不完全履行的，赔偿权利人及其指定的部门或机构可以向人民法院申请强制执行。磋商未达成一致的，赔偿权利人及其指定的部门或机构应当及时提起生态环境损害赔偿诉讼。

5. 生态环境损害赔偿诉讼

生态环境损害赔偿诉讼由经授权的人民政府和相关部门对污染环境、破坏生态的单位或个人提起诉讼，实现对赔偿义务人的追责，使受损生态环境得到修复，从而保护生态环境，解决生态环境损害领域的“政府买单”问题。

为正确审理生态环境损害赔偿案件，严格保护生态环境，依法追究损害生态环境责任者的赔偿责任，依据《环境保护法》《民事诉讼法》等法律的规定，最高人民法院于2019年6月发布了《关于审理生态环境损害赔偿案件的若干规定（试行）》，2020年12月23日由最高人民法院审判委员会第1823次会议通过修正，其内容涉及提起生态环境损害赔偿的管辖、立案、举证责任、判决等方面。其中，第16条至第18条规定了生态环境损害赔偿诉讼与生态环境民事公益诉

〔1〕《最高人民法院关于审理生态环境损害赔偿案件的若干规定（试行）》第20条。

讼发生竞合时的处理。其中第16、17条确定了生态环境损害赔偿相较于民事公益诉讼具有一定的优先性。[1] 另外，根据第18条的规定，无论先行提起哪一种诉讼，只要是前述诉讼类型没有覆盖同一损害生态环境行为所造成的全部损害，均可通过提起另外一类诉讼就同一损害生态环境行为有证据证明存在前案审理时未发现的损害提出请求，法院应予受理。[2] 这一条表明两者之间互为补充的关系。

（二）生态环境民事公益诉讼

2012年第二次修正的《民事诉讼法》第55条规定，对污染环境、侵害众多消费者合法权益等损害社会公共利益的行为，法律规定的机关和有关组织可以向人民法院提起诉讼。这是该法为保护社会公共利益特别规定的一项新制度，即民事公益诉讼制度。这一修改解决了制约开展民事公益诉讼原告资格的"瓶颈性"问题。法律对公益诉讼原告主体的规定多出现在《环境保护法》《消费者权益保护法》等领域。[3]

2017年第三次修正的《民事诉讼法》明确了检察机关提起民事公益诉讼的主体资格，该法第55条第2款规定："人民检察院在履行职责中发现破坏生态环境和资源保护、食品药品安全领域侵害众多消费者合法权益等损害社会公共利益的行为，在没有前款规定的机关和组织或者前款规定的机关和组织不提起诉讼的情况下，可以向人民法院提起诉讼。前款规定的机关或者组织提起诉讼

〔1〕《最高人民法院关于审理生态环境损害赔偿案件的若干规定（试行）》第16条规定："在生态环境损害赔偿诉讼案件审理过程中，同一损害生态环境行为又被提起民事公益诉讼，符合起诉条件的，应当由受理生态环境损害赔偿诉讼案件的人民法院受理并由同一审判组织审理。"第17条规定："人民法院受理因同一损害生态环境行为提起的生态环境损害赔偿诉讼案件和民事公益诉讼案件，应先中止民事公益诉讼案件的审理，待生态环境损害赔偿诉讼案件审理完毕后，就民事公益诉讼案件未被涵盖的诉讼请求依法作出裁判。"

〔2〕《最高人民法院关于审理生态环境损害赔偿案件的若干规定（试行）》第18条规定："生态环境损害赔偿诉讼案件的裁判生效后，有权提起民事公益诉讼的国家规定的机关或者法律规定的组织就同一损害生态环境行为有证据证明存在前案审理时未发现的损害，并提起民事公益诉讼的，人民法院应予受理。民事公益诉讼案件的裁判生效后，有权提起生态环境损害赔偿诉讼的主体就同一损害生态环境行为有证据证明存在前案审理时未发现的损害，并提起生态环境损害赔偿诉讼的，人民法院应予受理。"

〔3〕《最高人民法院关于审理环境民事公益诉讼案件适用法律若干问题的解释》第1—5条明确细化了提起环境民事公益诉讼主体资格的条件。

的,人民检察院可以支持起诉。”从法条的顺序安排与内容规定来看,检察机关提起民事公益诉讼具有兜底性。检察机关提起公益诉讼以公益诉讼起诉人作为其身份,在公益诉讼中代表社会公共利益,其行使的是“法律监督者”职权。检察机关提起环境民事公益诉讼的目的是保护公共利益,以保护环境公共利益为宗旨的环境公益诉讼与生态环境损害赔偿在诉讼目的上具有一致性。

(三)生态环境损害赔偿诉讼与生态环境民事公益诉讼的衔接

生态环境损害赔偿诉讼与生态环境民事公益诉讼的本质相同,两者之间存在替代关系。[1] 根据《最高人民法院关于审理生态环境损害赔偿案件的若干规定(试行)》的规定,检察公益诉讼制度与生态损害赔偿制度的目标一致,都是追究污染主体的侵权责任,督促修复生态环境。该规定第 17 条明确了生态环境部门作为权利主体,其提起生态损害赔偿诉讼应先于民事公益诉讼。即检察机关提起民事公益诉讼或者刑事附带民事公益诉讼公告阶段,如果生态环境部门提出开展生态环境损害赔偿诉讼,那么应由生态环境部门优先开展生态环境损害赔偿诉讼。否则,可由检察机关提起民事公益诉讼。

八、保护公民个人信息安全具有公益属性:梁某平等侵犯公民个人信息案

【关键词】

刑事附带民事公益诉讼　侵犯公民个人信息罪　伪造国家机关证件罪　伪造公司印章罪　个人信息保护

【要旨】

保护公民个人信息安全具有公益属性。本案中被告人非法买卖、提供个人信息上千条,导致众多不特定自然人的合法权益受到侵害,客观上损害了社会公共利益。将个人信息安全保护纳入公益诉讼保护范畴,具有法律支撑,同时也是检察机关发挥法律监督职能作用,维护社会公共利益的体现。

【基本案情】

2019 年 4 月至 2020 年 6 月,梁某平为牟利购买了大量身份证照片和营业执照照片并保存至电脑,后将上述资料抬高价格卖给陈某光(另案处理)。梁某

---

〔1〕 冯洁语:《公私法协动视野下生态环境损害赔偿的理论构成》,载《法学研究》2020 年第 2 期。

平通过支付宝、微信转账的方式收取陈某光支付的款项56,035元。2020年3月至6月,梁某平从网上下载营业执照电子模板、公章电子模板,通过上“企查查”等软件获知公司的相关经营信息,利用电脑的“Photoshop”软件在营业执照模板上输入公司经营信息并伪造国家机关的电子公章印在其制作的营业执照上,打印出来拍照发送给客户谋取利益。同时,梁某平用相同的方式从网上下载公司印章电子模板,利用电脑的“Photoshop”软件伪造客户需要的公司电子印章并印在客户需要的在职证明上,打印出来拍照发送给客户以谋取利益。

2020年5月,王某、刘某娜经蒋某明介绍,将自己电脑内留存的1000多套身份证照片与营业执照照片,贩卖给微信号为“给我一个美好的五月”的人,其中王某、刘某娜共获利10,000元,蒋某明获利10,000元。

经新兴县公安局治安出入境大队户证中队抽样涉案的150套信息核查,梁某平、王某、刘某娜电脑内交易留存的身份证照片信息,146套信息系真实的身份证信息。

新兴县人民检察院认为梁某平、王某、刘某娜、蒋某明的行为触犯刑法,除应当追究相应的刑事责任外,他们的行为还侵害了不特定公众的人身权益和财产权益,损害了社会公共利益,依法应当承担相应民事责任。

云浮市新兴县人民法院判决梁某平侵犯个人信息罪、伪造国家机关证件罪、伪造公司印章罪数罪并罚执行有期徒刑四年,并处罚金65,000元。王某、刘某娜、蒋某明犯侵犯个人信息罪分别被判处有期徒刑八个月并处罚金10,000元。对于附带民事公益诉讼部分,法院判决梁某平等人按照获利金额赔偿损失,并要求4人在省级以上电视台或全国发行的报纸公开道歉。

【检察机关办案情况】

新兴县人民检察院在2020年9月17日进行案件有关情况公告,公告期内未有法律规定的机关或适格主体提起民事公益诉讼。新兴县人民检察院指控梁某平、王某、刘某娜、蒋某明犯侵犯公民个人信息罪,此外梁某平犯伪造国家机关证件罪、伪造公司印章罪,于2020年11月20日向云浮市新兴县人民法院提起公诉。新兴县人民检察院作为公益起诉人于公诉同日向法院提起附带民事公益诉讼。检察院提起的刑事附带民事公益诉讼请求包括请求判令梁某平、王某、刘某娜、蒋某明按照获利金额赔偿损失,上缴国库;另外请求判令被告人在省级以上电视台或全国发行的报纸公开道歉。检察院的诉讼请求得到了法院的支持。

【典型意义】

近年来,侵犯公民个人信息案件呈上升趋势,这类案件轻则导致骚扰电话不断,重则引发电信诈骗、网络诈骗以及滋扰型“软暴力”等犯罪行为,让公民的人格权益和财产权益置于巨大危险之中,损害了社会公共利益。司法实践中,个体受害人力量有限,单独维权的成本较高,诉讼动力不足,而检察机关作为公共利益的守护者,对该类案件提起刑事附带民事公益诉讼,既维护了社会公共利益,也回应了人民群众的社会关切,实现了法律效果和社会效果的统一。新兴县人民检察院发挥公益诉讼制度优势,进一步探索公益诉讼“等”外领域,主动服务保障经济社会发展大局,以实际行动维护国家利益和社会公共利益。

【案件评析】

本案在办理过程中,个人信息保护领域仍属于检察公益诉讼案件的“等”外领域。新兴县人民检察院积极探索,稳妥推进,认真细致夯实证据,在有力指控犯罪的同时依法提出刑事附带民事公益诉讼请求,切实维护了公民个人信息安全。因办案效果良好,本案在2021年7月30日被广东省人民检察院评为广东省个人信息保护检察公益诉讼四大典型案例之一。

1. 公益诉讼的适用范围

2017年6月27日,第十二届全国人大常委会第二十八次会议表决通过了《关于修改〈民事诉讼法〉和〈行政诉讼法〉的决定》。其中,《民事诉讼法》第55条第2款规定:“人民检察院在履行职责中发现破坏生态环境和资源保护、食品药品安全领域侵害众多消费者合法权益等损害社会公共利益的行为,在没有前款规定的机关和组织或者前款规定的机关和组织不提起诉讼的情况下,可以向人民法院提起诉讼。前款规定的机关或者组织提起诉讼的,人民检察院可以支持起诉。”《行政诉讼法》第25条第4款规定:“人民检察院在履行职责中发现生态环境和资源保护、食品药品安全、国有财产保护、国有土地使用权出让等领域负有监督管理职责的行政机关违法行使职权或者不作为,致使国家利益或者社会公共利益受到侵害的,应当向行政机关提出检察建议,督促其依法履行职责。行政机关不依法履行职责的,人民检察院依法向人民法院提起诉讼。”

《英雄烈士保护法》第25条第1、2款规定:“对侵害英雄烈士的姓名、肖像、名誉、荣誉的行为,英雄烈士的近亲属可以依法向人民法院提起诉讼。英雄烈士没有近亲属或者近亲属不提起诉讼的,检察机关依法对侵害英雄烈士的姓名、肖像、名誉、荣誉,损害社会公共利益的行为向人民法院提起诉讼。”

依照《民事诉讼法》、《行政诉讼法》和《英雄烈士保护法》的规定，目前检察机关履行公益诉讼职责的范围是“4＋1”，即生态环境和资源保护、食品药品安全、国有财产保护、国有土地使用权出让和英烈权益保护。

2. 公益诉讼案范围的“等”外探索

2017年6月27日，第十二届全国人大常委会第二十八次会议表决通过了《关于修改〈民事诉讼法〉和〈行政诉讼法〉的决定》，这两部法律确定的检察公益诉讼案件范围，都有一个“等”字。

党的十九届四中全会通过了《中共中央关于坚持和完善中国特色社会主义制度推进国家治理体系和治理能力现代化若干重大问题的决定》，决定中“加强对法律实施的监督”部分明确要求“拓展公益诉讼案件范围”。最高人民检察院为规范和引导新领域案件办理工作，积极稳妥拓展公益诉讼案件范围，专门下发《关于积极稳妥拓展公益诉讼案件范围的指导意见》（以下简称《指导意见》）。

《指导意见》的内容包括以下几方面：

第一，确立拓展公益诉讼案件范围的指导原则。将公益诉讼“等”外领域探索原则从“稳妥、积极”调整为“积极、稳妥”，强调不仅要把法律明确赋权领域的案件办好，还要以高度负责的精神，积极办理群众反映强烈的其他领域公益诉讼案件，为健全完善立法提供实践依据。

第二，把握新领域案件的重点范围。主要包括：

其一，要认真贯彻落实《第十三届全国人民代表大会第三次会议关于最高人民检察院工作报告的决议》批准的下一阶段工作安排中明确提出的“积极、稳妥办理安全生产、公共卫生、生物安全、妇女儿童及残疾人权益保护、网络侵害、扶贫、文物和文化遗产保护等领域公益损害案件”，紧紧围绕全国人大常委会立法工作计划、监督工作计划，重点办理拟出台、修订的法律或者执法检查涉及的新领域案件，主动回应、不断满足人民群众美好生活需要。

其二，办好地方性法规支持探索的新领域案件。结合当地实际，注意办好有地方立法权的人大常委会通过地方立法、专项决定等明确支持探索的检察公益诉讼新领域案件。辖区检察机关特别是省级检察院应当主动加强与同级法院的沟通协调，争取就人大支持的相关新领域案件的审判管辖、起诉标准、举证责任、诉讼请求、裁判执行等达成共识，推动诉前与诉讼程序有效衔接。

其三，注意办理中央层面改革文件等要求研究探索的其他新领域案件。目前主要包括:《中共中央国务院关于推进安全生产领域改革发展的意见》提出的"研究建立安全生产民事和行政公益诉讼制度";《国务院关于完善进出口商品质量安全风险预警和快速反应监管体系切实保护消费者权益的意见》提出的"加强重点领域质量安全公益诉讼工作";《最高人民法院关于为设立科创板并试点注册制改革提供司法保障的若干意见》提出的"研究探索建立证券民事、行政公益诉讼制度";《最高人民检察院、中华全国妇女联合会关于建立共同推动保护妇女儿童权益工作合作机制的通知》提出的"针对国家机关、事业单位招聘工作中涉嫌就业性别歧视,相关组织、个人通过大众传播媒介或者其他方式贬低损害妇女人格等问题,检察机关可以发出检察建议,或者提起公益诉讼";最高人民检察院、中央军委政法委员会印发的《关于加强军地检察机关公益诉讼协作工作的意见》提出的"积极稳妥探索办理在国防动员、国防教育、国防资产、军事行动、军队形象声誉、军人地位和权益保护等方面的公益诉讼案件";《2020年推动长江经济带发展工作要点》提出的"探索开展危化、尾矿、交通等安全生产领域公益诉讼检察工作"。

其四,参照指导性案例、借鉴典型案例办理同类新领域案件。2020 年最高人民检察院重点发布安全生产、文物和文化遗产保护、网络侵害(个人信息保护)等新领域典型案例。

第三,严格把握新领域案件的立案条件。《指导意见》特别强调新领域案件立案应当同时满足四个条件:一是国家利益或者社会公共利益遭受严重侵害或者存在重大侵害危险,人民群众反映强烈;二是侵害行为违反法律强制性规定,具有明显的违法性;三是现有行政执法制度机制严重失灵或者存在明显短板,难以有效解决公益侵害问题;四是没有其他适格主体可以提起诉讼,难以通过普通民事、行政、刑事诉讼有效实现公益保护。

2020 年 7 月 29 日,广东省第十三届人民代表大会常务委员会第二十二次会议通过了《广东省人民代表大会常务委员会关于加强检察公益诉讼工作的决定》,该决定明确提出了公益诉讼案件拓展范围的要求,除法定公益诉讼案件范围外,明确将在安全生产、公共卫生安全、特殊群体合法权益保护、互联网个人信息保护、文物和文化遗产保护等领域纳入拓展民事公益诉讼和行政公益诉讼案件范围。

3. 个人信息保护应纳入公益诉讼"等"内范畴

根据《民法典》规定,自然人的个人信息受法律保护。任何组织或者个人需要获取他人个人信息的，应当依法取得并确保信息安全，不得非法收集、使用、加工、传输他人个人信息，不得非法买卖、提供或者公开他人个人信息。《民法典》同时规定，侵害他人人身权益造成财产损失的，按照被侵权人因此受到的损失或者侵权人因此获得的利益赔偿。

发现个人信息被过度收集、非法买卖后，民众想要维权并不容易。维权主要难点在于面临专业知识不足、调查取证能力有限、起诉成本高以及遭受的损害大小难以界定等问题。2021 年 8 月 20 日，第十三届全国人民代表大会常务委员会第十三次会议通过的《个人信息保护法》明确规定将个人信息纳入公益诉讼保护，第 70 条规定："个人信息处理者违反本法规定处理个人信息，侵害众多个人的权益的，人民检察院、法律规定的消费者组织和国家网信部门确定的组织可以依法向人民法院提起诉讼。"这意味着从法律层面肯定检察机关提起个人信息公益诉讼的正当性，对于进一步探索个人信息公益诉讼具有重要指导意义。

新兴县人民检察院在办理个人信息保护这一类"等"外公益诉讼案件中，总结出两条重要经验：

第一，启动公益诉讼前应充分论证，保持检察权行使的谦抑性。个人信息保护公益诉讼应当在启动前开展科学论证。对于归属行政机关管辖的，应及时移交行政机关处理。检察机关可以通过提出检察建议督促整改，整改及时有效的，可不提起公益诉讼，同时做好跟踪监督。这里不仅要考虑被侵权群体的利益，还要权衡各方的利益冲突，保持谦抑、审慎、科学的态度启动个人信息保护公益诉讼。

第二，做好协调沟通，积极发挥检察机关的作用。个人信息处理者既包括政府，也包括相关组织和个人，个人信息保护公益诉讼包括行政公益诉讼与民事公益诉讼两类。根据《行政诉讼法》的规定，人民检察院是我国行政公益诉讼的唯一起诉主体，但有权提起民事公益诉讼的主体除了人民检察院外，还包括法律规定的其他机关和有关组织。在个人信息保护方面，将来有权提起公益诉讼的主体也应包括：检察机关、履行个人信息保护职责的部门和国家网信部门确定的组织。

在个人信息保护公益诉讼中，检察机关作为公益诉讼主体，处在被告人与法院中间的关键连接位置。尽管在个人信息保护民事公益诉讼中有三方主体可以提起诉讼，检察机关在个人信息保护民事公益诉讼中依然处于关键地位。

根据《民事诉讼法》的规定，机关或者组织提起诉讼的，人民检察院可以支持起诉。可见，在民事公益诉讼中，检察机关和其他有权提起公益诉讼的主体之间应当建立良好的沟通机制，在不同案件中选择最适格的主体提起诉讼，协调好各方关系，避免部门冲突，力争在民事公益诉讼中实现公共利益保护最大化。

九、检察机关与文物保护主管部门联动推动文物和文化遗产保护和利用：梁某某、曾某某破坏文物资源案

【关键词】

刑事附带民事公益诉讼　文物资源保护　文物修复费用　督促职能部门积极履职

【要旨】

盗窃文物，造成文物原貌受损的，不仅构成刑事犯罪，也对文物资源造成损害，检察机关可以提起刑事附带民事公益诉讼，以修复文物所需费用作为请求赔偿公益损害数额，同时与有关职能部门进行沟通衔接，督促其履行职责，及时对文物进行修复。

【基本案情】

2021 年 4 月某日凌晨，梁某某、曾某某伙同曾某 2 等人经密谋后，秘密进入云安区县级文物保护单位大田古民居敦伦堂内，使用工具强行将三件木雕彩绘构件从原整体构件中拆下盗走，对构件整体造成破坏。案发后，公安机关将上述被盗构件全部追回。经评估鉴定，受损构件为一般文物。

【检察机关办案情况】

2021 年 7 月，云浮市云安区人民检察院在履行公诉职责中发现本案线索后，决定立案审查并依法履行公告程序，公告期满后没有法律规定的机关和有关组织提起民事公益诉讼。

根据广东省人大常委会 2020 年 7 月出台的《关于加强检察公益诉讼工作的决定》，检察机关依法在文物和文化遗产保护领域开展公益诉讼。经调查核实，梁某某、曾某某均有盗窃文物的犯罪前科，刑满释放后再次盗窃文物，在盗窃文物的过程中使用破坏性手段造成文物原貌受损，对文物资源造成破坏，损害了国家利益和社会公共利益，符合提起民事公益诉讼的条件。云安区人民检察院积极与上级检察机关共同研究后认为，被盗构件已全部追回，文物整体虽有受损，但仍有修复可能，应以修复文物所需费用作为请求赔偿数额。为此，云

安区人民检察院积极与鉴定机构沟通，充分考虑被损坏文物等级、损坏程度、文物价值及修复所需材料、工艺等因素，最终确定了文物修复的具体费用。

云安区人民检察院以被告人梁某某、曾某某构成盗窃罪向云浮市云安区人民法院依法提起公诉，同时针对梁某某、曾某某破坏文物资源的行为提起刑事附带民事公益诉讼，请求法院判令梁某某、曾某某连带承担文物修复费用40,160元及本案支出6000元鉴定评估费用。法院经审理后，于2021年9月27日作出一审判决，判决被告人梁某某、曾某某犯盗窃罪，分别处有期徒刑一年，并处罚金2000元，并全部支持公益诉讼起诉人的诉讼请求。判决作出后，梁某某、曾某某未对判决提出异议，判决已发生法律效力。同时，云安区人民检察院还就文物后续修复问题与区文物主管部门进行沟通衔接，督促其依法履行职责，尽快聘请有资质的机构对文物进行修复。

【典型意义】

保护文物功在当代，利在千秋。历史文物是人类社会宝贵的财产，是不可替代的文化资源，在经济社会发展过程中具有十分重要的作用。《文物保护法》第7条规定："一切机关、组织和个人都有依法保护文物的义务。"本案是广东省首例文物损害赔偿刑事附带民事公益诉讼案件。案件的成功办理，有力地打击了盗卖文物违法犯罪行为，对危害文物安全的行为起到警示作用，也体现了检察机关积极发挥检察公益诉讼职能，助力文物保护的法治功能，是对文物损害赔偿公益诉讼的一次有益探索，为检察公益诉讼制度的不断完善提供了法治实践。

【案件评析】

1. 拓展公益诉讼案件范围，探索对文物和文化遗产专门、系统保护

检察公益诉讼制度正式确立时受案范围主要分布在生态环境和资源保护、食品药品安全、国有资产保护、国有土地使用权出让，食品药品安全领域侵害众多消费者合法权益等领域。检察机关在公益诉讼受案范围尚未拓展时，可以将特定种类属性的文物纳入既定受案领域进行考量，继而将之纳入检察机关提起公益诉讼范围。例如，故宫、颐和园、长城、天坛等建筑物、构筑物形式存在的文物，具备生态环境中的"环境"属性；故宫、天坛、长城等文物属于人文遗迹，符合《环境保护法》对环境范围的规定，可以将其纳入生态环境和资源保护领域进行考量；另一类国有文物则可纳入国有资产进行管理与保护。但文物和文化遗产的种类繁多，现有受案范围尚不足以提供充分的保护，有专门进行保护的需求

与必要性。

检察公益诉讼作为以司法手段保护公益、促进国家治理的重要制度安排，在助力实现国家治理体系和治理能力现代化进程中发挥着重要作用。党的十九届四中全会通过的《中共中央关于坚持和完善中国特色社会主义制度、推进国家治理体系和治理能力现代化若干重大问题的决定》中提出“拓展公益诉讼案件范围。”2020年最高人民检察院工作报告中落实前述要求，提出“规范公益诉讼检察工作，拓展办案范围”，将“文物和文化遗产保护”纳入公益诉讼范围。随后包括广东省在内多个省级人大常委会出台加强检察公益诉讼的专项决定，明确将文物、文化遗产保护纳入公益诉讼新领域案件范围。

检察公益诉讼制度在文物和文化遗产保护方面具有独特的优势。第一，检察机关可以发挥行政公益诉讼职能，通过诉前磋商、圆桌会议、公开听证等方式，督促相关行政机关厘清职能，全面履职，解决“九龙治水”难题。第二，检察机关可以发挥民事公益诉讼职能作用，对破坏、损毁文物的当事人或者单位提起民事公益诉讼或刑事附带民事公益诉讼，要求其承担相应的民事赔偿责任。本案即是通过刑事附带民事公益诉讼的方式，由检察机关向刑事案件的被告人提起附带民事公益诉讼，要求其承担因其盗窃文物导致文物受损的修复费用与鉴定评估费用。

最高人民检察院将文物和文化遗产领域作为公益诉讼新领域进行重点部署的理由有四：其一，2018年两办印发了《关于加强文物保护利用改革的若干意见》，要求“以习近平新时代中国特色社会主义思想为指导，全面贯彻党的十九大和十九届二中、三中全会精神，认真落实习近平总书记关于文物工作系列重要论述精神，紧紧围绕统筹推进‘五位一体’总体布局和协调推进‘四个全面’战略布局，增强‘四个意识’，坚定‘四个自信’，坚持以人民为中心，坚持新发展理念，坚持社会主义核心价值体系，统筹推进文物保护利用传承，切实增强中华优秀传统文化的生命力影响力，更好促进经济社会发展，不断满足人民日益增长的美好生活需要，努力为决胜全面建成小康社会、加快推进社会主义现代化、实现中华民族伟大复兴的中国梦作出重要贡献。”其二，全国人民代表大会代表、政协委员在近年来的两会上高度关注文物和文化遗产保护领域的公益诉讼问题，提出与之相关的建议和议案达几十件。其三，地方人民代表大会通过专项决定的形式，明确将文物、文化遗产保护纳入公益诉讼新领域案件范围。其四，住房和城乡建设部、国家文物局高度关注文物保护领域的检察公益诉讼实践,希望借力检察公益诉讼职能共同加强文物和文化遗产保护。在中央顶层设计下,各地通过地方立法积极回应,各相关职能部门积极响应,对于充分发挥检察公益诉讼职能、有效激活和提升文物治理能力水平、推动形成保护合力达成高度共识。

2. 检察机关加强与文物保护部门协作联动,推动文物和文化遗产后续保护和利用

本案中,办案检察院就文物后续修复问题与区文物主管部门进行沟通衔接,督促其依法履行职责,尽快聘请有资质的机构对文物进行修复。检察院通过公益诉讼可以实现对文物和文化遗产多方位的保护。以福建省晋江市人民检察院督促保护安平桥文物和文化遗产行政公益诉讼案为例,福建省晋江市人民检察院与文物保护部门、属地镇政府形成常态化的文化遗产保护协作机制。上述经验被最高人民检察院作为文物和文化遗产保护公益诉讼典型案例予以提倡。检察机关通过公益诉讼,不仅推动多部门联合执法、协同治理,实现保护文物的目标;还进一步实现了督促治理文物周边生态环境,推动非物质文化遗产传承保护,深度挖掘文物和文化遗产所在地及其周边立体、多元、丰富的人文、生态、产业、公益价值,营造了文物和文化遗产保护共建共治共享的良好局面。

最高人民法院、最高人民检察院关于检察公益诉讼案件适用法律若干问题的解释

（2018 年 2 月 23 日最高人民法院审判委员会第 1734 次会议、2018 年 2 月 11 日最高人民检察院第十二届检察委员会第 73 次会议通过　根据 2020 年 12 月 23 日最高人民法院审判委员会第 1823 次会议、2020 年 12 月 28 日最高人民检察院第十三届检察委员会第 58 次会议修正）

一、一般规定

第一条　为正确适用《中华人民共和国民法典》《中华人民共和国民事诉讼法》《中华人民共和国行政诉讼法》关于人民检察院提起公益诉讼制度的规定，结合审判、检察工作实际，制定本解释。

第二条　人民法院、人民检察院办理公益诉讼案件主要任务是充分发挥司法审判、法律监督职能作用，维护宪法法律权威，维护社会公平正义，维护国家利益和社会公共利益，督促适格主体依法行使公益诉权，促进依法行政、严格执法。

第三条　人民法院、人民检察院办理公益诉讼案件，应当遵守宪法法律规定，遵循诉讼制度的原则，遵循审判权、检察权运行规律。

第四条　人民检察院以公益诉讼起诉人身份提起公益诉讼，依照民事诉讼法、行政诉讼法享有相应的诉讼权利，履行相应的诉讼义务，但法律、司法解释另有规定的除外。

第五条　市（分、州）人民检察院提起的第一审民事公益诉讼案件，由侵权行为地或者被告住所地中级人民法院管辖。

基层人民检察院提起的第一审行政公益诉讼案件，由被诉行政机关所在地基层人民法院管辖。

第六条 人民检察院办理公益诉讼案件，可以向有关行政机关以及其他组织、公民调查收集证据材料；有关行政机关以及其他组织、公民应当配合；需要采取证据保全措施的，依照民事诉讼法、行政诉讼法相关规定办理。

第七条 人民法院审理人民检察院提起的第一审公益诉讼案件，适用人民陪审制。

第八条 人民法院开庭审理人民检察院提起的公益诉讼案件，应当在开庭三日前向人民检察院送达出庭通知书。

人民检察院应当派员出庭，并应当自收到人民法院出庭通知书之日起三日内向人民法院提交派员出庭通知书。派员出庭通知书应当写明出庭人员的姓名、法律职务以及出庭履行的具体职责。

第九条 出庭检察人员履行以下职责：

（一）宣读公益诉讼起诉书；

（二）对人民检察院调查收集的证据予以出示和说明，对相关证据进行质证；

（三）参加法庭调查，进行辩论并发表意见；

（四）依法从事其他诉讼活动。

第十条 人民检察院不服人民法院第一审判决、裁定的，可以向上一级人民法院提起上诉。

第十一条 人民法院审理第二审案件，由提起公益诉讼的人民检察院派员出庭，上一级人民检察院也可以派员参加。

第十二条 人民检察院提起公益诉讼案件判决、裁定发生法律效力，被告不履行的，人民法院应当移送执行。

二、民事公益诉讼

第十三条 人民检察院在履行职责中发现破坏生态环境和资源保护，食品药品安全领域侵害众多消费者合法权益，侵害英雄烈士等的姓名、肖像、名誉、荣誉等损害社会公共利益的行为，拟提起公益诉讼的，应当依法公告，公告期间为三十日。

公告期满，法律规定的机关和有关组织、英雄烈士等的近亲属不提起诉讼的，人民检察院可以向人民法院提起诉讼。

人民检察院办理侵害英雄烈士等的姓名、肖像、名誉、荣誉的民事公益诉讼案件,也可以直接征询英雄烈士等的近亲属的意见。

第十四条 人民检察院提起民事公益诉讼应当提交下列材料:

(一)民事公益诉讼起诉书,并按照被告人数提出副本;

(二)被告的行为已经损害社会公共利益的初步证明材料;

(三)已经履行公告程序、征询英雄烈士等的近亲属意见的证明材料。

第十五条 人民检察院依据民事诉讼法第五十五条第二款的规定提起民事公益诉讼,符合民事诉讼法第一百一十九条第二项、第三项、第四项及本解释规定的起诉条件的,人民法院应当登记立案。

第十六条 人民检察院提起的民事公益诉讼案件中,被告以反诉方式提出诉讼请求的,人民法院不予受理。

第十七条 人民法院受理人民检察院提起的民事公益诉讼案件后,应当在立案之日起五日内将起诉书副本送达被告。

人民检察院已履行诉前公告程序的,人民法院立案后不再进行公告。

第十八条 人民法院认为人民检察院提出的诉讼请求不足以保护社会公共利益的,可以向其释明变更或者增加停止侵害、恢复原状等诉讼请求。

第十九条 民事公益诉讼案件审理过程中,人民检察院诉讼请求全部实现而撤回起诉的,人民法院应予准许。

第二十条 人民检察院对破坏生态环境和资源保护,食品药品安全领域侵害众多消费者合法权益,侵害英雄烈士等的姓名、肖像、名誉、荣誉等损害社会公共利益的犯罪行为提起刑事公诉时,可以向人民法院一并提起附带民事公益诉讼,由人民法院同一审判组织审理。

人民检察院提起的刑事附带民事公益诉讼案件由审理刑事案件的人民法院管辖。

三、行政公益诉讼

第二十一条 人民检察院在履行职责中发现生态环境和资源保护、食品药品安全、国有财产保护、国有土地使用权出让等领域负有监督管理职责的行政机关违法行使职权或者不作为,致使国家利益或者社会公共利益受到侵害的,应当向行政机关提出检察建议,督促其依法履行职责。

行政机关应当在收到检察建议书之日起两个月内依法履行职责,并书面回复人民检察院。出现国家利益或者社会公共利益损害继续扩大等紧急情形的,行政机关应当在十五日内书面回复。

行政机关不依法履行职责的，人民检察院依法向人民法院提起诉讼。

第二十二条 人民检察院提起行政公益诉讼应当提交下列材料：

（一）行政公益诉讼起诉书，并按照被告人数提出副本；

（二）被告违法行使职权或者不作为，致使国家利益或者社会公共利益受到侵害的证明材料；

（三）已经履行诉前程序，行政机关仍不依法履行职责或者纠正违法行为的证明材料。

第二十三条 人民检察院依据行政诉讼法第二十五条第四款的规定提起行政公益诉讼，符合行政诉讼法第四十九条第二项、第三项、第四项及本解释规定的起诉条件的，人民法院应当登记立案。

第二十四条 在行政公益诉讼案件审理过程中，被告纠正违法行为或者依法履行职责而使人民检察院的诉讼请求全部实现，人民检察院撤回起诉的，人民法院应当裁定准许；人民检察院变更诉讼请求，请求确认原行政行为违法的，人民法院应当判决确认违法。

第二十五条 人民法院区分下列情形作出行政公益诉讼判决：

（一）被诉行政行为具有行政诉讼法第七十四条、第七十五条规定情形之一的，判决确认违法或者确认无效，并可以同时判决责令行政机关采取补救措施；

（二）被诉行政行为具有行政诉讼法第七十条规定情形之一的，判决撤销或者部分撤销，并可以判决被诉行政机关重新作出行政行为；

（三）被诉行政机关不履行法定职责的，判决在一定期限内履行；

（四）被诉行政机关作出的行政处罚明显不当，或者其他行政行为涉及对款额的确定、认定确有错误的，可以判决予以变更；

（五）被诉行政行为证据确凿，适用法律、法规正确，符合法定程序，未超越职权，未滥用职权，无明显不当，或者人民检察院诉请被诉行政机关履行法定职责理由不成立的，判决驳回诉讼请求。

人民法院可以将判决结果告知被诉行政机关所属的人民政府或者其他相关的职能部门。

四、附　　则

第二十六条 本解释未规定的其他事项，适用民事诉讼法、行政诉讼法以及相关司法解释的规定。

第二十七条 本解释自2018年3月2日起施行。

最高人民法院、最高人民检察院之前发布的司法解释和规范性文件与本解释不一致的,以本解释为准。

参 考 文 献

1. 中共中央文献研究室编:《习近平关于协调推进“四个全面”战略布局论述摘编》,中央文献出版社 2015 年版。

2. 刘艺主编:《检察公益诉讼十大典型案例述评(2019 年)》,中国检察出版社 2021 年版。

3. 刘飞:《德国公法权利救济制度》,北京大学出版社 2009 年版。

4. 王名扬:《法国行政法》,北京大学出版社 2016 年版。

5. 王名扬:《美国行政法》,北京大学出版社 2016 年版。

6. 蔡志方:《欧陆各国行政诉讼制度发展之沿革与现状》,载《行政救济与行政法学(一)》,台北,三民书局 1993 年版。

7. [法]狄骥:《公法的变迁》,郑戈译,商务印书馆 2013 年版。

8. [法]古斯塔夫·佩泽尔:《法国行政法》,廖坤明、周洁译,张凝校,国家行政学院出版社 2002 年版。

9. [日]盐野宏:《行政法》,杨建顺译,法律出版社 1999 年版。

10. [英]威廉·韦德:《行政法》,徐炳等译,中国大百科全书出版社 1997 年版。

11. 习近平:《切实把思想统一到党的十八届三中全会精神上来》,载《人民日报》2014 年 1 月 1 日,第 2 版。

12. 习近平:《把握改革大局自觉服从服务改革大局　共同把全面深化改革这篇大文章做好》,载《人民日报》2015 年 5 月 6 日,第 1 版。

13. 汤维建:《公益诉讼的四大取证模式》,载《检察日报》2019 年 1 月 21 日,第 3 版。

14. 王圭宇:《俄罗斯行政检察监督的领域与方式》,载《检察日报》2020 年 8 月 20 日,第 3 版。

15. 易小斌:《独具特色的巴西检察公益诉讼》,载《检察日报》2020 年 11 月 5 日,第 7 版。

16. 王广聪:《以公益诉讼促进实现未成年人保护国家责任》,载《检察日报》2020 年 11 月 16 日,第 3 版。

17. 于安:《行政诉讼的公益诉讼和客观诉讼问题》,载《法学》2001 年第 5 期。

18. 林莉红、马立群:《作为客观诉讼的行政公益诉讼》,载《行政法学研究》2011 年第 4 期。

19. 薛刚凌、杨欣:《论我国行政诉讼构造:“主观诉讼”抑或“客观诉讼”?》,载《行政法学研究》2013 年第 4 期。
20. 张辉:《美国公民诉讼之“私人检察总长理论”解析》,载《环球法律评论》2014 年第 1 期。
21. 王明远:《论我国环境公益诉讼的发展方向:基于行政权与司法权关系理论的分析》,载《中国法学》2016 年第 1 期。
22. 沈开举、邢昕:《检察机关提起行政公益诉讼诉前程序实证研究》,载《行政法学研究》2017 年第 5 期。
23. 刘艺:《美国私人检察诉讼演变及其对我国的启示》,载《行政法学研究》2017 年第 5 期。
24. 胡卫列、田凯:《检察机关提起行政公益诉讼试点情况研究》,载《行政法学研究》2017 年第 2 期。
25. 张雪姐、李强、常海蓉:《民事检察调查核实权的理论探析》,载《人民检察》2017 年第 13 期。
26. 孔祥稳、王玎、余积明:《检察机关提起行政公益诉讼试点工作调研报告》,载《行政法学研究》2017 年第 5 期。
27. 刘艺:《构建行政公益诉讼的客观诉讼机制》,载《法学研究》2018 年第 3 期。
28. 谢澍:《刑事司法证明中的专门知识:从权力支配到认知偏差》,载《法律科学》2018 年第 4 期。
29. 杨雨林:《西方治理话语的政治哲学基础与中国国家治理话语体系构建》,载《岭南学刊》2018 年第 5 期。
30. 张雪樵:《检察公益诉讼比较研究》,载《国家检察官学院学报》2019 年第 1 期。
31. 赵宏:《保护规范理论的历史嬗变与司法适用》,载《法学家》2019 年第 2 期。
32. 覃慧:《检察机关提起行政公益诉讼的实证考察》,载《行政法学研究》2019 年第 3 期。
33. 熊文钊、赵莹莹:《检察机关公益诉讼调查核实制度的优化》,载《人民检察》2019 年第 8 期。
34. 王新建:《检察公益诉讼调查取证可采取检警协作模式》,载《人民检察》2019 年第 9 期。
35. 关保英:《检察机关在行政公益诉讼中应享有取证权》,载《法学》2020 年第 1 期。
36. 曹建军:《论检察公益调查核实权的强制性》,载《国家检察官学院学报》2020 年第 2 期。
37. 范卫国:《民事检察调查核实权运行机制研究》,载《北方法学》2015 年第 5 期。
38. 胡卫列:《国家治理视野下的公益诉讼检察制度》,载《国家检察官学院学报》2020 年第 2 期。
39. 戴建华:《生态环境损害赔偿诉讼的制度定位与规则重构》,载《求索》2020 年第 6 期。
40. 陈德敏、谢忠洲:《论行政公益诉讼中“不履行法定职责”之认定》,载《湖南师范大学社会科学学报》2020 年第 1 期。
41. 冯洁语:《公私法协动视野下生态环境损害赔偿的理论构成》,载《法学研究》2020 年第

2 期。
42. 赵宏:《主观公权利、行政诉权与保护规范理论》,载《行政法学研究》2020 年第 2 期。
43. 陈天昊、邵建树、王雪纯:《检察行政公益诉讼制度的效果检验与完善路径——基于双重差分法的实证研究》,载《中外法学》2020 年第 5 期。
44. 刘艺:《我国检察公益诉讼制度的发展态势与制度完善——基于 2017—2019 年数据的实证分析》,载《重庆大学学报(社会科学版)》2020 年第 4 期。
45. 王莉:《巴西公益诉讼检察制度及启示》,载《人民检察》2020 年第 7 期。
46. 刘加良:《检察公益诉讼调查核实权的规则优化》,载《政治与法律》2020 年第 10 期。
47. 刘艺:《论国家治理体系下的检察公益诉讼》,载《中国法学》2020 年第 2 期。
48. 胡卫列:《当前公益诉讼检察工作需要把握的若干重点问题》,载《人民检察》2021 年第 2 期。
49. 薛刚凌:《行政公益诉讼类型化发展研究——以主观诉讼和客观诉讼划分为视角》,载《国家检察官学院学报》2021 年第 2 期。
50. 季美君:《聊聊“私人检察总长”》,载最高人民检察院网,https://www.spp.gov.cn/spp/llyj/202008/t20200806_475612.shtml。